新能源汽车辅助系统拆装与检测

徐利强 主 编
包丕利 副主编

北京理工大学出版社
BEIJING INSTITUTE OF TECHNOLOGY PRESS

内容简介

本书是天津职业技术师范大学汽车职业教育研究所组织编写，教材采用基于工作过程的方法开发。内容以典型工作任务为载体进行组织，主要包括电动空调系统检测与修复、其他辅助系统检测与修复两个学习情境。每个情境下还包含若干学习单元，每个学习单元以实际工作任务进行导入，理论知识包含共性知识和个性知识，实践技能部分以比亚迪 E5 450 为例。

本书适合于开设新能源汽车类专业的职业院校使用，也可以供新能源汽车技术培训机构使用，同时也可作为从事新能源汽车维修等相关行业人员的参考书。

图书在版编目(CIP)数据

新能源汽车辅助系统拆装与检测 / 徐利强主编. —北京：北京理工大学出版社，2020.7

ISBN 978 - 7 - 5682 - 8697 - 8

Ⅰ.①新… Ⅱ.①徐… Ⅲ.①新能源—汽车—辅助系统—车辆检修—职业高中—教材 Ⅳ.①U469.707

中国版本图书馆 CIP 数据核字(2020)第 123102 号

出版发行 / 北京理工大学出版社有限责任公司
社　　址 / 北京市海淀区中关村南大街 5 号
邮　　编 / 100081
电　　话 / (010)68914775(总编室)
　　　　　(010)82562903(教材售后服务热线)
　　　　　(010)68948351(其他图书服务热线)
网　　址 / http://www.bitpress.com.cn
经　　销 / 全国各地新华书店
印　　刷 / 定州市新华印刷有限公司
开　　本 / 787 毫米×1092 毫米 1/16
印　　张 / 10.5
字　　数 / 246 千字
版　　次 / 2020 年 7 月第 1 版 2020 年 7 月第 1 次印刷
定　　价 / 36.00 元

责任编辑 / 钟 博
文案编辑 / 钟 博
责任校对 / 周瑞红
责任印制 / 边心超

编写委员会

编委会顾问

吴全全　朱　军　王仁广　王　斌

编委会主任

申荣卫

编委会成员（按姓氏拼音排序）

包丕利　何泽刚　孔　超　台晓虹

徐利强　徐念峰　杨小刚　周　毅

前言

“新能源汽车辅助系统拆装与检测”是针对新能源汽车维修类专业的学生进行新能源汽车机电维修能力培养的一门专业核心课程。其主要包括利用现代诊断和检测设备进行新能源汽车辅助系统（空调、转向、制动）功能测试、故障诊断、故障分析、零部件检测及维修更换等内容。

本书采用“以行动为导向、基于工作过程”的方法进行编写，以新能源汽车机电维修工作人员诊断和维修新能源汽车辅助系统的典型工作任务为载体，梳理和序化理论知识，根据学生的认知规律设计了相应学习情境和任务。

本书的主要特点：以典型工作任务为载体，每个学习情境都有明确的学习目标；典型工作任务来源于新能源汽车机电维修工作人员的实际工作岗位，并进行了适当的教学化加工；理论知识按照典型工作任务的需求进行重新序化，理论和实践以典型工作任务为主线进行了有机融合；以比亚迪 E5 为主，以其他主流新能源汽车为辅进行讲解；本书全部内容均在实车上进行了验证。

本书坚持“知行合一、工学结合”，设计成新型活页式教材，匹配有活页式任务工单，并配套开发教学设计、教学课件、教学录像等信息化资源。同时为适应“互联网 + 职业教育”发展需求，运用现代信息技术改进教学方式方法，推进虚拟工厂等网络学习空间建设和普遍应用，作者团队天津职业技术师范大学汽车职业教育研究所，整体开发了包含操作录像、VR 资源、教学动画等资源在内的“汽车专业课程及教学资源库平台”专业教学资源库。

本书适用于开设新能源汽车维修类专业的职业院校，建议采用理实一体化的教学方式开展教学；也适用于各类培训机构。

本书采用“校企双元”模式编写，由成都汽车职业技术学校徐利强担任主编，由天津职业技术师范大学包丕利担任副主编，浙江省永康市职业技术学校梁悦，天津职业技术师范大学尤建超、李玥，成都汽车职业技术学校臧日华参与编写。

本书在编写的过程中得到了天津闻达天下科技有限责任公司提供的资金、设备及技术支持，在此表示衷心的感谢；同时，编者参考了大量国内外相关著作和文献资料，在此一并向有关作者表示感谢。

由于编者水平有限，书中难免有错漏之处，敬请读者批评、指正。

天津职业技术师范大学汽车职业教育研究所

2019.12.20

目录

1

2

学习情境 1 新能源汽车空调系统的检测与维修

【学习目标】

（1）能正确、规范地使用车间和个人防护用具；

（2）能正确操作新能源汽车空调系统；

（3）能正确识别新能源汽车空调系统的部件；

（4）能正确操作新能源汽车上、下电；

（5）能正确拆装新能源汽车空调系统的主要零部件，如电动压缩机、PTC加热器等；

（6）熟悉新能源汽车空调系统的特点；

（7）能正确使用解码仪进行故障码读取、数据流读取及主动测试等操作；

（8）能正确、规范地读取新能源汽车空调系统压力；

（9）能正确、规范地补充和更换制冷剂；

（10）能对新能源汽车空调系统制冷、制暖功能故障制定诊断流程；

（11）能独立查阅资料、查找并读取电路图；

（12）能规范完成比亚迪 E5 450 汽车空调系统高压熔断器的更换；

（13）能正确检查新能源汽车的上电是否正常。

任务 1　新能源汽车空调系统的认知

任务导入

小李在某新能源汽车 4S 店做销售工作，顾客想购买一款新能源汽车，对新能源汽车空调系统比较关注，于是小李向顾客介绍某款新能源汽车空调系统的基本情况。

那么，新能源汽车空调系统的组成是什么？新能源汽车空调系统的使用中有什么注意事项？

学习目标

（1）了解新能源汽车空调系统的功能、组成及工作原理。

（2）能识别新能源汽车空调系统的部件。

（3）了解新能源汽车空调系统与传统汽车空调系统的区别。

（4）能正确操作新能源汽车空调系统。

（5）了解使用新能源汽车空调系统的注意事项。

理论知识

空调即空气调节器（Air Conditioner），是指在封闭的空间内，对空气的温度、湿度、流速及清洁度进行部分或全部调节的设备。新能源汽车空调系统的主要功能是将车内空间的环境调整到对人体最适宜的状态，创造良好的劳动条件和工作环境，以提高驾驶员的劳动生产率和行车安全性。新能源汽车空调系统一般由制冷系统、制暖系统、配气系统、电气控制系统和通风与净化系统等组成。

一、新能源汽车空调系统的功能

如图 1-1-1 所示，新能源汽车空调系统的主要功能是调节车内空气的温度、湿度、流速、洁净度等，从而为驾驶员和乘员创造清新舒适的车内环境。

1. 调节车内空气的温度

在冬季，利用新能源汽车空调系统的制暖装置可以升高车内空气的温度；在夏季，利用其制冷装置可以降低车内空气的温度。

图 1-1-1　新能源汽车空调系统的功能

2. 调节车内空气的湿度

传统汽车空调系统一般不具备调节车内空气湿度的功能，只有冷暖一体化空调系统才能对车内空气的湿度进行调节。它通过制冷装置冷却、去除空气中的水分，再由制暖装置升温以降低空气的相对湿度。

3. 调节车内空气的流速

空气的流速和方向对人体舒适性影响很大。在夏季，空气流速大，有利于人体散热降温。在冬季，空气流速大会降低车内温度，因此空气流速应尽量小一些。根据人体生理特点，头部对冷比较敏感，脚部对热比较敏感，因此，在布置空调出风口时，应采取上冷下暖的方式，即让冷风吹到乘员的头部，让暖风吹到乘员的脚部。

4. 调节车内空气的洁净度

由于车内空间小，乘员密度大，车内极易出现缺氧和二氧化碳浓度过高的情况。汽车发动机废气中的一氧化碳和道路上的粉尘、野外有毒的花粉都容易进入车内，造成车内空气污浊。因此新能源汽车空调系统必须具有补充车外新鲜空气，以及过滤和净化车内空气的功能。一般地，新能源汽车空调系统都设有进气门、排气门、空气过滤装置和空气净化装置。

新能源汽车空调系统的舒适性参数如表 1-1-1 所示。

表 1-1-1　新能源汽车空调系统的舒适性参数

序号	舒适性参数	数值
1	车内平均温度	夏季：25℃ ~28℃； 冬季：15℃ ~18℃
2	车内、外温差	夏季：5℃ ~7℃； 冬季：10℃ ~12℃
3	车内空气相对湿度	30%~70%
4	车内空气流速	夏季：不超过 0.5m/s； 冬季：0.15~0.2m/s
5	车内降温率	夏季：1.5℃ /min

续表

序号	舒适性参数	数值
6	车内温差	垂直方向：2℃； 水平方向：1.5℃
7	车内换气量	每位乘员所需新鲜空气量：20~30m^3/h； CO_2 体积浓度：不大于 0.1%
8	车内噪声	不大于 50dB
9	出风口的位置及风速差	出风口的位置：应尽量避免直吹； 出风口的风速差：不大于 2m/s

二、新能源汽车空调制冷系统的组成及工作原理

1. 新能源汽车空调制冷系统的组成

新能源汽车空调制冷系统可以分为压缩机断续工作的循环离合器系统和压缩机连续运转的蒸发器压力控制系统。循环离合器系统又分为循环离合器膨胀阀系统和循环离合器孔管系统。如图 1-1-2 所示，循环离合器膨胀阀系统主要由压缩机、冷凝器、膨胀阀、蒸发器、储液干燥器、空调压力开关、制冷管路、鼓风机、冷凝器散热风扇等部件组成。其制冷剂和冷却液在封闭的系统中循环流动。

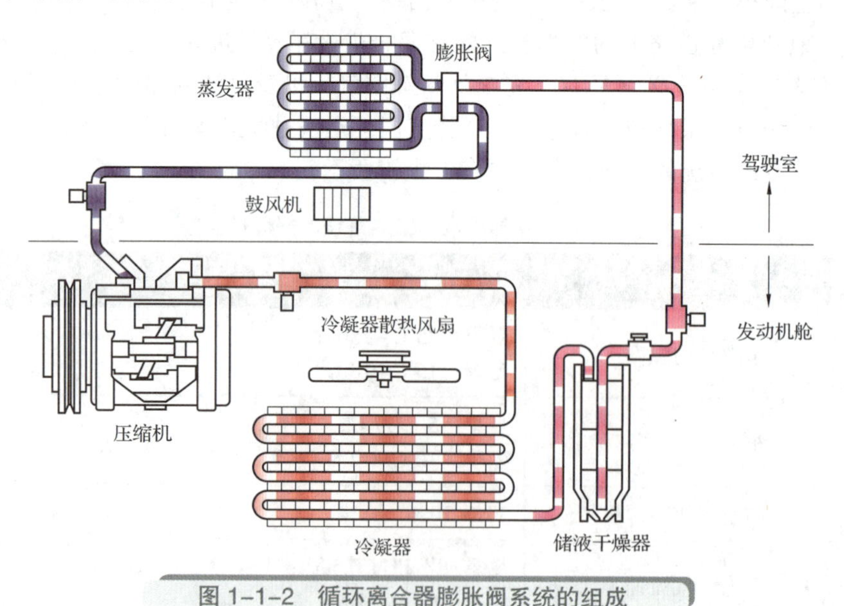

图 1-1-2　循环离合器膨胀阀系统的组成

循环离合器孔管系统主要由压缩机、冷凝器、积累器、孔管、鼓风机、蒸发器和冷凝器散热风扇等组成，如图 1-1-3 所示。其节流装置采用孔管，过滤装置采用积累器。

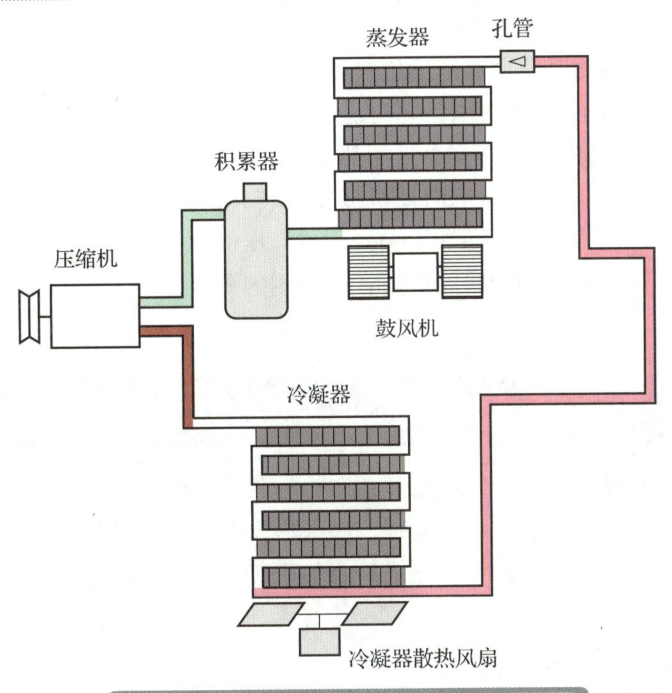

图 1-1-3　循环离合器孔管系统的组成

2. 新能源汽车空调制冷系统的工作原理

新能源汽车制冷系统的工作原理示意如图 1-1-4 所示。

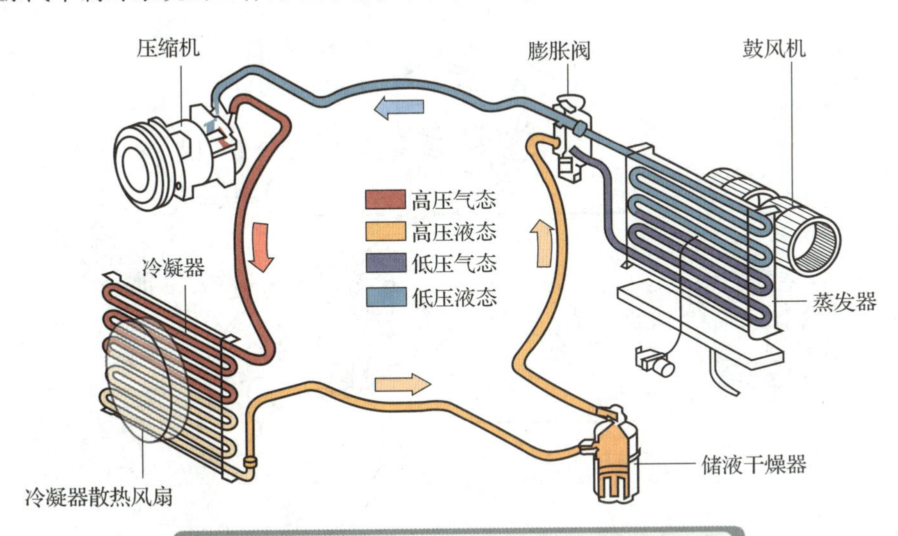

图 1-1-4　新能源汽车空调制冷系统的工作原理示意

压缩机运转时，将蒸发器内产生的低压低温蒸汽吸入汽缸，经过压缩后，形成高压高温蒸汽并排入冷凝器。在冷凝器中，高压高温蒸汽与外面的空气进行热交换，放出热量使制冷剂冷凝成高压高温液体，然后经储液干燥器干燥和过滤后流入膨胀阀。高压高温液体制冷剂经膨胀阀的节流，压力和温度急剧下降，以低压低温的气液混合状态进入蒸发器。在蒸发器里，低压低温液体制冷剂吸取车厢内空气的热量，汽化成低压低温蒸汽并进入压缩机进行下一轮循环。

这样，制冷剂在封闭的系统内经过压缩、冷凝、节流和蒸发 4 个过程，完成了一个制冷循环。

在新能源汽车空调制冷系统中，压缩机起着压缩和输送制冷剂的作用，它是整个系统的心脏。膨胀阀对制冷剂起节流降压作用，同时调节进入蒸发器的制冷剂液体的流量。蒸发器是输出冷量的设备，制冷剂在其中吸收空气的热量实现降温。冷凝器是放出热量的设备，制冷剂从蒸发器中吸收的热量连同压缩机消耗机械能所转化的热量一起经冷凝器散到大气中。压缩机输出侧、高压管路、冷凝器和储液干燥器构成高压侧；蒸发器、低压管路、压缩机输入侧和蒸发器构成低压侧。压缩机和膨胀阀是高、低压侧的分界点。

三、新能源汽车空调制暖系统的组成及工作原理

新能源汽车空调制暖系统的主要作用是在寒冷的冬季，将车内空气的温度调节到令乘员感到舒适的范围；当车上的玻璃结霜或结雾时，输送热风以除霜和除雾。常见的新能源汽车空调制暖系统有发动机余热水暖式、PTC 加热式及余热水暖 +PTC 加热式。

1. 发动机余热水暖式

客用汽车、载货汽车和小型客车多采用发动机余热水暖式制暖系统。发动机余热水暖式制暖系统的组成及工作原理如图 1-1-5 所示。该系统将发动机冷却液引入加热器芯，由鼓风机使车厢内或外部的空气吹过加热器芯而使之升温。水阀安装在发动机缸体出水口处，通过控制水阀的开度来调节水流量的大小，从而调节供热量。

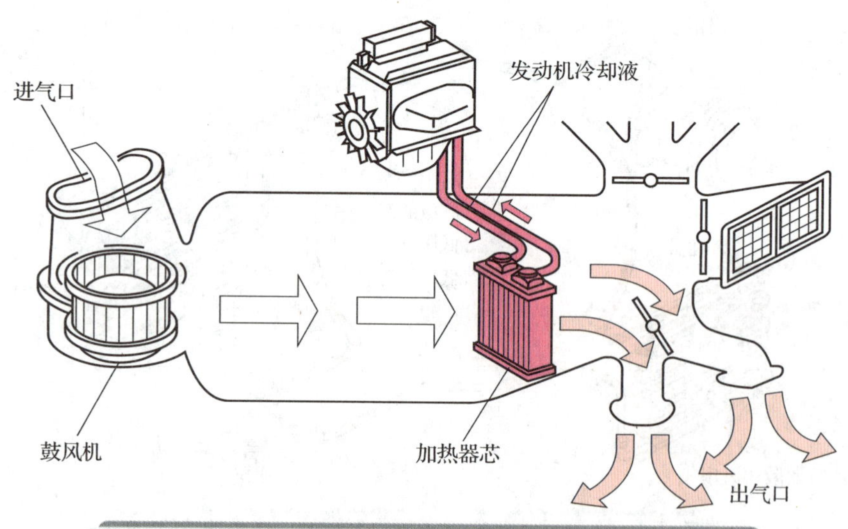

图 1-1-5　发动机余热水暖式制暖系统的组成及工作原理

2. PTC 加热式

由于没有发动机，而且其他发热部件产生的热量不足以满足车厢内的供暖需求，所以新能源汽车需要用其他热源供热，通常采用的是 PTC［PTC 是 Positive Temperature Coefficient（正温度系数）的缩写］加热器。PTC 加热式目前主要有两种方案：第一种是 PTC 加热空气式，

如北汽 EV160 汽车采用的就是这种形式，如图 1-1-6 所示；第二种是 PTC 水加热式，如比亚迪 E5 汽车采用的就是这种形式，如图 1-1-7 所示。

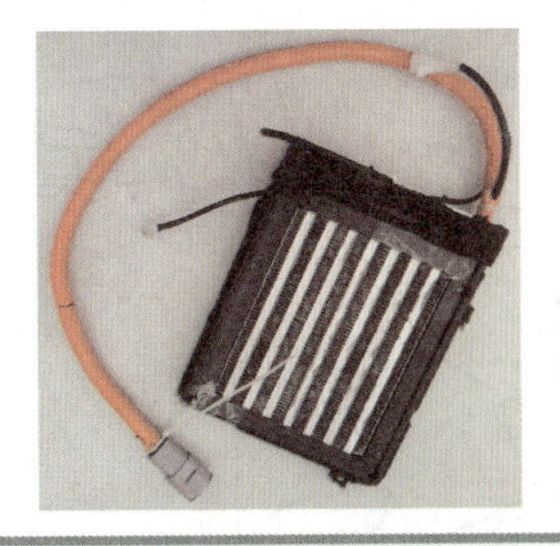

图 1-1-6　北汽 EV160 汽车的 PTC 加热器总成

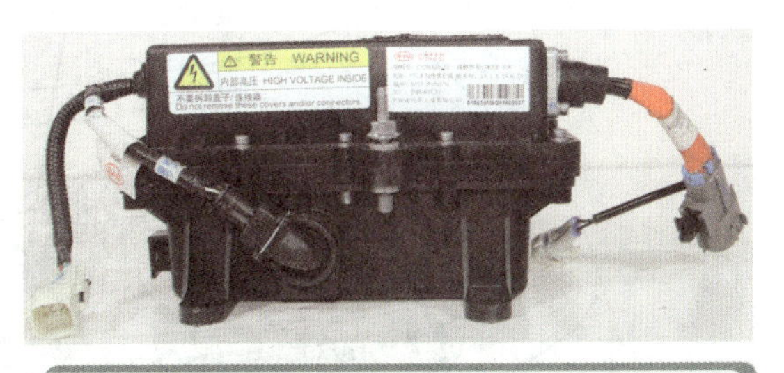

图 1-1-7　比亚迪 E5 汽车的 PTC 水加热器总成

3. 余热水暖 +PTC 加热式

为了更快地取得制暖效果，部分混合动力汽车采用余热水暖 +PTC 加热式制暖系统。例如混合动力汽车丰田卡罗拉将 PTC 加热器安装在蒸发箱内（称为快速加热器），目的是快速加热和补偿混合动力汽车发动机余热的不足。

四、比亚迪 E5 汽车的空调系统

比亚迪 E5 汽车的空调系统主要由电动压缩机总成、冷凝器总成、制冷管路、PTC 加热器总成、暖风水管、HVAC（Heating，Ventilation and Air Conditioning，供热通风与空气调节）总成（HVAC 总成的箱体上装有鼓风机、模式风门、冷暖混合风门和内外循环风门，如图 1-1-8 所示）、风道、空调控制器等零部件组成（图 1-1-9），具有制冷、制暖、除霜、除雾、通风换气 5 种功能。

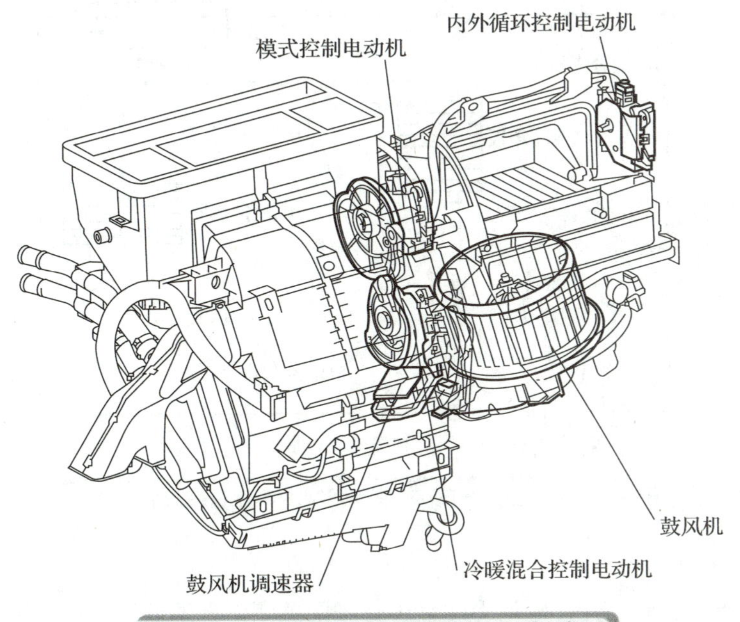

图 1-1-8　比亚迪 E5 汽车的 HVAC 总成

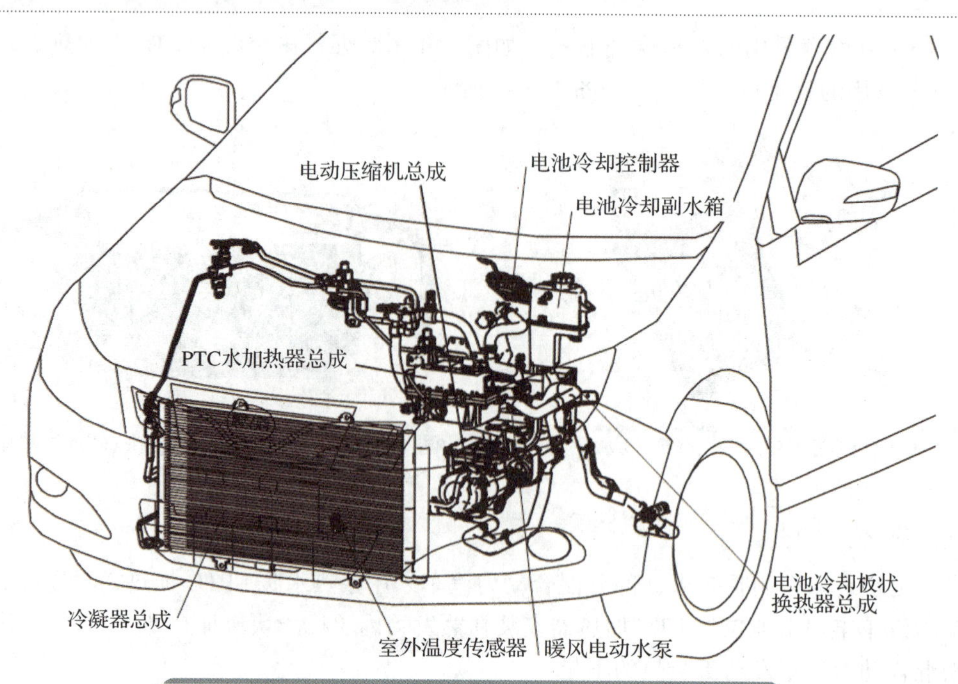

图 1-1-9　比亚迪 E5 汽车的空调系统的组成及相对位置

1. 比亚迪 E5 汽车空调制冷系统

比亚迪 E5 汽车空调制冷系统管路连接示意如图 1-1-10 所示。比亚迪 E5 汽车空调制冷系统既要满足车厢内的制冷需求，又要冷却动力电池。其在制冷时，制冷剂通过蒸发器与车厢内的空气进行热交换；而在冷却动力电池时，制冷剂通过电池冷却板状换热器与动力电池冷却液进行热交换。比亚迪 E5 汽车空调制冷系统有如下 3 种工作状态。

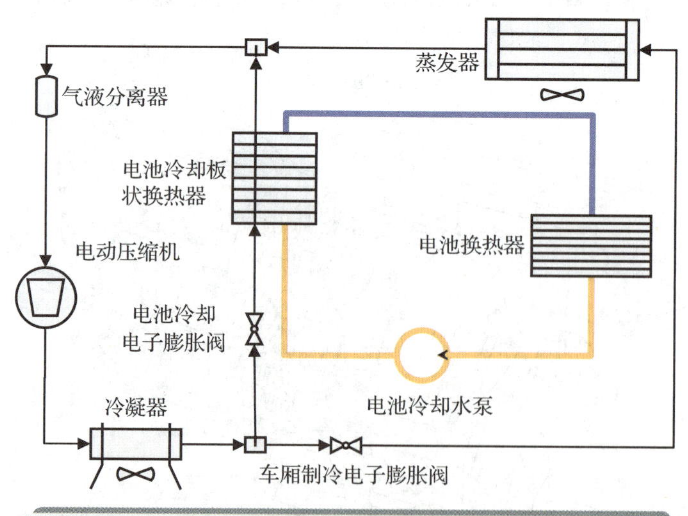

图 1-1-10　比亚迪 E5 汽车空调制冷系统管路连接示意

1）车厢制冷

车厢制冷电子膨胀阀打开，电池冷却电子膨胀阀关闭。低温低压的气态制冷剂在电动压缩机中被压缩成高温高压的气态制冷剂，通过冷凝器放热冷凝为高温高压的液态制冷剂、通过车厢制冷电子膨胀阀节流降压变为低温低压的制冷剂蒸汽（气液混合态），制冷剂蒸汽通过蒸发器从车厢内空气吸热变为低温低压的气态制冷剂，通过积累器回到压缩机。

2）电池冷却

车厢制冷电子膨胀阀关闭，电池冷却电子膨胀阀打开。低温低压的气态制冷剂在电动压缩机中被压缩成高温高压的气态制冷剂，通过冷凝器放热冷凝为高温高压的液态制冷剂，通过电池冷却电子膨胀阀节流降压变为低温低压的制冷剂蒸汽（气液混合态），制冷剂蒸汽通过电池冷却板状换热器从冷却液吸热变为低温低压的汽态制冷剂，通过积累器回到压缩机。

3）车厢制冷 + 电池冷却

两个电子膨胀阀都打开。制冷剂通过上述两条路线循环流动。

2. 比亚迪 E5 汽车空调制暖系统

比亚迪 E5 汽车空调制暖系统如图 1-1-11 所示，其采用 PTC 水加热器总成加热冷却液，冷却液先由水泵抽吸补偿水壶内的冷却液泵进 PTC 水加热器总成，加热后的冷却液流经暖风芯体，再回至暖风副水箱总成，如此循环。加热后的空气通过鼓风机将热量送至车厢或风窗玻璃，以提高车厢内的温度，并具有除霜的功能。

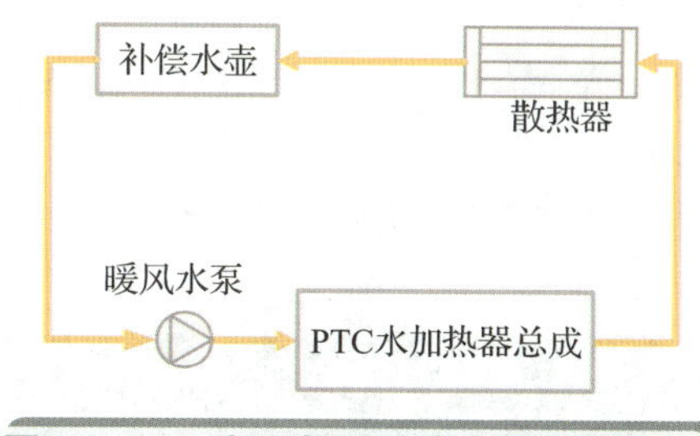

图 1-1-11　比亚迪 E5 汽车空调制暖系统

五、新能源汽车空调配气系统的类型和工作模式

1. 新能源汽车空调配气系统的类型

新能源汽车配气系统主要有冷暖独立式、冷暖转换式、半空调式和全空调式。新能源汽车空调配气系统的类型、构成及工作原理如表 1-1-2 所示。

表 1-1-2　新能源汽车空调配气系统的类型、构成及工作原理

类型	构成	工作原理
冷暖独立式	在夏季，车厢内空气在鼓风机的吹动下，通过蒸发器冷却后吹向车厢内，以降低车内温度； 在冬季，车厢内、外空气混合，在鼓风机的吹送下，通过加热升温，从中、下风门输送到车厢内，或经上风口吹向风窗玻璃进行除霜	外 内 H 除霜 暖风 内 C 冷气
冷暖转换式	当选择制冷功能时，混合空气经蒸发器冷却后吹出； 当选择制热功能时，混合空气经加热器升温后由地板风口吹出； 当选择除霜功能时，热风由除霜风口吹向前风窗玻璃； 当加热器和蒸发器全关闭时，送入车厢内的为自然风	外 内 H C 除霜 暖风 冷气

续表

类型	构成	工作原理
半空调式	车厢内循环空气和新鲜空气经风门调节混合后，先经过蒸发器冷却，后经鼓风机送入风门调节，其一部分或大部分进入加热器，冷风出口不再进行调节，已经被除湿； 若不打开蒸发器，则送出的是暖风；若不打开加热器，则送出的是冷风；若两者都不打开，则送出的是自然风	外、内、C、H、除霜、暖风、冷气
全空调式	其也称为空气混合式，即新鲜空气和车厢内的循环空气经风门调节后，由鼓风机吹向蒸发器进行降温除湿，再经风门进入加热器加热，出来的冷气和热气混合后，按功能要求送入车厢内	外、内、C、H、除霜、暖风、冷气

注：外 表示外气；内 表示内气；鼓风机符号 表示鼓风机；风门符号 表示风门；C 表示蒸发器；H 表示加热器。

2. 新能源汽车空调配气系统的工作模式

以比亚迪 E5 汽车空调配气系统为例介绍全空调式配气系统，其工作模式如表 1-1-3 所示。

表 1-1-3　比亚迪 E5 汽车空调配气系统的工作模式

	按键图标	控制开关工作位置	操作
进气风门		弹起（不亮）	外循环：吸入新鲜空气
		按下（绿色）	内循环：再循环内部空气
模式调节	模式	脚部 / 除霜	通过前除霜器和侧调风器对前风窗玻璃进行除霜，同时从下部的调风器风管中送出空气
		除霜器	通过前除霜器和侧调风器对前风窗玻璃进行除霜
		脚部	空气从下部的调风器风管和侧调风器中吹出。此外，空气从前除霜器中轻轻吹出
		双级	空气从中央调风器、侧调风器和下部调风器风管中吹出
		面部	空气从中央调风器和侧调风器中吹出

拓展阅读

六、新能源汽车空调电气控制系统的组成

新能源汽车空调系统中的压缩机、鼓风机、冷凝器风扇和风门等部件的工作状态需要由电

气控制系统进行控制，从而满足车内舒适性条件的要求。新能源汽车空调电气控制系统主要由压缩机控制电路、鼓风机控制电路、冷凝器风扇控制电路和配气系统风门控制电路等几部分组成。近几年来，高级轿车上普遍采用计算机自动控制，大大降低了人工调节的麻烦，提高了空调经济性和调节效果。

比亚迪 E5 汽车空调电气控制系统主要由电动压缩机控制电路、电子膨胀阀控制电路、PTC 加热器控制电路、鼓风机控制电路、冷凝器风扇控制电路和配气系统风门控制电路等几部分组成。

七、新能源汽车空调通风与空气净化装置的组成及工作原理

在密闭的车厢内存有人呼吸排出的二氧化碳，蒸发的汗液，烟尘以及从车外进入的灰尘、花粉等，因此，对车厢内进行通风换气以及对车厢内空气进行过滤、净化是十分必要的。由此可见，通风系统和空气净化装置是新能源汽车空调系统的重要组成部分。

1. 通风系统

将新鲜空气送进车内，取代污浊空气的过程称为通风。新能源汽车空调系统的通风方式一般有动压通风、强制通风和综合通风 3 种。

1）动压通风

动压通风也称自然通风，它是以汽车行驶时对车身外部所产生的风压为动力，在适当的地方开设进风口和排风口，以实现车内的通风换气。汽车风洞试验的车身表面压力分布如图 1-1-12 所示，车身外部大多受到负压，只有车前及前风窗玻璃周围为正压区。进风口应设置在正压区，并且离地面尽可能高，以免引入汽车行驶时的扬尘。排风口应设置在汽车后部的负压区，并且应尽量加大排气口的有效流通面积，以提高排气效果，同时注意防尘、噪声以及雨水的侵入。动压通风不消耗动力，结构简单，通风效果较好，因此，新能源汽车大都设有动压通风口。

2）强制通风

如图 1-1-13 所示，强制通风是利用鼓风机强制将车外空气送入车厢内进行通风换气，进风口和排风口一般与动压通风的风口在相同位置。冷暖一体化的空调系统大多采用通风、供暖和制冷的联合装置，将车外的空气与空调冷、暖空气混合后送入车厢内。

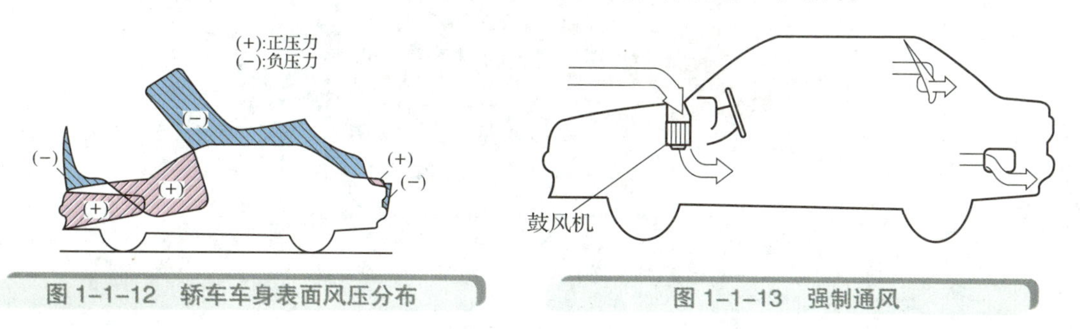

图 1-1-12　轿车车身表面风压分布

图 1-1-13　强制通风

3）综合通风

综合通风是指同时采用动压通风和强制通风。综合通风系统结构复杂，但省电，经济性好，运行成本低。特别在春、秋季节，用动压通风导入凉爽的车外空气，以取代制冷系统工作，同样可以保证舒适性要求。这种通风方式近年来在新能源汽车上的应用逐渐增多。丰田卡罗拉汽车即采用综合通风方式。

2. 空气净化装置

新能源汽车空调系统采用的空气净化装置通常有空气过滤式和静电集尘式两种。

1）空气过滤式空气净化装置

如图 1-1-14 所示，空气过滤式空气净化装置是在空调系统的进风口处设置空气过滤器，以滤除空气中的灰尘和杂物。由于其结构简单，且清理方便，只需定期清理过滤网上的灰尘和杂物即可，因此广泛用于各种新能源汽车空调系统中。比亚迪 E5 空调系统采用的就是空气过滤式空气净化装置。

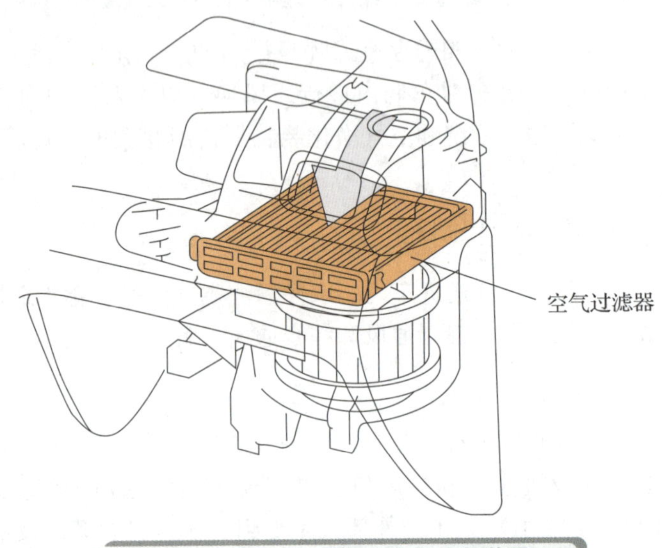

图 1-1-14　空气过滤式空气净化装置

2）静电集尘式空气净化装置

如图 1-1-15 所示，静电集尘式空气净化装置是在进风口的空气过滤器后再设置一套静电集尘装置或单独安装一套用于净化车内空气的静电集尘装置。它具有过滤、除臭、杀菌和产生负氧离子的作用，空气清洁度很高。粗滤器用于过滤大颗粒的杂质。静电集尘器则以静电集尘方式吸附微小的颗粒和尘埃。除臭装置一般采用活性炭过滤器、纤维式或滤纸式空气过滤器来吸附烟尘和臭气等有害物质。负离子发生器供给负氧离子。由于其结构复杂，成本高，因此只用于高级轿车和旅行车。

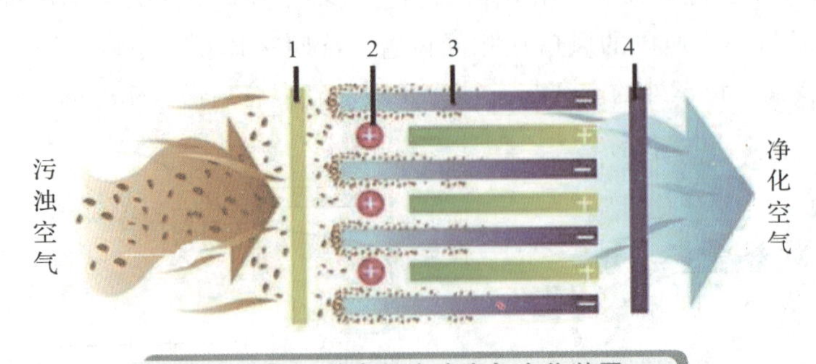

图 1-1-15　静电集尘式空气净化装置

1—粗滤器；2—离子区；3—集尘板；4—细滤器

实践操作

一、比亚迪 E5 汽车空调系统的认知

1. 制冷系统的认知

比亚迪 E5 汽车空调系统使用 R410a 制冷剂，充注量为 600g ± 10g，冷冻油为 POE 型，空调系统铭牌在机舱前部，如图 1–1–16 所示。

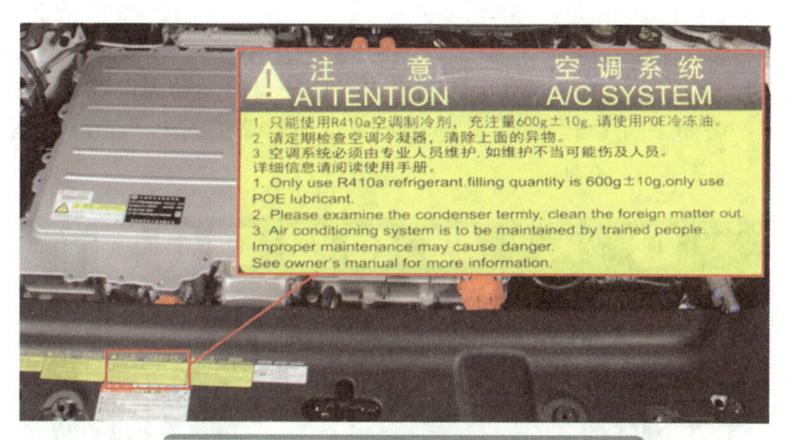

图 1–1–16　比亚迪 E5 空调系统铭牌

比亚迪 E5 汽车空调制冷系统采用电动压缩机，由动力电池直接驱动，安装在减速驱动器总成上，如图 1–1–17 所示。比亚迪 E5 汽车空调制冷系统采用电子膨胀阀，高压管路上有高压压力传感器和高压维修接口；为了方便检修，设计有低压引出管路，并在其上设计了低压维修接口。车厢制冷电子膨胀阀，高、低压维修接口，高压压力传感器等如图 1–1–18 所示。

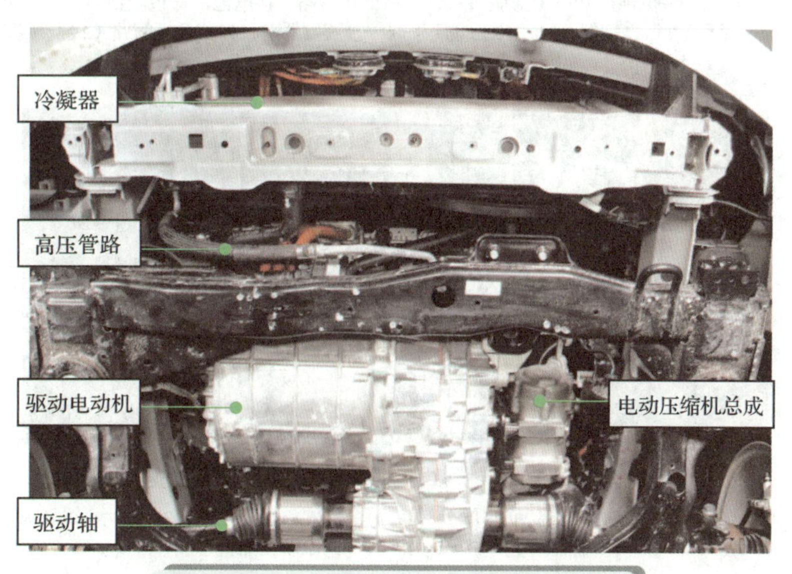

图 1–1–17　比亚迪 E5 汽车的电动压缩机

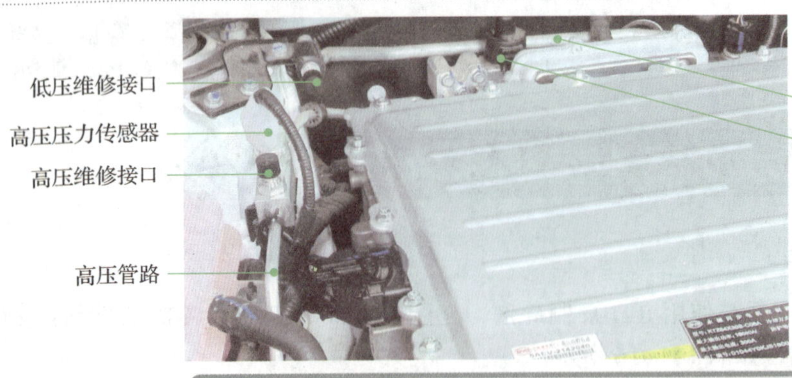

图 1-1-18　比亚迪 E5 空调制冷系统的高、低压维修接口

由于比亚迪 E5 汽车空调系统除给车厢制冷以外，还要冷却动力电池冷却液，因此，其还有电池冷却电子膨胀阀（图 1-1-19）、电池冷却板状换热器（图 1-1-20）等部件。其制冷系统管路比较复杂，如图 1-1-19 所示。

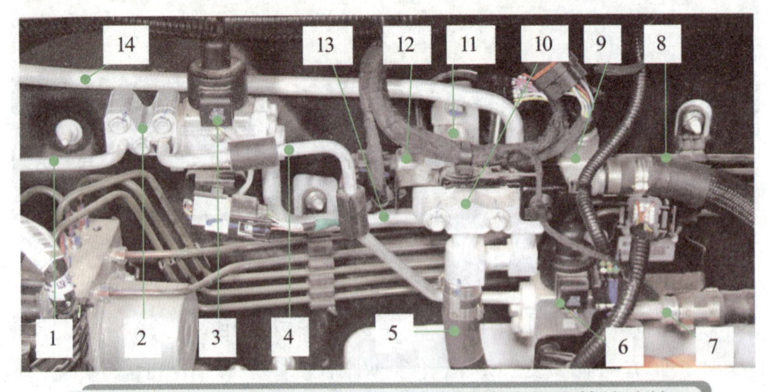

图 1-1-19　比亚迪 E5 空调系统电子膨胀阀及管路连接

1—高压管路（接冷凝器）；2—高压管路连接器；3—车厢制冷电子膨胀阀；4—高压管路（接电池冷却电子膨胀阀）；5—低压管路（接积累器）；6—电池冷却电子膨胀阀；7，8—低压管路（接电池冷却板状换热器）；9，12—低压压力温度传感器；10—低压管路连接器；11，13—低压管路（接蒸发器）；14—低压管路（接低压维修接口）

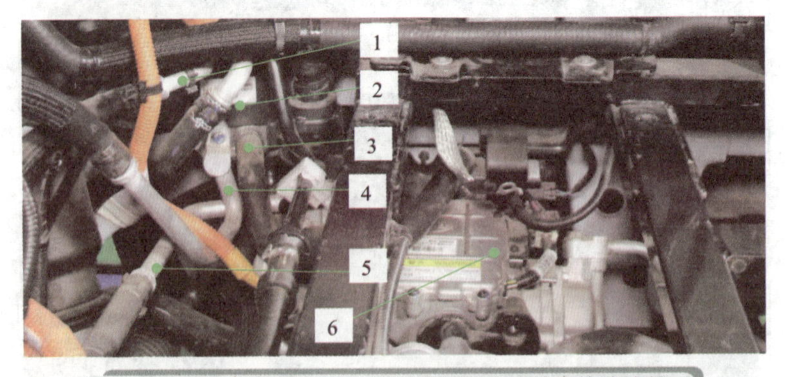

图 1-1-20　电池冷板状换热器的相对位置及管路连接

1，4—低压管路（接电池冷却板状换热器）；2—电池冷却板状换热器；3—动力电池冷却液管；5—低压管路（接积累器）；6—电动压缩机总成

2. 制暖系统的认知

比亚迪 E5 汽车空调制暖系统采用 PTC 水加热式。PTC 水加热器总成如图 1-1-21 所示，其由动力电池给加热器芯供电加热冷却液。暖风水泵位于补偿水壶与 PTC 水加热器总成之间（如图 1-1-22 所示），暖风水泵从补偿水壶吸入冷却液，在加压后排入 PTC 水加热器总成，加热后的冷却液进入散热器，在加热车厢内的空气后再回到补偿水壶。

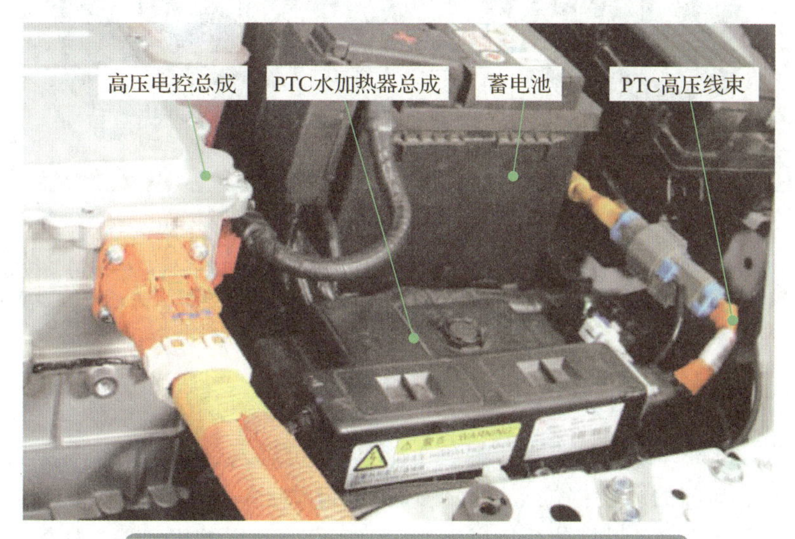

图 1-1-21　比亚迪 E5 汽车的 PTC 水加热器总成

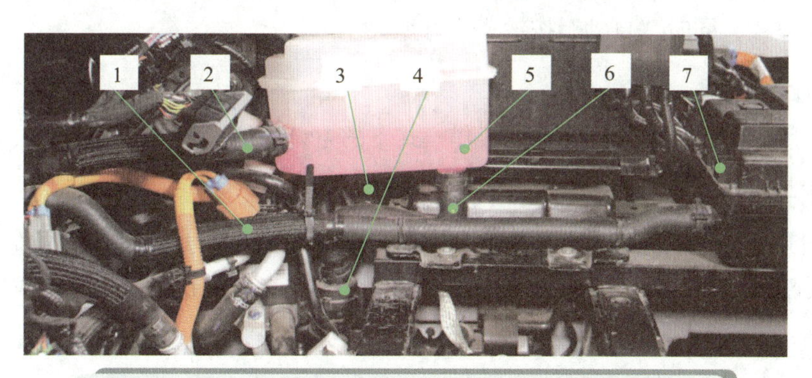

图 1-1-22　比亚迪 E5 汽车空调制暖系统的暖风水泵

1，2—冷却液管（接散热器）；3—冷却液管（接暖风水泵和 PTC 水加热器总成）；4—暖风水泵；5—补偿水壶；6—冷却液管（接暖风水泵和补偿水壶）；7—PTC 水加热器总成

九、比亚迪 E5 汽车空调系统的使用

比亚迪 E5 汽车空调系统的控制面板如图 1-1-23 所示。可以通过各个按键或旋钮来调整空调系统的工作模式，并在液晶显示屏上显示。

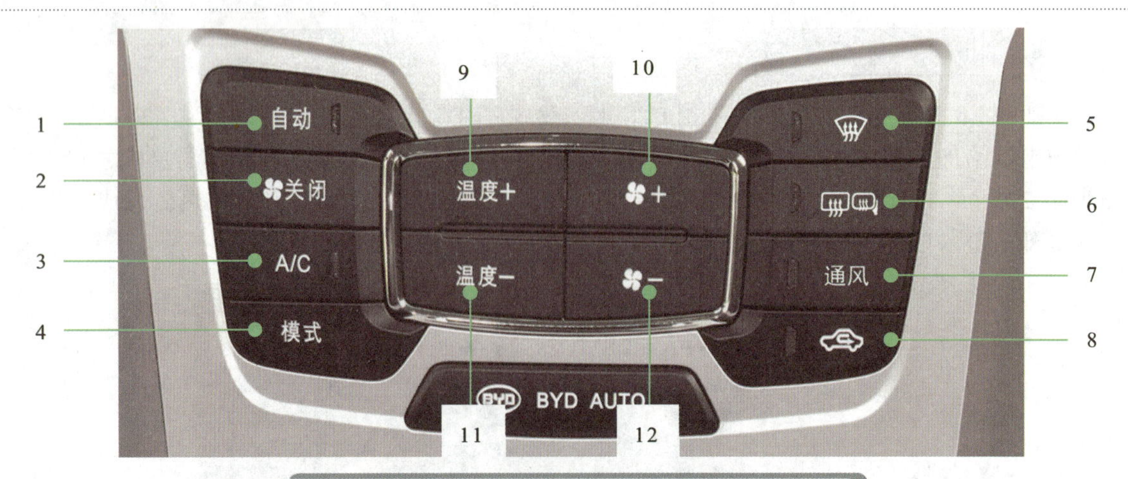

图 1-1-23　比亚迪 E5 汽车空调系统的控制面板

1—“自动”按键；2—“关闭”按键；3—空调开关；4—模式调节按键；5—前除霜按键；
6—后风窗玻璃和外后视镜除雾按键；7—“通风”按键；8—内、外循环模式开关；9—“温度 +”按键；
10—“风量 +”按键；11—“温度 −”按键；12—“风量 −”按键

1）“自动”按键

按下“自动”按键，指示灯点亮（绿色），空调系统进入自动模式，多功能显示屏 /CD 机上（若装有）显示当前的风量挡位、出风模式及设定温度。在自动模式下，空调系统将根据设定温度来选择最合适的风量挡位、出风模式、PTC 启停和压缩机启停。如果在自动模式下按下任何手动控制按键（风量调节、模式调节、前除霜、“通风”等按键或空调开关），空调系统会退出自动模式，同时“自动”按键指示灯熄灭。

2）“关闭”按键

按下“关闭”按键，可关闭在任何工作模式下的空调系统。

3）空调开关

按下空调开关，压缩机开启，多功能显示屏 /CD 机上（若装有）显示当前的风量挡位、出风模式及设定温度。再次按下空调开关，压缩机停止工作，风量挡位及出风模式保持不变。

4）模式调节按键

按下此按键，可以选择不同的出风模式，选择的出风模式在多功能显示屏 /CD 机上（若装有）显示。

5）前除霜按键

按下此按键，指示灯点亮，空气由前风窗玻璃出风口吹出，此时前除霜、除雾功能启动，空调系统也被打开，压缩机处于自动控制状态。压缩机开启后可加快除雾效果。再次按下前除霜按键，出风模式返回到上一次使用的状态。

6）后风窗玻璃和外后视镜除雾按键

按下此按键，后风窗玻璃和外后视镜的除雾器开始工作，指示灯点亮。后风窗玻璃和外后视镜镜面内侧的电加热丝将使玻璃和镜面表面迅速清晰。在除雾器工作 15min 后自动关闭。

7）“通风”按键

按下此按键，空调系统吹出的风为自然风，风量挡位默认为 1 挡、吹面模式、外循环，且空调系统温度不可调节。多功能显示屏 /CD 机上（若装有）显示当前设定温度、出风模式和风量挡位。

8）内、外循环模式开关

按下此按键，指示灯点亮，进入内循环模式，利用鼓风机使车厢内的空气进行循环流动；外循环时，鼓风机将车外空气吸入车内，并从相应排风口吹出。

9）温度调节按键

有效操作“温度 +”“温度 -”按键，可以调节车厢内的环境温度，并将当前设定温度在多功能显示屏 /CD 机上（若装有）显示。

10）风量调节按键

有效操作“风量 +”“风量 -”按键，可以设定风量挡位，并将当前风量挡位在多功能显示屏 /CD 机上（若装有）显示。

任务小结

（1）新能源汽车空调系统的主要功能是调节车内空气的温度、湿度、流速、洁净度等，从而为乘员创造清新舒适的车内环境。

（2）循环离合器膨胀阀系统主要由压缩机、冷凝器、膨胀阀、蒸发器、储液干燥器、空调压力开关、制冷管路、鼓风机、冷凝器散热风扇等部件组成。

（3）制冷剂在封闭的系统内经过压缩、冷凝、节流和蒸发 4 个过程，完成一个制冷循环。

（4）由于没有发动机，而且其他发热部件产生的热量不足以满足车厢内的供暖需求，因此新能源汽车需要用其他热源供热。例如，比亚迪 E5 采用 PTC 水加热方式进行供热，PTC 水加热器总成位于前机舱的右前角。

任务 2　新能源汽车空调制冷系统的拆装

电动压缩机示意如图 1-2-0 所示。

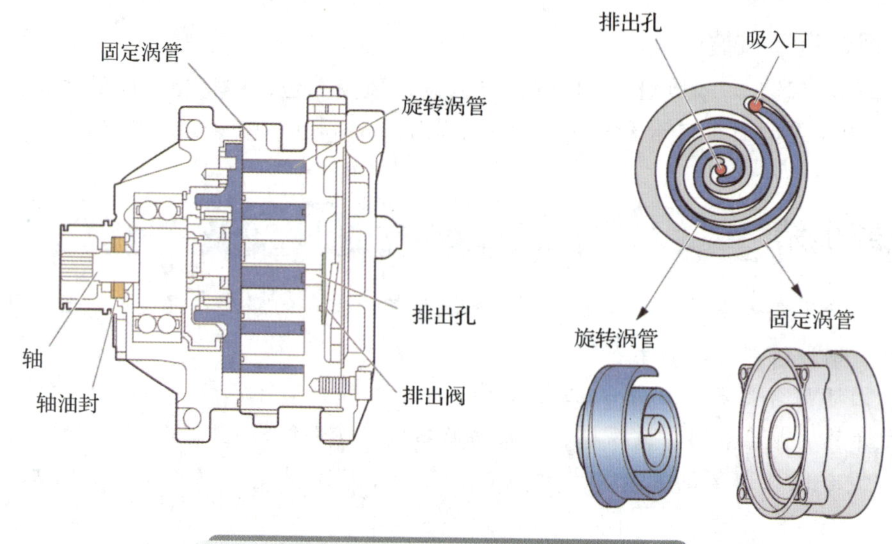

图 1-2-0　电动压缩机示意

任务导入

小王在某新能源汽车 4S 店做汽车维修工作，某顾客的新能源汽车空调系统不工作，经检查是电动压缩机损坏，需要更换电动压缩机。

请问，电动压缩机的更换步骤有哪些？在更换电动压缩机的过程中有什么注意事项？

学习目标

（1）能够迅速找到新能源汽车空调系统各零部件的安装位置。

（2）了解电动压缩机的工作原理。

（3）了解膨胀阀、冷凝器等的工作原理。

（4）能够完成电动压缩机、冷凝器等的拆卸与装配作业。

（5）能够按照环保要求和车间规定，正确处理新能源汽车空调制冷系统的废旧零部件。

理论知识

一、压缩机

压缩机的作用是压缩和输送制冷剂，把来自蒸发器的低压低温制冷剂蒸汽吸入汽缸，压缩形成高压高温制冷剂蒸汽并排入冷凝器。它是整个制冷系统的心脏。

1. 压缩机的类型

压缩机的类型如图 1-2-1 所示，应用比较广泛的有摇板式、斜盘式、旋叶式、涡旋式等。

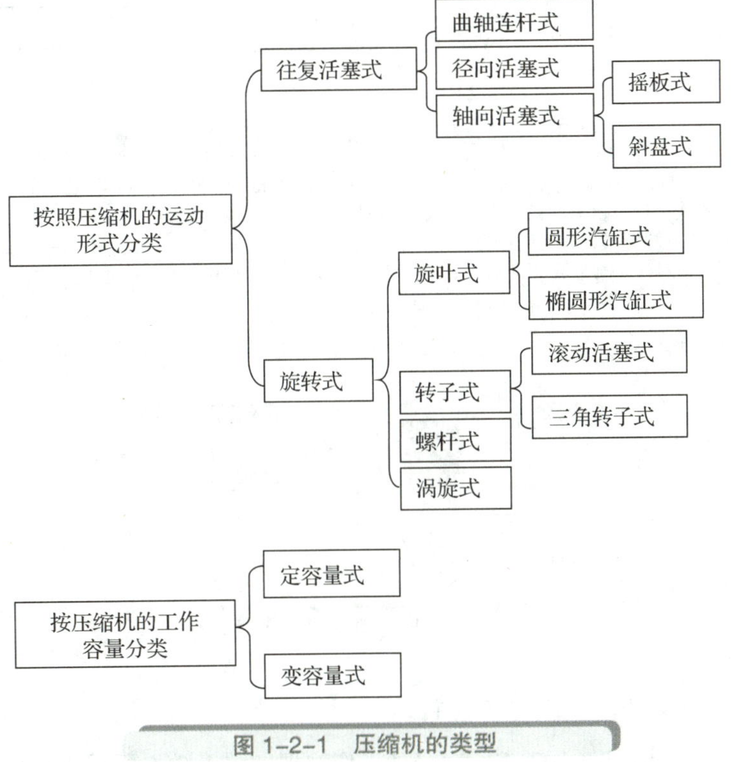

图 1-2-1　压缩机的类型

2. 常见压缩机的结构和工作原理

1）摇板式压缩机的结构和工作原理

摇板式压缩机的结构如图 1-2-2 所示，其工作原理如图 1-2-3 所示。汽缸以压缩机的主轴为中心均匀分布，主轴旋转时，带动楔块一起旋转，楔块推动摇板以钢球为中心摆动，摇板带动活塞在汽缸内做往复运动。主轴每转动一周，每个汽缸完成压缩、排气、膨胀、吸气的一个循环。一般一个摇板配有 5 个活塞，主轴转动一周时，就有 5 次排气过程。

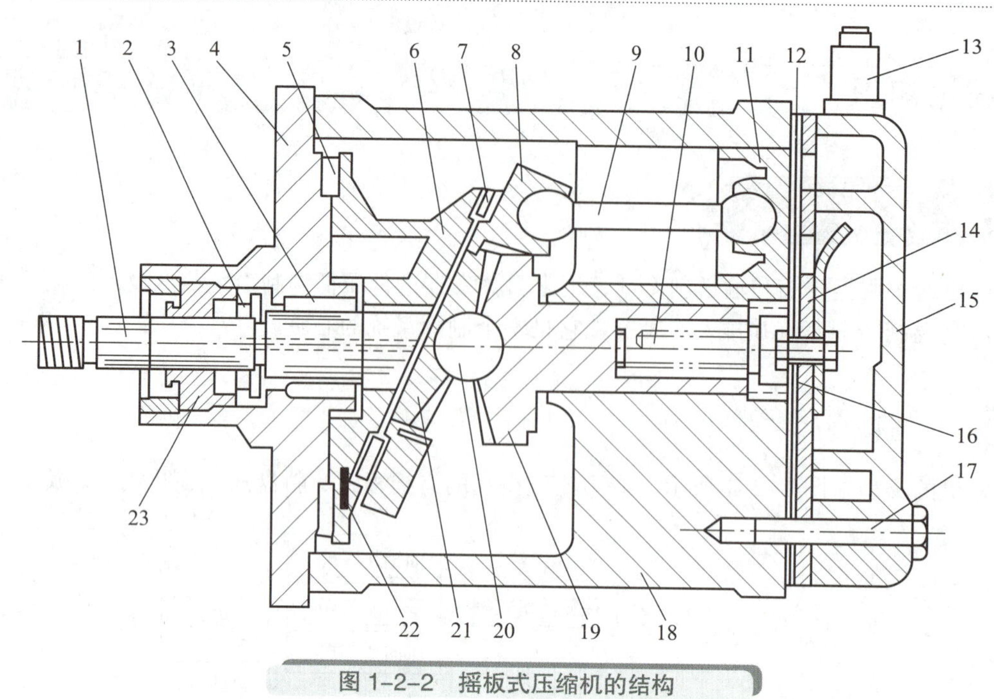

图 1-2-2　摇板式压缩机的结构

1—主轴；2—轴封；3—轴承；4—前盖；5，7—平面止推轴承；6—斜盘；8—摇板；9—球形连杆；10—弹簧；11—活塞；12—汽缸垫；13—吸、排气口；14—阀板组件；15—汽缸盖；16—调节螺钉；17—连接螺钉；18—缸体；19—防旋齿轮（固定齿）；20—钢球；21—防旋齿轮（动齿）；22—平衡块（铸入斜盘中）；23—油毛毡

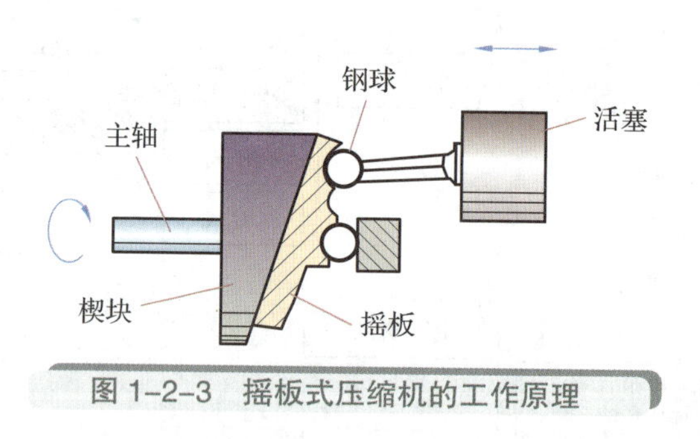

图 1-2-3　摇板式压缩机的工作原理

2）斜盘式压缩机的结构和工作原理

斜盘式压缩机的结构如图 1-2-4 所示，其工作原理如图 1-2-5 所示。前、后两组汽缸均以压缩机主轴为中心均匀布置，斜盘以一定角度与主轴固定在一起，斜盘的边缘装在活塞中部的槽中，活塞槽与斜盘边缘通过钢球轴承连接在一起，活塞为双向活塞，两端分别伸入前、后两个汽缸中。当主轴带动斜盘转动时，斜盘驱动活塞做轴向移动，由于活塞在前、后布置的汽缸中同时做轴向运动，这相当于两个活塞在做双向运动。斜盘每转动一周，前、后两个活塞各自完成吸气、压缩、排气、膨胀过程，相当于两个工作循环。如果缸体截面均布 5 个汽缸和 5 个双向活塞，那么当主轴旋转一周时，有 10 次排气过程。

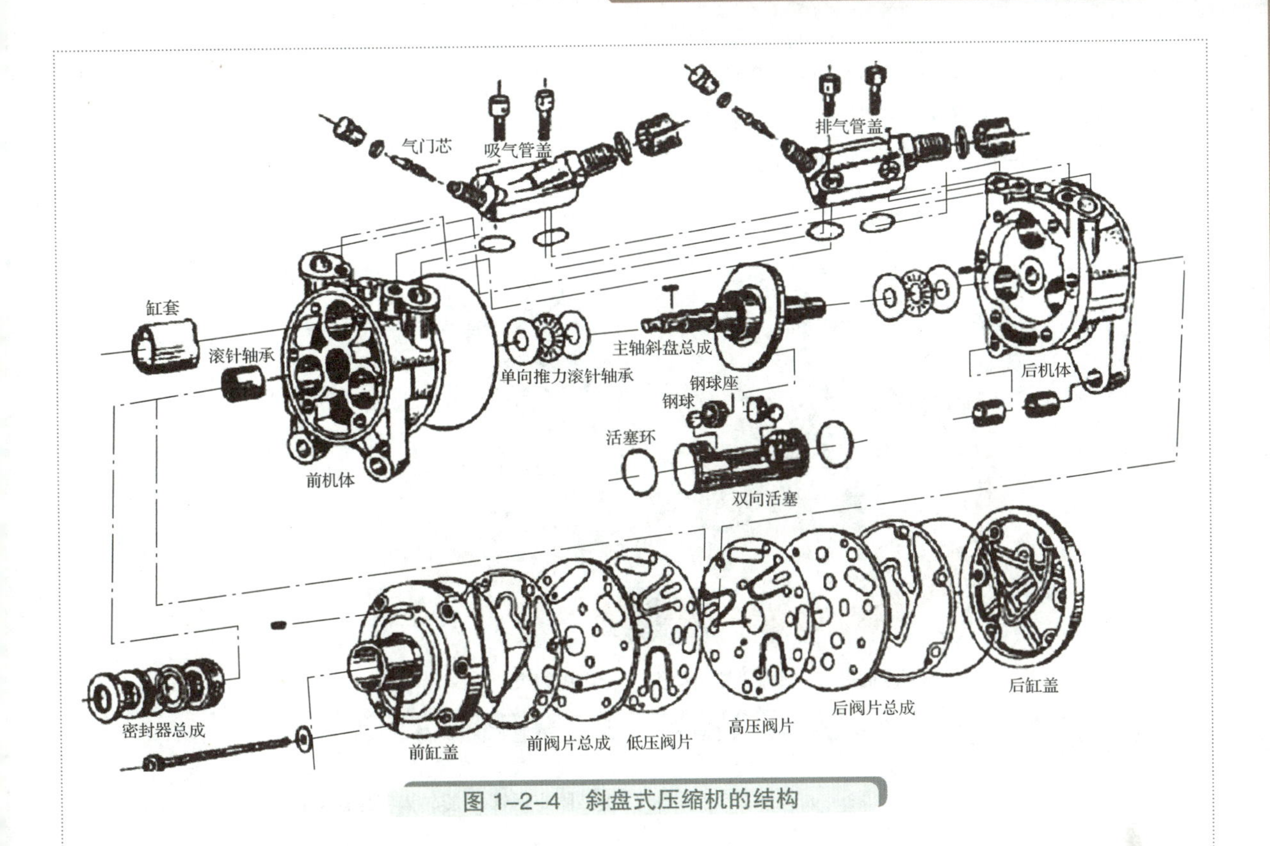

图 1-2-4　斜盘式压缩机的结构

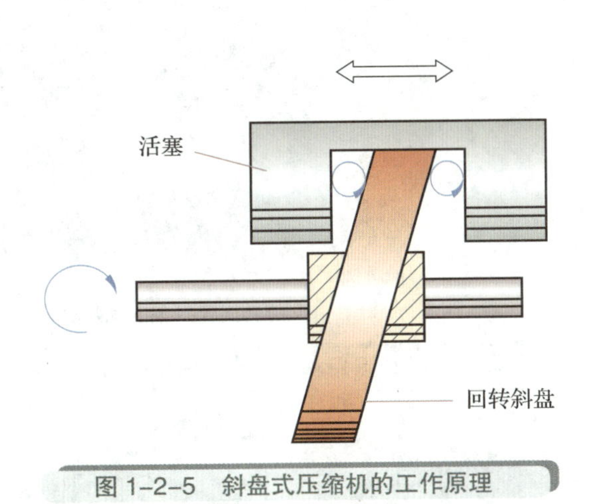

图 1-2-5　斜盘式压缩机的工作原理

3）涡旋式压缩机的结构和工作原理

比亚迪 E5 空调系统采用的是电动涡旋式压缩机，其总成如图 1-2-6 所示，主要由高压线束、低压线束、驱动控制模块、直流无刷电动机和涡旋式压缩机等部件组成。

比亚迪 E5 电动涡旋式压缩机的内部结构如图 1-2-7 所示，涡旋式压缩机主要由固定涡管、旋转涡管、偏心轴、压缩机端盖、偏心轴轴承和旋转涡管轴承等组成。两涡管相切，相互啮合形成若干月牙形空间。电动机驱动偏心轴旋转，带动旋转涡管绕着 6 个旋转涡管转轴做平面运动。制冷剂被压缩后压力升高从固定涡管排气孔排出，顶开排气阀片进入固定涡管与压缩机端盖形成的密闭空间，如图 1-2-8 所示。高压制冷剂从压缩机端盖上的高压制冷剂进口沿切线方向进入高压管道；制冷剂在管道中旋转流动，冷冻油从中分离出来经过回油槽，并通过固定涡管上的回油孔回到压缩机，制冷剂从另一端排出压缩机，如图 1-2-9 所示。

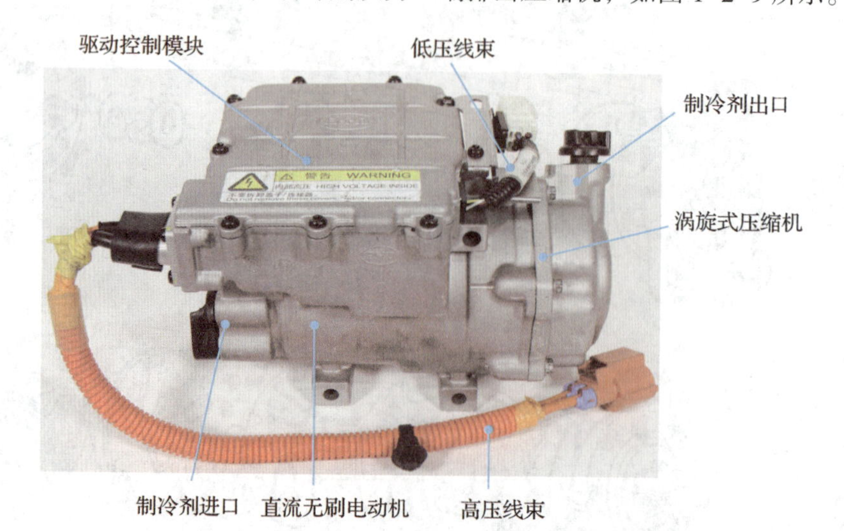

图 1-2-6　比亚迪 E5 电动涡旋式压缩机总成

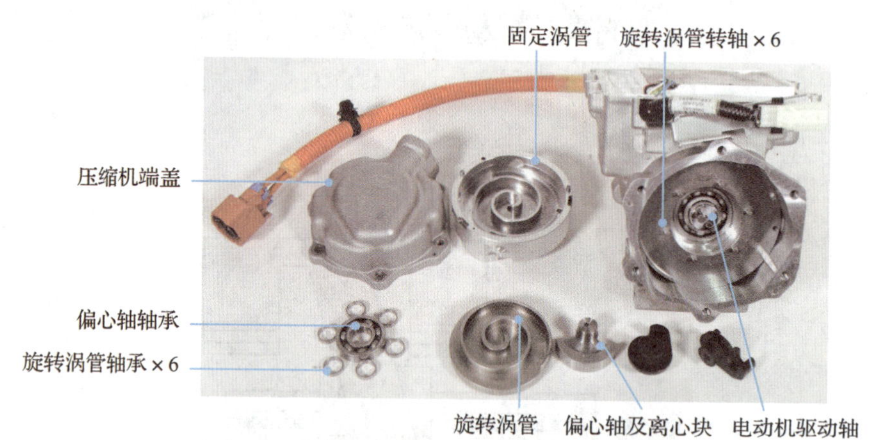

图 1-2-7　比亚迪 E5 电动涡旋式压缩机的内部结构

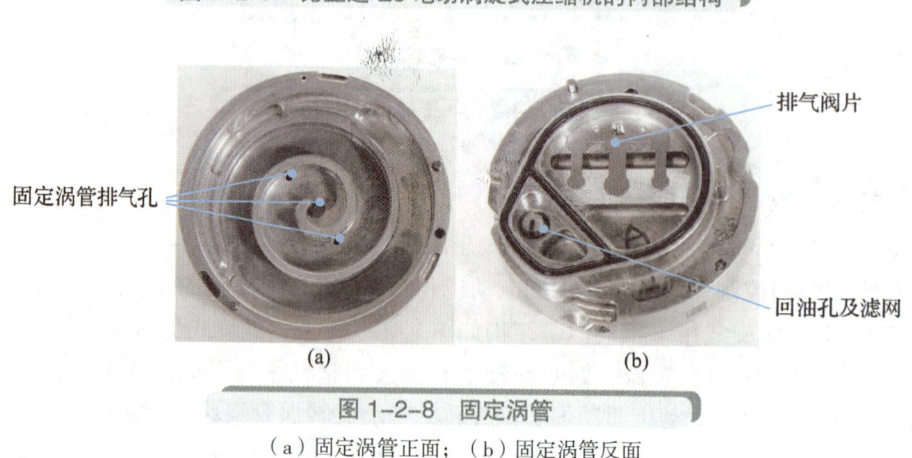

图 1-2-8　固定涡管

（a）固定涡管正面；（b）固定涡管反面

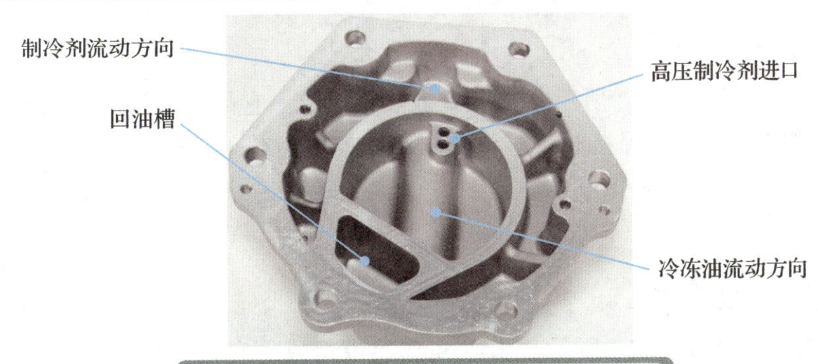

图 1-2-9　压缩机端盖

涡旋式压缩机的工作原理如图 1-2-10 所示，随着旋转涡管的旋转，月牙形空间逐步移动，容积越来越小，通过吸入口吸入的制冷剂被压缩，直至从排出孔排出。如此周而复始完成吸气、压缩、排气工作过程，整个过程是连续的。理论上，涡旋的圈数越多，动作越平稳，效率也越高。在实际应用中，为了防止过压缩和受直径限制，涡旋式压缩机的涡旋圈数一般为 2.5~3。

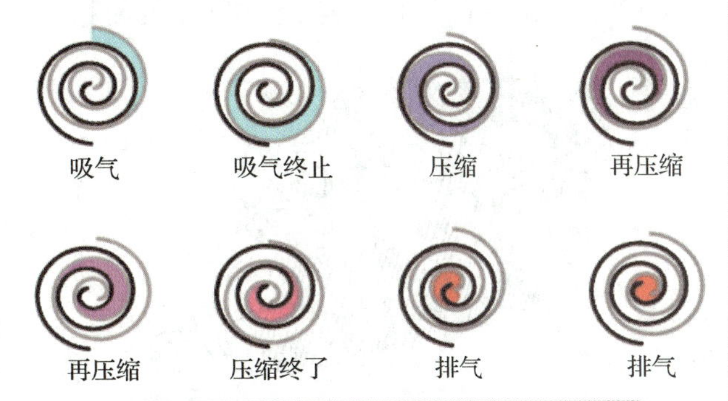

图 1-2-10　涡旋式压缩机的工作原理

二、冷凝器

冷凝器的作用是把压缩机排出的高温高压气态制冷剂的热量散发到车外空气中，使气态制冷剂变成高温高压的液态制冷剂。冷凝器的安装位置如图 1-2-11 所示，其大多布置在车头前部、侧面或车底，安装在散热器前面，或与散热器安装在同一垂直平面上。冷凝器有管片式、管带式及平行流式 3 种结构形式。

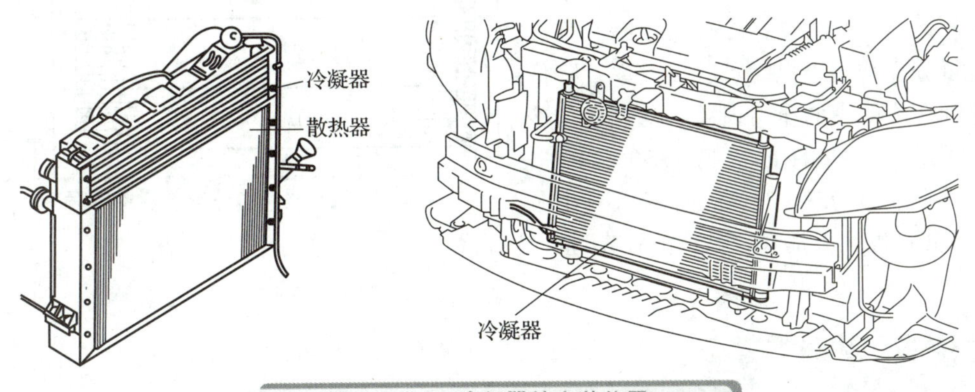

图 1-2-11　冷凝器的安装位置

1. 管片式冷凝器

管片式冷凝器如图 1-2-12 所示，由管和散热片组成。它是用胀管法将铝翅片胀紧在紫铜管上，管的端部用 U 形弯头焊接起来。管片式冷凝器的散热效率较低，制造工艺简单。它一般用在大中型客车的制冷装置上。

2. 管带式冷凝器

管带式冷凝器如图 1-2-13 所示，由管和散热带组成。它是将扁平管弯成蛇形管，在其中安置散热带，然后在真空加热炉中将管带焊好。这种冷凝器的散热效率比管片式冷凝器高 15%~20%。它一般用在小型汽车的制冷装置上。

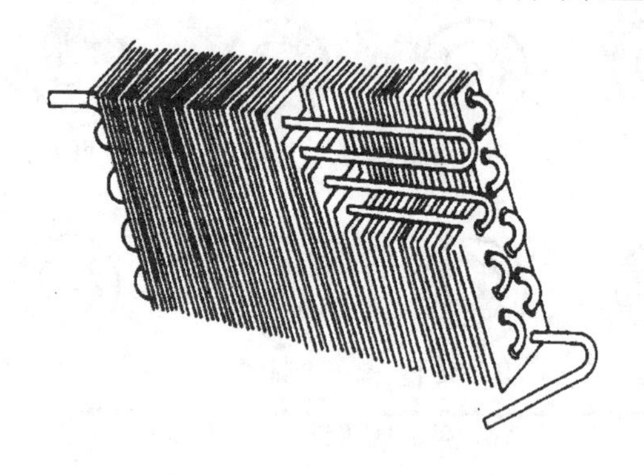

图 1-2-12　管片式冷凝器

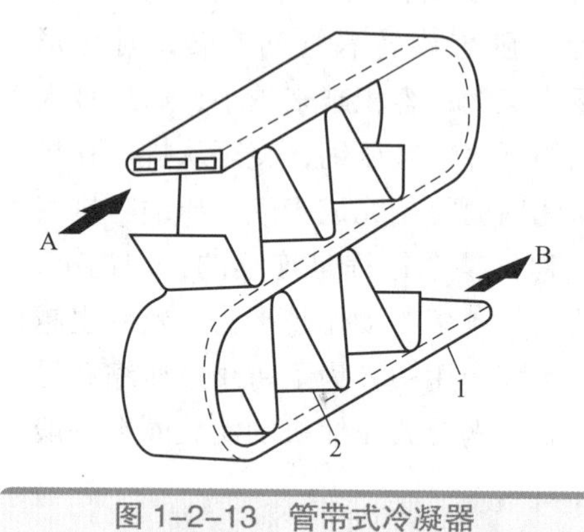

图 1-2-13　管带式冷凝器

1—铝制内肋扁管；2—波形散热带

3. 平行流式冷凝器

平行流式冷凝器的结构如图 1-2-14 所示，其也是一种管带式结构。它由圆筒集流管、铝制内肋扁管、波形散热翅片及连接管组成。在两条集流管间用多条扁管相连，并用隔片隔成若干组，进口处管道多，逐渐减少每组管道数。其特点是冷凝器内制冷剂温度及流量分配均匀，提高了散热效率，降低了制冷剂在冷凝中的压力损耗。与管带式冷凝器相比，其放热性能提高了 30%~40%，通路阻力降低了 25%~33%，内容积减小了 20%，放热性能大大提高，是目前较先进的冷凝器。

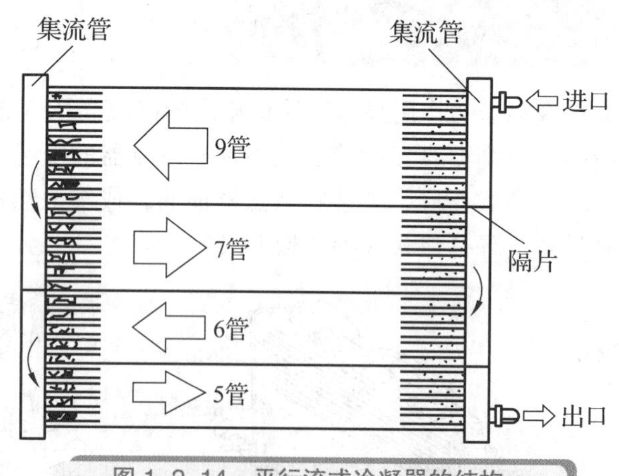

图 1-2-14　平行流式冷凝器的结构

三、蒸发器

蒸发器的作用是让低温低压液态制冷剂在其管道中吸热蒸发，使自己和周围空气的温度降低。蒸发器通常装在仪表板后的风箱内，有管片式、管带式和层叠式 3 种结构。

1. 管片式蒸发器

管片式蒸发器如图 1-2-15 所示，它由铜质或铝质圆管套上铝翅片组成，经胀管工艺使铝翅片与铝质圆管紧密接触。其结构简单、加工方便，但其散热效率较低。

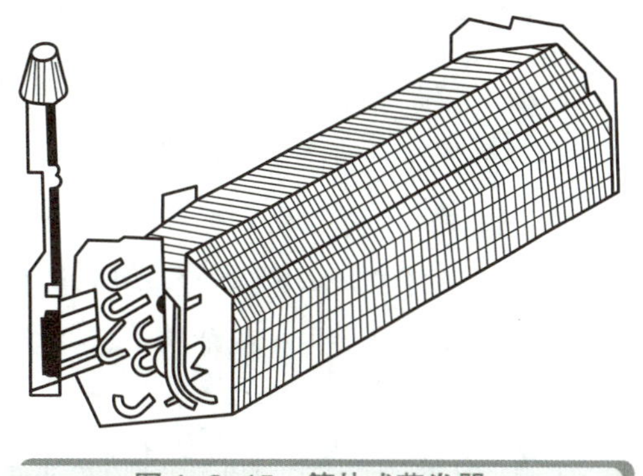

图 1-2-15　管片式蒸发器

2. 管带式蒸发器

管带式蒸发器如图 1-2-16 所示，它由多孔扁管与蛇形散热铝带焊接而成。其工艺比管片式蒸发器复杂，散热效率比管片式蒸发器提高 10% 左右。

3. 层叠式蒸发器

层叠式蒸发器如图 1-2-17 所示，它由两片冲成复杂形状的铝板叠在一起组成制冷剂通道，每两片通道之间夹有蛇形散热铝带。尽管这种蒸发器的加工难度最大，但其散热效率最高，结构最紧凑，因此应用比较广泛。

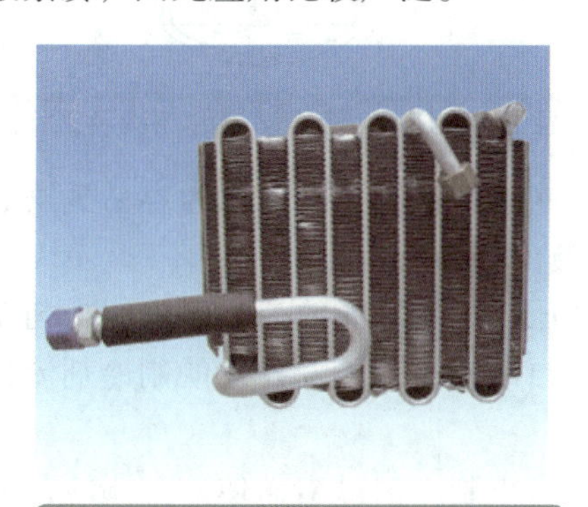

图 1-2-16　管带式蒸发器

图 1-2-17　层叠式蒸发器

四、储液干燥器

1. 储液干燥器的作用

储液干燥器串联在冷凝器与膨胀阀之间的管路上，具有储存、干燥和过滤的作用。

1）储存

储液干燥器可储存液化后的高压液态制冷剂，根据制冷负荷的大小需要，随时供给蒸发器，还可补充制冷系统微量渗漏的损失量。

2）干燥

储液干燥器可防止水分在制冷系统中造成冰堵。水分主要来自新添加的润滑油和制冷剂中所含的微量水分。当这些水分通过节流装置时容易凝结成冰，堵塞系统。

3）过滤

过滤就是过滤制冷系统中的杂质。制冷系统在制造维修时会带入一些杂物，制冷剂和水混合后腐蚀金属也会产生一些杂质。这些杂质容易使制冷系统堵塞，同时加剧压缩机的磨损。

2. 储液干燥器的结构和工作原理

储液干燥器的结构及工作原理如图 1-2-18 所示。其工作原理：从冷凝器来的液态制冷剂，经过滤网和干燥剂除去杂质和水分后进入膨胀阀。储液干燥器上方的观察窗可以用来观察制冷剂的流动情形，从而判断制冷系统中制冷剂流量是否正常。为了保证制冷系统安全工作，目前使用的储液干燥器上都安装了高、低压保护开关。

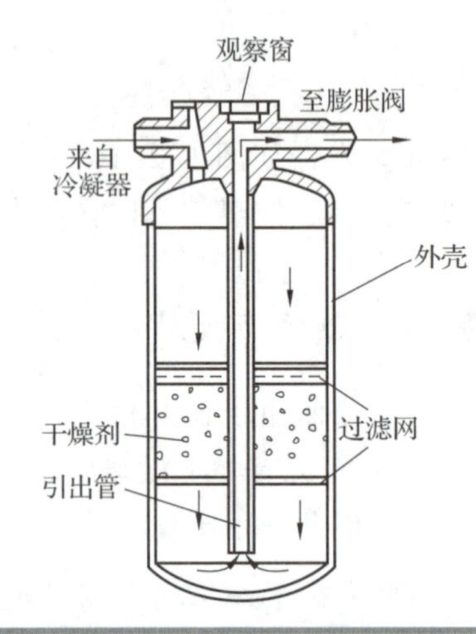

图 1-2-18　储液干燥器的结构及工作原理

1. 膨胀阀的作用

（1）节流降压。它使从冷凝器来的高温高压液态制冷剂节流并降压成为容易蒸发的低温低压雾状制冷剂进入蒸发器，是制冷剂高压侧和低压侧的分界点。

（2）自动调节制冷剂流量。制冷负荷的改变以及压缩机转速的改变，要求制冷剂流量作出相应的改变，以保持车厢内温度的稳定。膨胀阀能自动调节进入蒸发器的制冷剂流量，以满足制冷循环要求。

（3）防止液击和过热。膨胀阀控制制冷剂流量，防止制冷剂过多而使液态制冷剂进入压缩机造成液击现象，同时又能防止制冷剂过少所导致的制冷系统过热的现象。

2. 膨胀阀的结构及工作原理

常用的膨胀阀有热力膨胀阀、H 形膨胀阀和电子膨胀阀。

1）热力膨胀阀

热力膨胀阀有内平衡式和外平衡式两种形式。

（1）内平衡式热力膨胀阀。

如图 1-2-19 所示，内平衡式热力膨胀阀

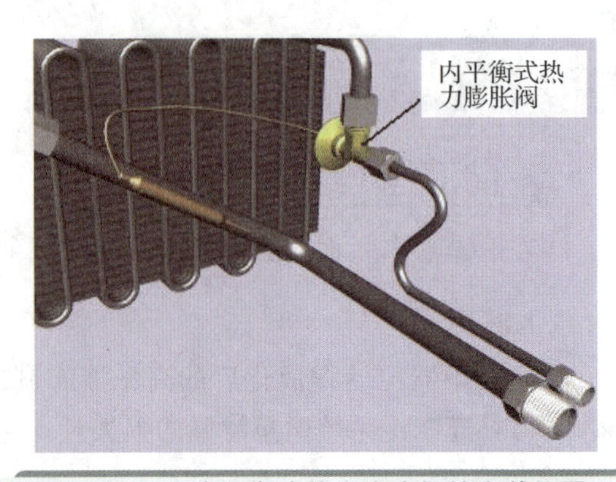

图 1-2-19　内平衡式热力膨胀阀的安装位置

安装在蒸发器的进口管上，感温包安装在蒸发器的出口管上，根据蒸发器出口温度调整进口的制冷剂流量，以满足蒸发器热负荷变化的需要。

内平衡式热力膨胀阀的外形和结构分别如图 1-2-20 和图 1-2-21 所示。感温包内充注制冷剂，和膜片上方的毛细管相连，感受蒸发器出口温度的变化；膜片下方通过内平衡孔与膨胀阀进口相通，感受进口制冷剂压力。若空调系统负荷增加，则蒸发器出口的温度升高，感温包内的气体压力上升，使阀门的开度加大，制冷剂的流量也相应增加。反之，若空调系统负荷减小，则制冷剂的流量也随之减小。

图 1-2-20　内平衡式热力膨胀阀的外形

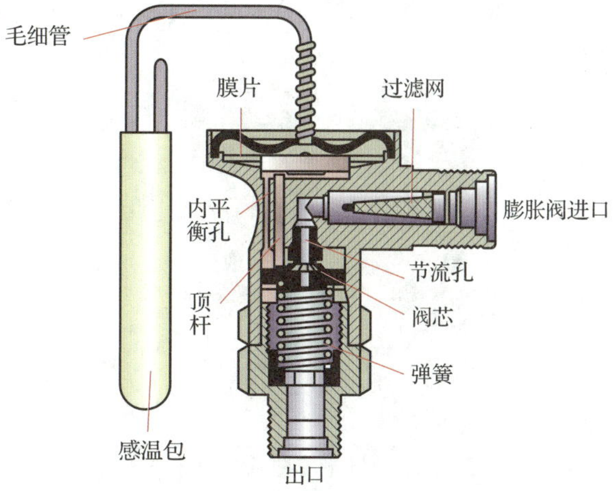

图 1-2-21　内平衡式热力膨胀阀的结构

（2）外平衡式热力膨胀阀。

外平衡式热力膨胀阀的外形和结构分别如图 1-2-22 和图 1-2-23 所示。其安装位置和工作原理与内平衡式热力膨胀阀基本相同。区别是：膜片下面通过外平衡管与蒸发器出口相通，感受出口制冷剂压力。

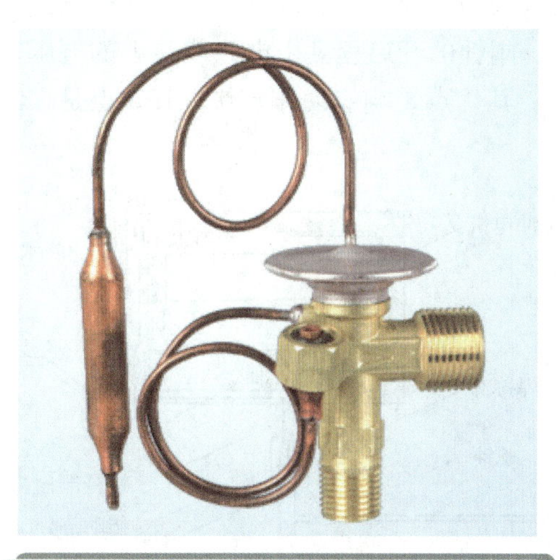

图 1-2-22　外平衡式热力膨胀阀的外形

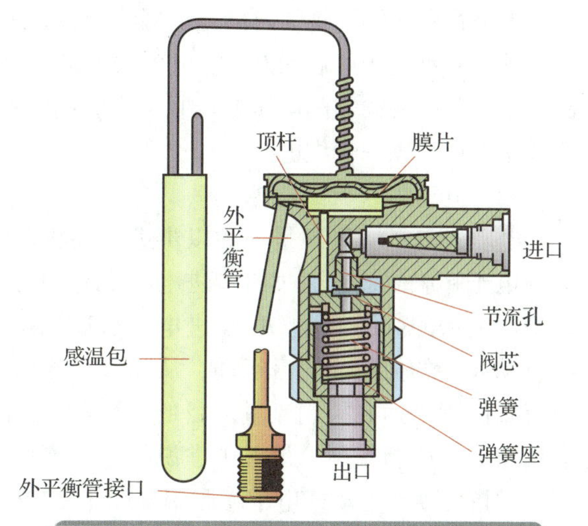

图 1-2-23　外平衡式热力膨胀阀的结构

2）H 形膨胀阀

H 形膨胀阀是一种整体型膨胀阀，其外形及结构分别如图 1-2-24 和图 1-2-25 所示，它取消了外平衡式热力膨胀阀的外平衡管和感温包，直接与蒸发器进、出口相连。其内部通路形同 H，有 4 个接口，其中两个接口和普通膨胀阀一样，一个接储液干燥器出口，另一个接蒸发器进口；另外两个接口，一个接蒸发器出口，另一个接压缩机进口。在膜片下面的敏感元件处，从蒸发器出口到压缩机入口的制冷剂气流中感受蒸发器温度，从而调整进入蒸发器的制冷剂流量。H 形膨胀阀的特点是感应温度不受环境影响，不存在毛细管造成的时间滞后，提高了调节灵敏度。例如北汽 EV160 汽车空调系统的膨胀阀就是 H 形膨胀阀。

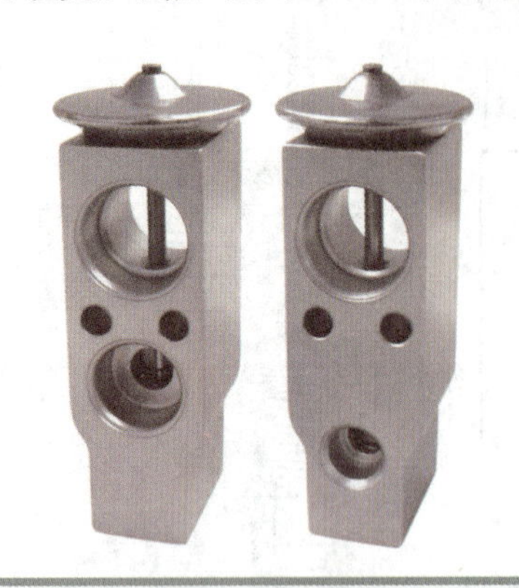

图 1-2-24　H 形膨胀阀的外形

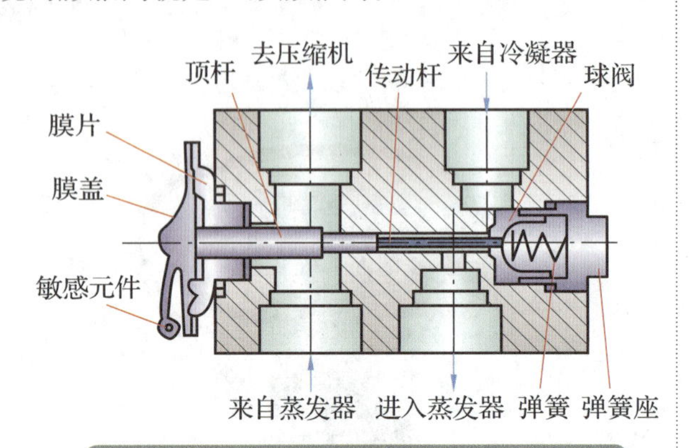

图 1-2-25　H 形膨胀阀的结构

3）电子膨胀阀

电子膨胀阀是一种可按预设程序进入制冷装置的制冷剂流量的节流元件。在一些负荷变化剧烈或运行工况范围较宽的场合，电子膨胀阀比传统的节流元件（如毛细管、热力膨胀阀等）更能满足舒适性及节能方面的要求。电子膨胀阀有电磁式和电动式两类。

（1）电磁式电子膨胀阀。

电磁式电子膨胀阀的内部有电磁线圈，以电磁线圈为媒介控制制冷剂流量。在电磁线圈通电之前，阀针处于开启状态；在电磁线圈通电之后，阀针的开启程度由电磁线圈上的电压来控制。由此，电磁线圈的电压就控制了膨胀阀的流量。其优点是响应动作较快；其缺点是在制冷系统中工作时须一直供电。

（2）电动式电子膨胀阀。

电动式电子膨胀阀是一种以步进电动机驱动的电子膨胀阀，它通过给步进电动机施加一定逻辑关系的数字信号，使步进电动机通过螺纹驱动阀针的向前或向后运动，从而改变阀口的流量面积来达到控制流量的目的。目前，在家用空调、冰箱等制冷设备中常说的电子膨胀阀通常指的就是电动式电子膨胀阀。图 1-2-26 所示为减速型电动式电子膨胀阀。

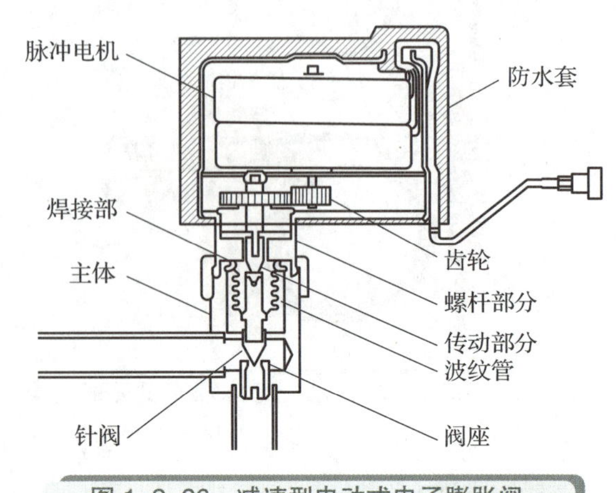

图 1-2-26　减速型电动式电子膨胀阀

采用电子膨胀阀，可以防止压缩机排气温度的升高对制冷系统性能产生的不利影响，同时可省去专设的安全保护器，节约成本，提高工作效率。

在采用电子膨胀阀的制冷系统时，应注意停机时令电子膨胀阀全关，以防止冷凝器的高温液体流入蒸发器造成再次启动时的能量损失；而在开机前，将电子膨胀阀全开，以使制冷系统高、低压侧平衡，然后开机。这样既实现了压缩机的轻载启动，又减小了压缩机启、停造成的热损失，节省电费约 6%。

比亚迪 E5 汽车空调系统有两个电子膨胀阀，分别是车厢制冷电子膨胀阀（如图 1-2-27 所示）和电池冷却电子膨胀阀。

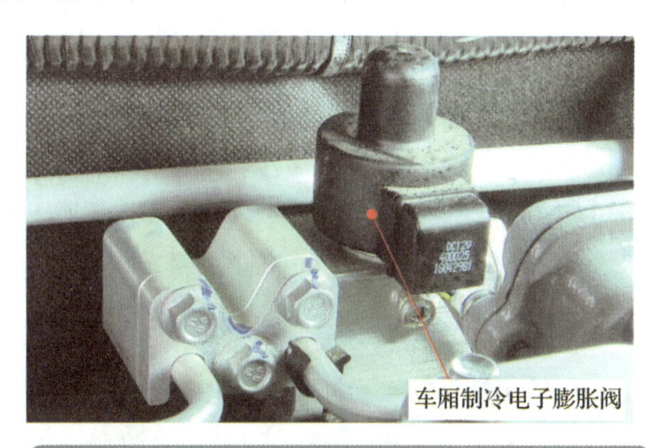

图 1-2-27　比亚迪 E5 汽车的车厢制冷电子膨胀阀

拓展阅读

六、孔管与积累器

1. 孔管

孔管是一种固定孔口的节流装置，直接安装在冷凝器出口和蒸发器进口之间。其结构如图 1-2-28 所示，一根细铜管装在一根塑料套管内，塑料套管外环形槽内装有密封圈，用来密封塑料套管外径和蒸发器进口管内径间的配合间隙。其两端装有过滤网。孔管失效的主要原因是堵塞，通常是由积累器内的干燥剂失效引起。若孔管毁坏，则不能维修，只能更换。

2. 积累器

由于孔管不能调节流量，液体制冷剂很可能流出蒸发器而进入压缩机，造成压缩机液击。为此，必须同时在蒸发器出口和压缩机进口之间安装一个积累器，实现液、气分离，避免压缩机发生液击。

积累器起到储液、干燥和过滤的作用。积累器的结构如图 1-2-29 所示，其主要功能是使气、液制冷剂分离，储存过多的液态制冷剂，以防止液态制冷剂液击压缩机。制冷剂从集液器上部进入，液态制冷剂落入容器底部，气态制冷剂经上部出气管进入压缩机。在容器底部，出气管回弯处装有由特殊过滤材料制成的过滤器，其上有泄油孔，允许积存在管弯处的冷冻油返回压缩机，但液态制冷剂不能通过。

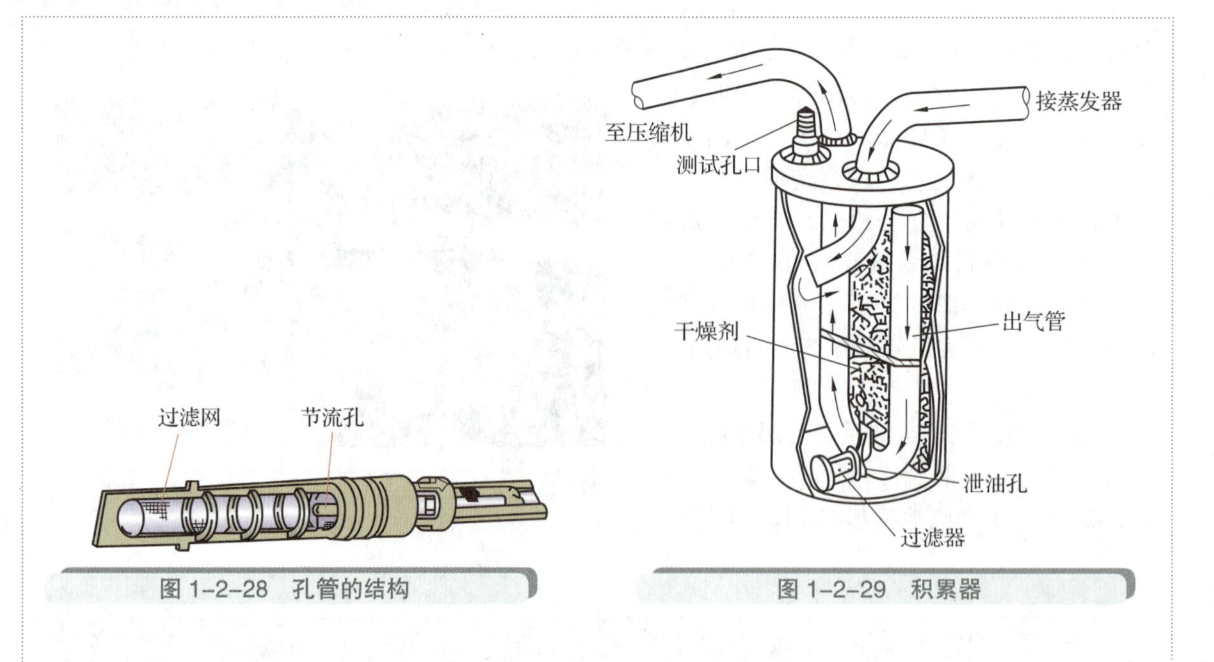

图 1-2-28　孔管的结构

图 1-2-29　积累器

七、其他车用空调压缩机

1. 旋叶式压缩机

旋叶式压缩机的汽缸有圆形和椭圆形两种。圆形汽缸旋叶式压缩机的结构如图 1-2-30 所示，缸内偏心安装一个转子，转子上装有叶片。转子转动时，在离心力和油压的作用下，叶片从槽中伸出，压在缸壁上，把汽缸分成几个隔腔。当转子旋转时，隔腔的工作容积周期性扩大和缩小，空间位置不断发生变化，将制冷剂从进气口吸入，压缩后从排气口排出。该压缩机基本上无余隙容积，其工作过程一般只有进气、压缩、排气 3 个过程。旋叶式压缩机没有进气阀，排气阀可根据需要设置。双叶片式压缩机有两个隔腔，主轴每旋转一圈，即有两次排气过程。叶片越多，压缩机的排气脉冲越小。椭圆形汽缸旋叶式压缩机的结构如图 1-2-31 所示，汽缸与转子同心安装，有两组进、排气口。如果有两只叶片，主轴每旋转一圈，就有 4 次进、排气过程。

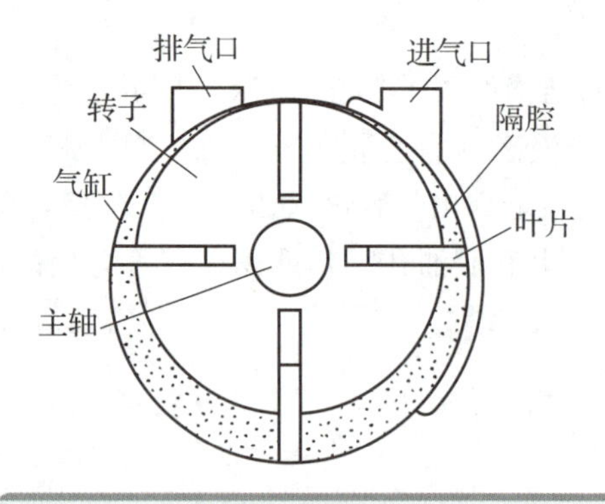

图 1-2-30　圆形汽缸旋叶式压缩机的结构

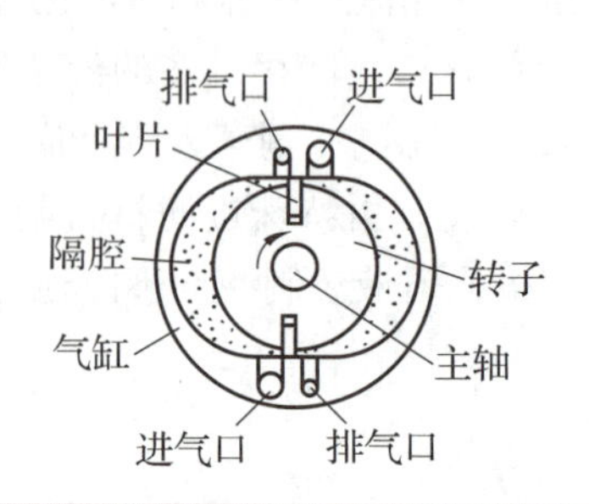

图 1-2-31　椭圆形汽缸旋叶式压缩机的结构

2. 变容量式压缩机

定容量式压缩机的排气量随着发动机转速的升高而增大，不能根据制冷的需求自动改变功率输出，而且增大了发动机油耗。变容量式压缩机则根据空调系统冷气负荷的大小，改变压缩机容量，实现不同工况下压缩机制冷量和功耗的匹配。

1）变容量式压缩机的控制策略

空调系统一般根据空调管路高压侧压力、低压侧压力、蒸发器表面温度、发动机冷却液温度或发动机转速等信号来改变压缩机容量。

（1）根据空调管路高压侧压力、低压侧压力改变容量。当空调管路高压侧压力过高时，降低容量；反之，当高压侧压力下降到一定值，而低压侧压力升高到一定值时，增大容量。

（2）根据空调管路低压侧压力改变容量。当空调管路低压侧压力升高到一定值时，增大容量；反之，当低压侧压力下降到一定值时，减小容量，降低功耗。

（3）根据蒸发器表面温度改变容量。当蒸发器表面温度大于某一值（40℃）时，压缩机按全容量模式运转，降低蒸发器温度；当蒸发器表面温度低于某一值（40℃）时，压缩机按半容量模式运转，以降低能耗；当蒸发器表面温度低于 3℃时，压缩机停止运转，以防损坏。

（4）根据发动机冷却液温度改变容量。当发动机冷却液温度过高时，压缩机按半容量模式运转，防止发动机过热；反之，当发动机冷却液温度低于某一值时，压缩机按全容量模式运转，以满足制冷需要。

（5）根据发动机转速改变容量。当发动机转速过高时，降低容量，以降低功耗。

2）变容量式压缩机的工作原理

图 1-2-32 所示为连续变容量摇板式压缩机的结构。其容量可以根据空系统调的制冷负荷进行调节。在该压缩机的结构中，曲柄室与吸气通道相连，电磁控制阀安装在吸气通道和排气通道之间。根据空调放大器的信号，电磁控制阀以占空比控制的方式调节压缩机的容量。

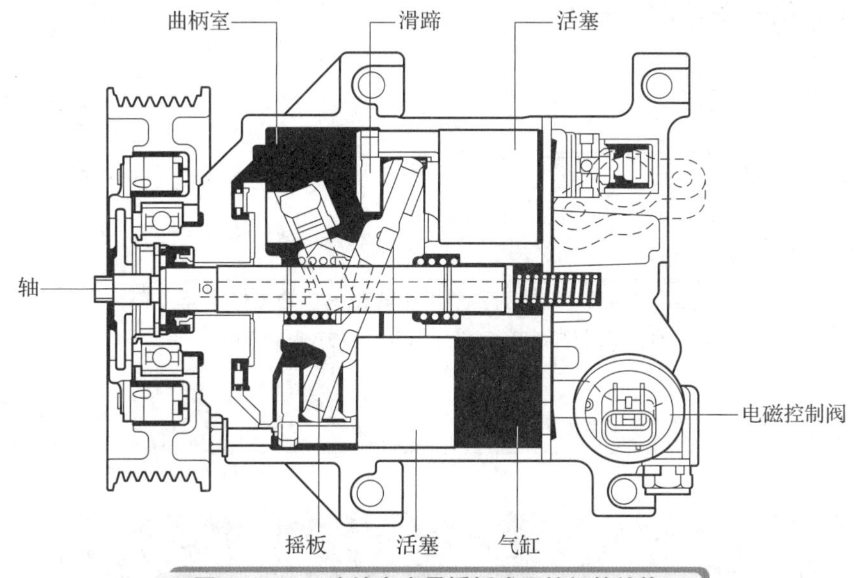

图 1-2-32　连续变容量摇板式压缩机的结构

如图 1-2-33（a）所示，电磁控制阀通电闭合时，曲柄室内的压力降低，作用在活塞右侧的压力高于作用在活塞左侧的压力。这样就会压缩弹簧并倾斜摇板，活塞行程和容量增加。如图 1-2-33（b）所示，电磁控制阀断电打开时，曲柄室内的压力升高，作用在活塞左侧的压力与作用在活塞右侧的压力相同。因此，弹簧伸长且消除摇板的倾斜，活塞行程和容量减小。

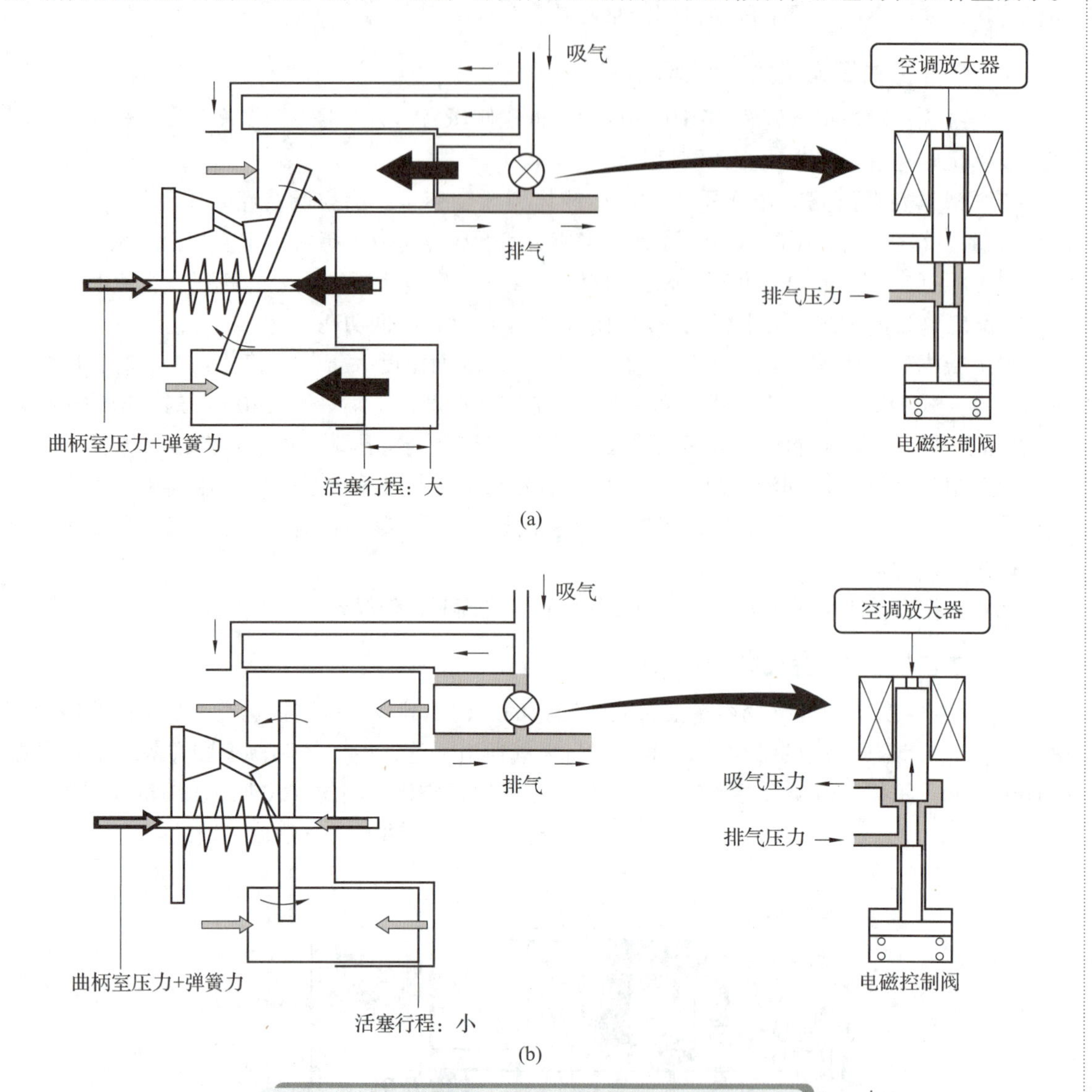

图 1-2-33　连续变容量摇板式压缩机的工作原理

（a）电磁控制阀通电闭合时；（b）电磁控制阀断电打开时

实践操作

八、比亚迪 E5 汽车电动压缩机总成的更换

由于电动压缩机是高压部件，因此在进行电动压缩机的拆装时要先进行整车下电作业，以

保证电动压缩机断电。进行拆装之前要保证作业场所通风良好并配置灭火设备。比亚迪 E5 电动压缩机总成如图 1-2-34 所示。

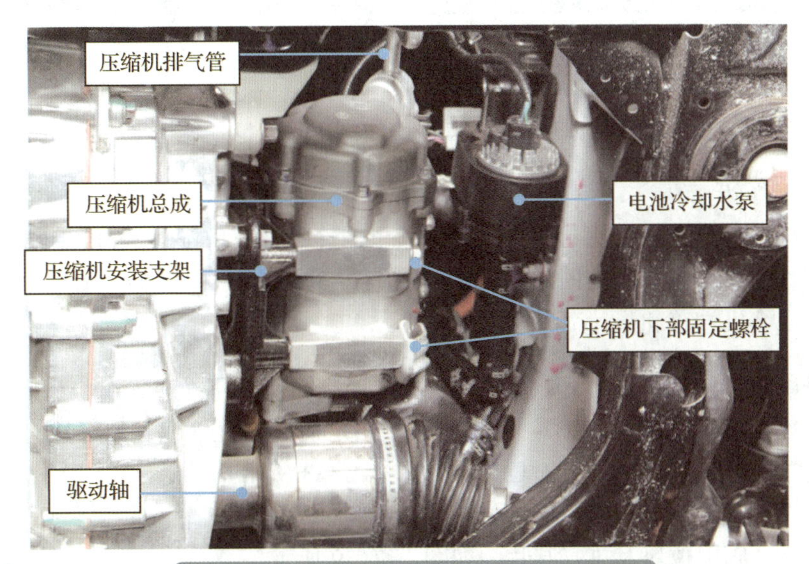

图 1-2-34　比亚迪 E5 电动压缩机总成

（1）按规范步骤进行整车下电操作。

（2）用制冷剂加注一体机进行制冷剂和冷冻油回收作业。

（3）拔下高压插件插头，并取下固定卡扣，如图 1-2-35 所示。高压插件插头位于高压电控总成后方。

（4）举升车辆，拔下低压插件插头。

（5）松开压缩机进气管螺母并迅速将进气管口密封，以防止空气进入进气管。

（6）松开压缩机排气管螺母并迅速将排气管口密封，以防止空气进入排气管。

（7）松开 3 个压缩机固定螺栓。

（8）取下压缩机。

（9）更换新的压缩机后按规定力矩拧紧压缩机固定螺栓。

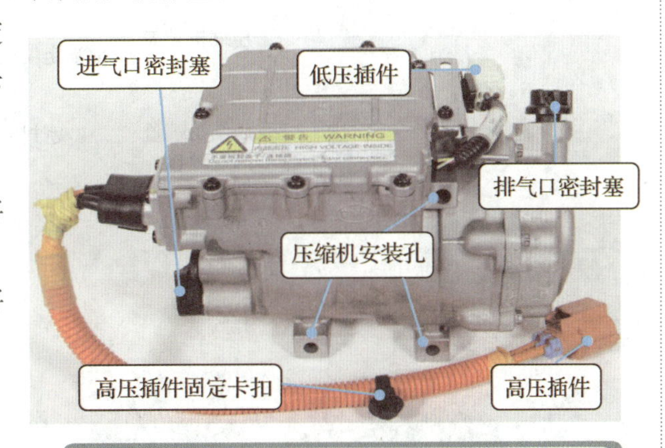

图 1-2-35　电动压缩机总成的结构

（10）迅速取下新压缩机上进气口密封塞（如图 1-2-35 所示）和进气管口密封罩。

（11）安装进气管螺母并按规定力矩拧紧。

（12）迅速取下新压缩机上排气口密封塞（如图 1-2-35 所示）和排气管口密封罩。

（13）安装排气管螺母并按规定力矩拧紧。

（14）插上低压插件插头。

（15）降下车辆，插上高压插件插头并安装固定卡扣。

（16）上电检查。

九、比亚迪 E5 汽车电动压缩机的拆装

1. 拆卸比亚迪 E5 汽车电动压缩机

比亚迪 E5 汽车电动压缩机的拆卸步骤如下。

1）拆下压缩机端盖

（1）取下压缩机上进气口密封塞，并倒出其中的冷冻油。取下排气口密封塞。

（2）拆下 6 个压缩机端盖的固定螺栓，如图 1-2-36 所示。

（3）取下压缩机端盖和垫片。

2）分解固定涡管

（1）取下密封圈（如图 1-2-37 所示），取下固定涡管。注意：在取下固定涡管后要做相应标记，以记录旋转涡管此时的相对位置，如图 1-2-38 所示。

（2）拆下排气阀限位块固定螺栓（如图 1-2-37 所示）。

（3）取下排气阀限位块及排气阀片，如图 1-2-39 所示。

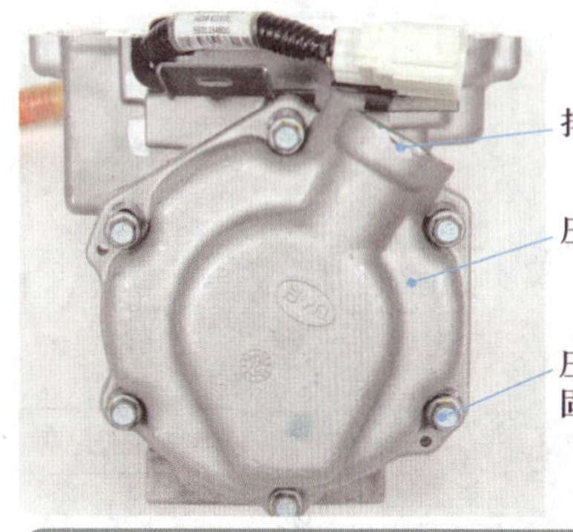

图 1-2-36 压缩机端盖及其固定螺栓

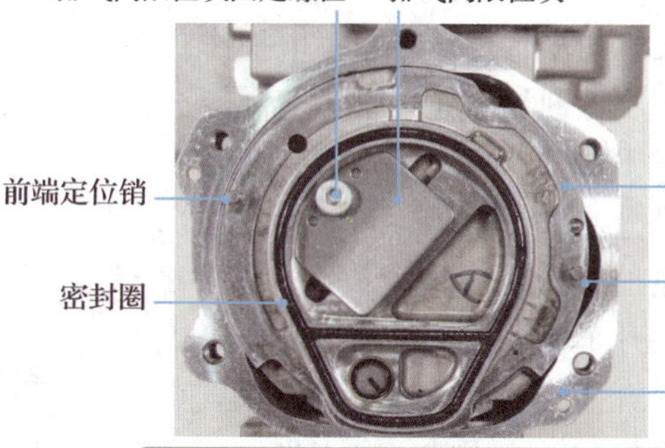

图 1-2-37 固定涡管

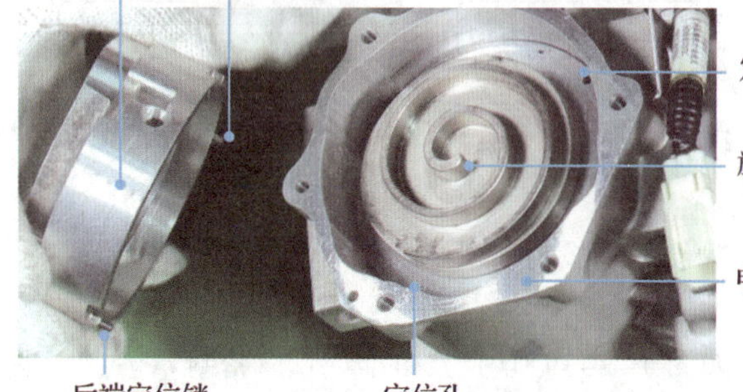

图 1-2-38 取下固定涡管时旋转涡管的相对位置

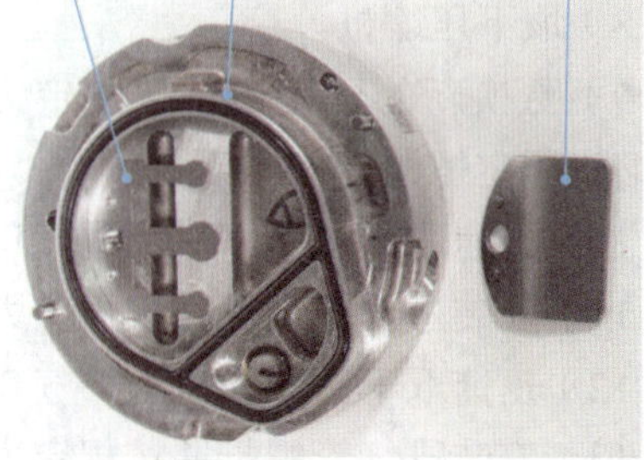

图 1-2-39 排气阀限位块与排气阀片

3）分解旋转涡管

（1）取下旋转涡管。

（2）取下 6 个滑动轴承，如图 1-2-40 所示。

（3）取下旋转涡管垫片，如图 1-2-40 所示。

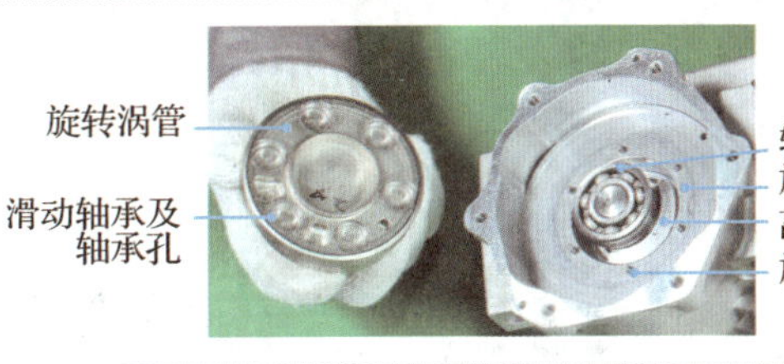

图 1-2-40　旋转涡管滑动轴承及垫片

4）取下偏心轴

（1）取下偏心轴轴承。

（2）取下偏心轴及离心块。

2. 安装比亚迪 E5 汽车电动压缩机

比亚迪 E5 汽车电动压缩机的安装步骤与拆卸步骤相反，需要注意的事项如下：

（1）安装旋转涡管垫片时，要注意垫片的安装位置和方向，不能装错。

（2）安装旋转涡管时，要保证旋转涡管与电动机壳体的相对位置，不能装错。装错会导致固定涡管无法安装。

（3）安装固定涡管时，要使固定涡管的后端定位销对准电动机壳体上的定位孔，如图 1-2-38 所示。

（4）安装压缩机端盖时要使压缩机端盖上的定位孔与固定涡管上的定位销对准，如图 1-2-41 所示。

图 1-2-41　固定涡管与压缩机端盖的定位

任务小结

（1）摇板式压缩机的主轴每转动一周，每个汽缸完成压缩、排气、膨胀、吸气的一个循环。一般一个摇板配有 5 个活塞，主轴转动一周时，就有 5 次排气过程。

（2）斜盘式压缩机的斜盘每转动一周，前、后两个活塞各自完成吸气、压缩、排气、膨胀过程，相当于两个工作循环。如果缸体截面均布 5 个汽缸和 5 个双向活塞，当主轴旋转一周时，就有 10 次排气过程。

（3）比亚迪E5汽车采用的是电动涡旋式压缩机，主要由高、低压线束，驱动控制模块，直流无刷电动机和涡旋式压缩机组成。

（4）储液干燥器串联在冷凝器与膨胀阀之间的管路上，它起到储存、干燥和过滤的作用。

（5）膨胀阀的作用有节流降压、自动调节制冷剂流量、防止液击压缩机和防止制冷系统过热。

任务 3　制冷剂压力检查及更换

任务导入

小王在某新能源汽车 4S 店做汽车维修工作，某顾客的新能源汽车空调系统制冷不良，经检查是制冷系统缺少制冷剂，需要检查制冷剂是否有泄漏。

请问，检查制冷剂泄漏的方法是什么？

学习目标

（1）能正确使用电子检漏仪对制冷系统进行检漏。

（2）能正确使用歧管压力表。

（3）能根据歧管压力表读数来判断制冷剂是否合适。

（4）能正确区分 R134a 与 R410a 制冷系统。

（5）能使用歧管压力表对制冷系统补充制冷剂。

理论知识

一、新能源汽车空调制冷剂

在制冷系统中用于转换热量并且循环流动的物质称为制冷剂。新能源汽车空调系统使用的制冷剂通常有 R12、R134a 等，现在普遍使用的是 R134a，比亚迪 E5 汽车使用的是 R410a 制冷剂。英文字母 R 是 Refrigerant（制冷剂）的首字母，其数字代号使用的是美国制冷工程师协会（ASRE）编制的代号系统。制冷剂 R12、R134a 与 R410a 的热物理性能如表 1-3-1 所示。

表 1-3-1　制冷剂 R12、R134a 与 R410a 的热物理性能

项目	R12	R134a	R410a
分子式	CF_2Cl_2	CH_2FCF_3	（R32）CH_2F_2/（R125）CHF_2CF_3
分子量	120.92	102.03	72.59
沸点 /℃	–29.80	–26.18	–51.56
临界温度 /℃	111.8	101.14	72.22
临界压力 /MPa	4.125	4.065	4.852
液体密度 /（$kg \cdot m^{-3}$）	1 311	1 188	1 060
液体比热 /（$kJ \cdot kg^{-1}$）	0.21（30℃）	1.51（25℃）	1.78（30℃）
沸点下的蒸发潜热 /（$kJ \cdot kg^{-1}$）	165	215	256
ODP 值（臭氧层破坏潜能值）	1.0	0	0
GWP 值（全球变暖潜能值）	10 900	1 300	1 730
与矿物油的融合性	互溶	不溶	不容
溶态热导率	小	大	大

1. R12 制冷剂

车用空调中最初广泛使用的制冷剂为 R12，分子式为 CF_2Cl_2，化学名称为二氟二氯甲烷。其主要特性如下：

（1）R12 无色、无刺激性臭味；一般情况下不具有毒性，对人体没有直接危害；不燃烧、无爆炸危险；热稳定性好。

（2）R12 是一种中压制冷剂，正常蒸发温度小于 0℃，冷凝器压力为 1.5~2.0MPa，由于压力不是很高，所以降低了对冷凝器结构强度的要求。在大气压下，R12 的沸点为 –29.8℃，凝固温度为 –158℃，能在低温下正常工作。节流后损失小，有较大的制冷系数。

（3）R12 对一般金属没有腐蚀作用，但对镁和镁含量超过 2% 以上的铝合金除外。R12 在 60℃ ~70℃的温度时遇氧化铁、氧化铜可促使其分解。

（4）R12 制冷系统对密封件的特殊要求如下：

①制冷系统的密封件不能使用天然橡胶制品，因为 R12 会导致橡胶变软、膨胀、起泡。

②对氯丁乙烯和氯丁胶制品的破坏作用较小。

③对尼龙和塑料制品的破坏作用不明显。

（5）R12 有良好的绝缘性能，它对制冷系统电器绕组的绝缘性能无影响。

（6）在液态时，R12 对润滑油的溶解度无限制，可以任何比例溶解；但在气态时，R12 对润滑油的溶解度有限并随压力增高、温度降低而增大。

（7）R12 对水的溶解度很小，而且在气态与液态时，对水的溶解度也不同，在气态时高于在液态时。在制冷系统中，R12 的含水量不得超过 0.002 5%。

总体来说，R12 是一种易于制造、原料来源丰富、价格相对低廉且可以回收重复使用的制冷剂。只是它对大气同温层的臭氧层有很强的破坏作用，因此目前已经禁止使用。我国在

2007 年已停止了对 R12 制冷剂的生产。

2. R134a 制冷剂

制冷剂 R134a 的分子式为 CH_2FCF_3，是卤代烃类制冷剂中的一种，目前大多数新能源汽车空调制冷系统使用的制冷剂是 R134a 制冷剂。R134a 作为 R12 的替代制冷剂，它的许多特性与 R12 很相似。

1）热物理性

R134a 的热力物理性包括分子量、沸点、临界参数、饱和蒸气压和蒸发潜热等，均与 R12 相近，具有无色、无臭、不燃烧、不爆炸、基本无毒的特性，安全类别为 A1，是很安全的制冷剂。

2）传热性能

R134a 制冷剂的传热性能优于 R12，当冷凝温度为 40℃ ~60℃、质量流量为 45~200kg/s 时，R134a 蒸发和冷凝传热系数比 R12 高出 25% 以上。因此，在换热器表面积不变的条件下，可减少传热温差，降低传热损失；当制冷量或放热量相等时，可减小换热器表面积。

3）化学稳定性

R134a 的化学稳定性很好，然而由于它的溶水性比 R12 高，所以对制冷系统不利，即使有少量水分存在，在润滑油等的作用下，将产生酸、二氧化碳或一氧化碳，将对金属产生腐蚀作用，或产生“镀铜”作用，所以 R134a 对制冷系统的干燥和清洁要求较高。R134a 对钢、铁、铜、铝等金属未发现有相互化学反应的现象，仅对锌有轻微的作用。

4）相容性

用 R134a 替代 R12 后，原有的冷冻油必须更换，这是因为 R134a 本身与矿物油是非相容的，必须使用合成润滑油来代替，如 PAG 类润滑油等；否则，系统将会损坏。

5）化学结构

R134a 分子直径比 R12 略小，易通过橡胶向外泄漏，也较易被分子筛吸收。

制冷剂 R134a 与 R12 相比对臭氧层无破坏作用，是目前国际公认的替代 R12 的主要制冷工质之一，常用于车用空调、商业和工业用制冷系统，以及作为发泡剂用于硬塑料保温材料生产，也可以用来配置其他混合制冷剂，如 R404a 和 R407c 等。

3. R410a 制冷剂

R410a 是一种混合制冷剂，它是由 50%R32（分子式 CH_2F_2）和 50%R125（分子式 CHF_2CF_3）组成的混合物，是 R22 的替代产品，其优点在于可以根据具体的使用要求，对各种性质，如易燃性、容量、排气温度和效能加以考虑，量身合成一种制冷剂。R410a 外观无色，不浑浊，易挥发，沸点为 -51.56℃，凝固点为 -155℃。其主要特点如下：

（1）不破坏臭氧层。其分子式中不含氯元素，故其臭氧层破坏潜能值（ODP）为 0。全球变暖潜能值（GWP）为 1 730。

（2）毒性极低，安全类别为 A1，是很安全的制冷剂。

（3）不可燃，在空气中的可燃极性为 0。

（4）化学和热稳定性高。

（5）溶水性与 R22 几乎相同，不溶于水，但溶于醇、醚。

（6）不与矿物油或烷基苯油相溶，而与 POE（酯润滑油）、PVE（醚润滑油）相溶。

与 R22 相比，R410a 的制冷量显著提高，为设计更小、更紧凑的制冷设备提供了可能。R410a 具有近共沸的物性，在整个运行范围内，制冷剂温度滑移小于 0.2℃，R410a 在制冷系统中不会发生显著的分离，即不会由于泄漏而改变制冷剂的成分，因此在售后维修再补充的过程中，无须排放掉系统中剩余的制冷剂。R410a 是世界公认的家用空调 R22 制冷剂的中长期替代品。

二、新能源汽车空调专用维修工具及设备

新能源汽车空调专用维修工具及设备包括电子检漏仪、歧管压力表、制冷剂注入阀、维修阀、专用成套维修工具、真空泵以及制冷剂回收装置等。

1. 电子检漏仪

对新能源汽车空调系统制冷剂泄漏的检查常用到电子检漏仪。

1）电子检漏仪的结构

电子检漏仪的外部结构如图 1-3-1 所示，内部结构如图 1-3-2 所示。在圆筒状铂金阳极里设有电热器，可以将阳极加热到 800℃左右。阳极的外侧设有圆筒状阴极。在两电极之间加有 12V 直流电压。为了使气体在两电极间流动，在电极的前面设有吸气孔，在其后面设有小风扇。当有制冷剂通过电极时，就会产生几微安的电流，通过直流放大器放大后，使电流表指示或使蜂鸣器发出声响，以示制冷剂泄漏程度的大小。

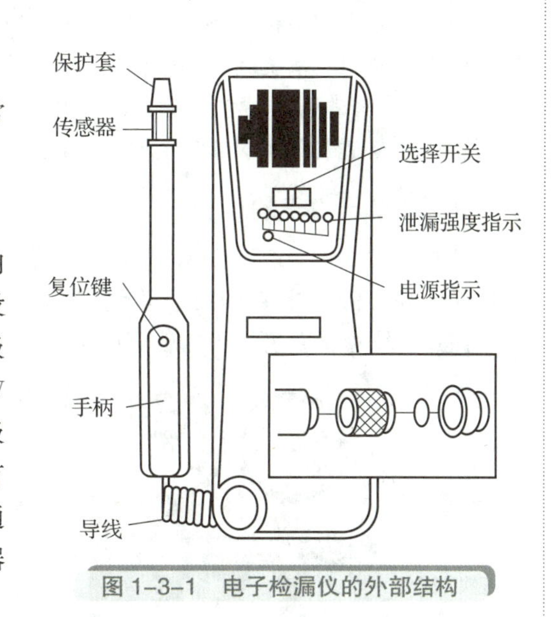

图 1-3-1　电子检漏仪的外部结构

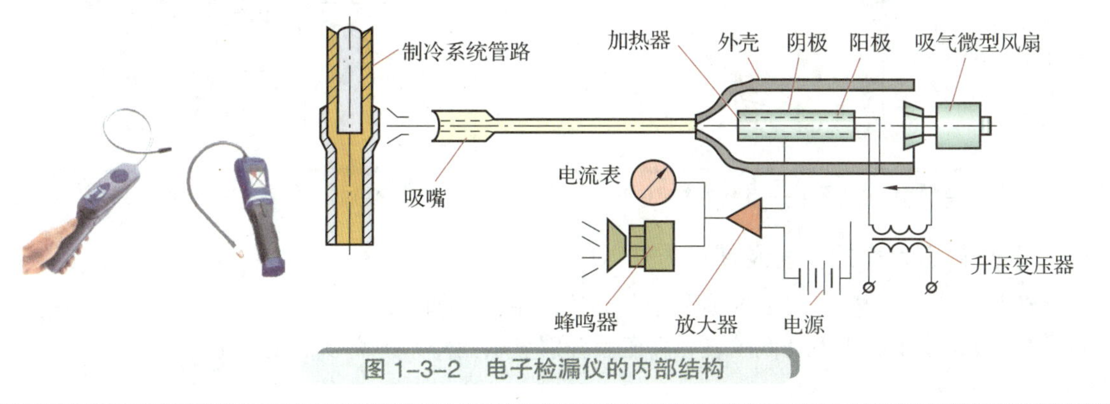

图 1-3-2　电子检漏仪的内部结构

2）电子检漏仪的使用方法

各种电子检漏仪使用方法不完全相同，一般使用方法如下：

（1）将电子检漏仪的电源打开，预热 10min 左右。

（2）将开关拨至校核挡，确认指示灯和警铃正常。

（3）将仪器调到所要求的灵敏度范围。

（4）将开关拨至检测挡，将探头放至检测部位，若超过灵敏度范围的泄漏量，则蜂鸣器会发出声响。

注意：在检测时，应将探头放在各接头下侧。探头和制冷剂的接触时间不应过长，也不要把制冷剂气流或严重泄漏的地方对准探头，否则会损坏仪器的敏感元件。

2. 歧管压力表

歧管压力表也称为歧管压力表组，是维修新能源汽车空调制冷系统必不可少的工具。它与制冷系统相接可以进行检测压力、排空、抽真空、充注制冷剂、加注冷冻油等操作。

1）歧管压力表的结构

歧管压力表的结构如图 1–3–3 所示，低压表用于检测制冷系统低压侧的压力和真空度；高压表用于检测制冷系统高压侧的压力。它可以外接 3 根橡胶软管：低压软管（蓝色）、高压软管（红色）和维修软管（黄色、绿色或白色）。低压表与低压软管相通，高压表与高压软管相通。低压手动阀控制维修软管与低压软管的通断，高压手动阀控制维修软管与高压软管的通断。

2）歧管压力表的连接

歧管压力表的连接方法如图 1–3–4 所示，工作时，其高、低压软管接头分别通过软管与制冷系统高、低压维修阀相接，维修软管接头与真空泵或制冷剂罐等相接。

注意：歧管压力表接头与软管连接时，只能用手拧紧，不能用工具拧紧。

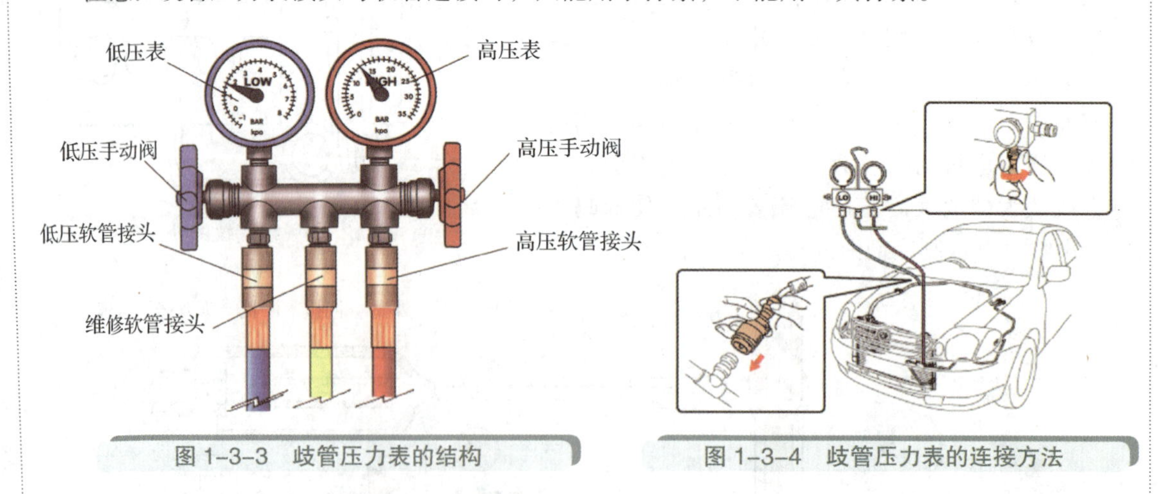

图 1–3–3　歧管压力表的结构　　图 1–3–4　歧管压力表的连接方法

3）歧管压力表的功能及使用方法

歧管压力表的功能如图 1–3–5 所示，具体使用方法如下：

（1）双阀关闭测压力。低压表和高压表分别显示制冷系统高、低压侧压力。

（2）双阀打开抽真空。在中间接头接上真空泵，对制冷系统抽真空。

（3）单阀打开作充注。当高压手动阀关闭，低压手动阀打开，中间接头接到制冷剂罐上或冷冻油瓶上，可以从低压侧向系统充注制冷剂或冷冻油。当高压手动阀打开，低压手动阀关闭，可以从高压侧充注制冷剂。

（4）先高后低放排空。先打开高压手动阀，当压力下降到 0.35MPa 时，再打开低压手动阀，则可使制冷系统排出制冷剂。

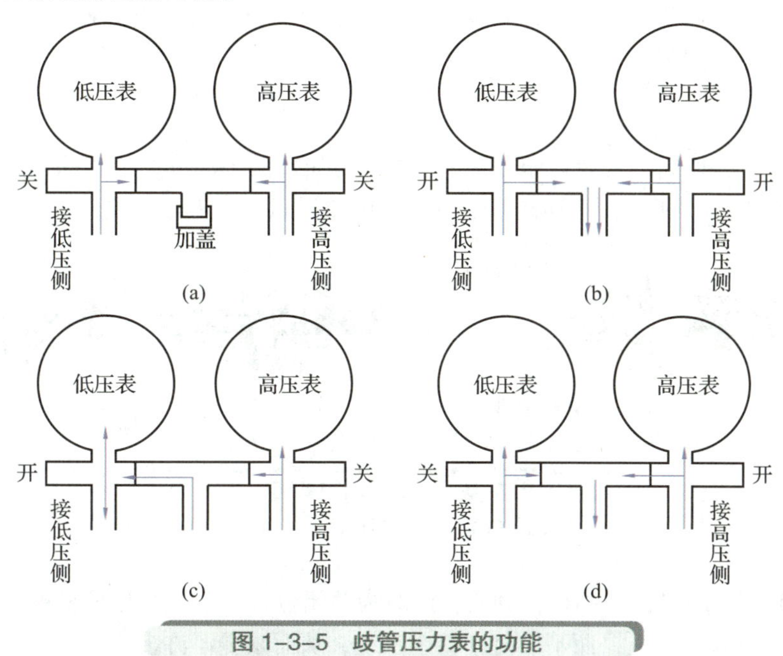

图 1-3-5　歧管压力表的功能

（a）检测压力；（b）抽真空；（c）充注制冷剂；（d）放空或排出制冷剂

3. 制冷剂注入阀

制冷剂罐（一般为 250g 左右）需要和制冷剂注入阀配套使用。制冷剂注入阀的结构如图 1-3-6 所示。其具体使用方法如下：

（1）按逆时针方向旋转制冷剂注入阀手柄，直到阀针退回为止。

（2）将制冷剂注入阀装到制冷剂罐上，逆时针方向旋转板状螺母至最高位置，然后将制冷剂注入阀顺时针方向拧动，直到制冷剂注入阀嵌入制冷剂密封塞。

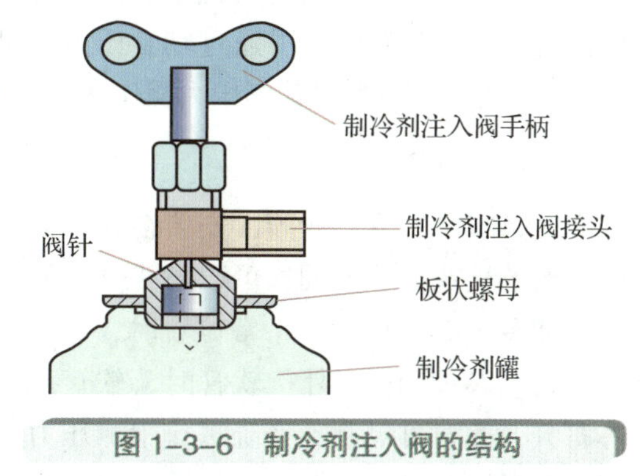

图 1-3-6　制冷剂注入阀的结构

（3）将板状螺母按顺时针方向旋转到底，再将歧管压力表上的中间软管固定到制冷剂注入阀的接头上。

（4）拧紧板状螺母。

（5）按顺时针方向旋转制冷剂注入阀手柄，使阀针刺穿密封塞。

（6）若要充注制冷剂，则逆时针方向旋转制冷剂注入阀手柄，使阀针抬起，同时打开歧管压力表上的手动阀。

（7）若要停止充注制冷剂，则顺时针方向旋转制冷剂注入阀手柄，使阀针再次进入密封塞，起到密封作用，并同时关闭歧管压力表上的手动阀。

4. 维修阀

新能源汽车空调系统是一个封闭的系统，为便于检修，一般在制冷系统高、低压侧各设一个维修阀，用于连接歧管压力表。维修阀有手动阀和气门阀两种。例如比亚迪 E5 汽车空调制冷系统的维修阀是气门阀。

1）手动阀

手动阀是三位三通阀，安装在压缩机上。高、低压侧的手动阀结构相同，只是低压手动阀直径稍大。如图 1-3-7 所示，手动阀有前位、后位和中间 3 个工作位置。

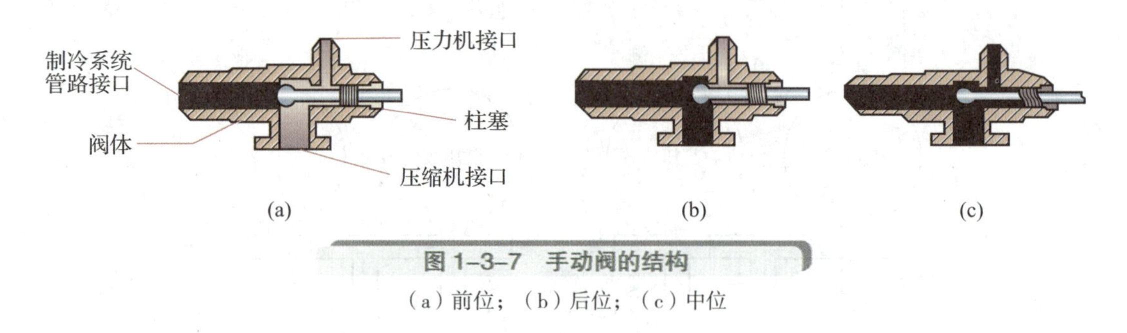

图 1-3-7　手动阀的结构

（a）前位；（b）后位；（c）中位

（1）前位位置：顺时针将阀杆拧到底，此时为关闭位置，系统与压缩机被切断。将阀杆拧到此位置时，可拆卸压缩机，而不必打开整个系统，从而减少了许多工作量。

（2）后位位置：将阀杆逆时针拧到底，此时为开启位置，压缩机和系统连通。系统正常工作时，高、低压检修阀均应处于此位置。

（3）中间位置：将阀杆拧至前位与后位之间的位置，此时压缩机、系统及维修接口均连通。将阀杆拧到此位置时，可通过歧管压力表对制冷系统进行抽真空、充注制冷剂或检测压力操作。

2）气门阀

气门阀是二位二通阀，安装在高、低压管路中，两个气门阀的接头尺寸不同，可以防止高、低压两侧接错。其结构如图 1-3-8 所示，正常位置时，靠系统内压力和弹簧压力使阀芯关闭；当外接软管时，软管接头上的顶销使阀芯打开，此时可对制冷系统进行检测压力、抽真空或充注制冷剂操作。

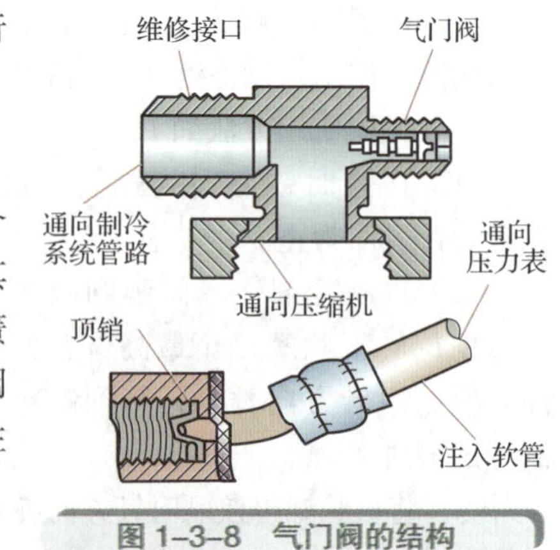

图 1-3-8　气门阀的结构

三、新能源汽车空调制冷系统的基本检查

开启制冷系统 15~20min 后，用手触摸空调系统管路及各部件，感受其温度。正常情况下，

低压管路呈低温状态，高压管路呈高温状态。低温区是从膨胀阀出口→蒸发器→压缩机进口处，这些部件表面应该由凉到冷再到凉，连接部分有水露，但不应有霜冻。高温区是从压缩机出口→冷凝器→储液干燥器→膨胀阀入口处，这些部件表面温度为 40℃ ~65℃，手感热而不烫。具体情况如下：

（1）压缩机进口处手感冰凉，出口处手感较热，进、出口温差明显。若温差不大，则说明制冷剂不足；若没有温差，则说明制冷剂泄漏。

（2）膨胀阀进口处手感较热，出口处手感冰凉，进、出口温差明显，有水露。若膨胀阀出口处有霜冻现象，则说明膨胀阀阀口堵塞，可能是脏堵或冰堵。

（3）储液干燥器应是热的，表面无水露，进、出口的温度相同。若其表面出现水露，则说明干燥剂破碎堵住了制冷剂流通的管路；若进口热，出口冷，则说明其内部堵塞。

（4）冷凝器进、出口管应有温差，出口管温度应低于进口管温度。

四、新能源汽车空调制冷系统的检漏方法

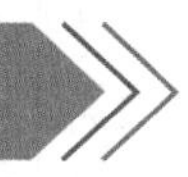

1. 制冷剂泄漏的部位

新能源汽车空调系统的工作条件比较恶劣，极易造成部件、管道损坏和接头松动，使制冷剂发生泄漏。新能源汽车空调制冷系统常发生制冷剂泄漏的部位如表 1-3-2 所示。

表 1-3-2　新能源汽车空调制冷系统常发生制冷剂泄漏的部位

部　件	常发生制冷剂泄漏的部位
冷凝器	冷凝器进口管和出口管连接处； 冷凝器盘管
蒸发器	蒸发器进口管和出口管的连接处； 蒸发器盘管； 膨胀阀
储液干燥器	易熔塞； 管道接头喇叭口处
制冷剂管道	高、低压软管； 高、低压软管各接头处
压缩机	压缩机轴封； 压缩机吸、排气阀处； 压缩机前、后盖密封处； 与制冷剂管道接头处

2. 制冷剂泄漏的检查方法

新能源汽车空调制冷系统的检漏方法常用的有目测检漏法、皂泡检漏法、染料检漏法、检漏灯检漏法、电子检漏仪检漏法、抽真空检漏法（负压检漏）和加压检漏法（正压检漏）等几种。

1）目测检漏法

用肉眼查看制冷系统（特别是制冷系统的管接头）是否有润滑油渗漏的痕迹，有油迹的部位就是泄漏处。

2）皂泡检漏（肥皂液检漏）法

对施加了压力的制冷系统，如图 1-3-9 所示，用毛刷或棉纱蘸肥皂液并涂抹在被检查部位，察看被检查部位是否有气泡产生。皂泡检漏法操作比较麻烦，要求一定要细致、认真。

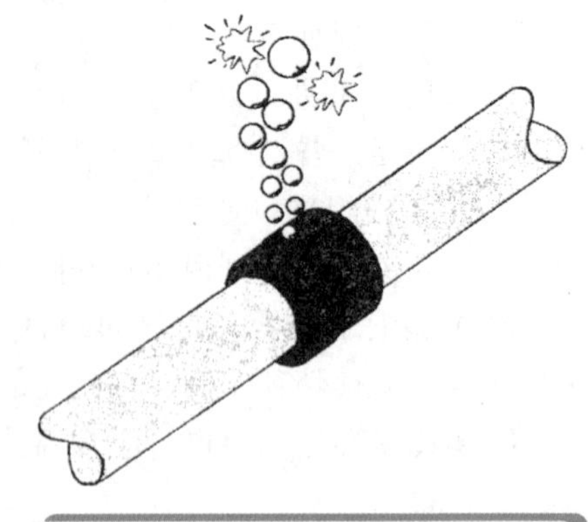

图 1-3-9　皂泡检漏法

3）染料检漏（着色检漏）法

把黄色或红色的颜料溶液通过歧管压力表引入制冷系统，漏点周围会有染料积存。染料检漏法不会影响制冷系统的正常运行，是个理想的方法。

4）检漏灯（卤素灯）检漏法

检漏灯检漏法的原理是根据卤素与吸入制冷剂燃烧后产生的火焰颜色来判断泄漏量。泄漏量少时，火焰呈浅绿色；泄漏量较多时，火焰呈蓝色；泄漏量很大时，火焰呈紫色。该方法检测精度低，已逐渐被淘汰。

5）电子检漏仪检漏法

使用电子检漏仪时应遵照电子检漏仪制造厂家的规定。一般方法是：接通电源开关，经短时间热机后，将探头伸入检测部位，通过声音或仪表显示即可判断泄漏量。该方法使用方便、安全、灵敏度高，故应用广泛。

使用电子检漏仪的注意事项如下：

（1）必须检查每一个接头的整个圆周。

（2）探头要靠近被检查点，离检测点约 3mm。

（3）探头移动的速度要慢，不能高于 5cm/s。

（4）因为制冷剂比空气重，所以要从部件（总成）顶部开始检漏，然后沿着部件或管路的底部移动，而且在下部测出的泄漏，泄漏点不一定在下部。

（5）如发现制冷剂大量渗漏，则应及时通风，以防止引起人窒息事故的发生。

6）抽真空检漏（负压检漏）法

对制冷系统抽真空，真空度应达到 0.1MPa，保持 24h，确认真空度没有明显变化即可。使用这种方法只能说明制冷系统是否泄漏，而不能确定泄漏的具体部位。

7）加压检漏（正压检漏）法

对于制冷剂全部漏光时的检漏，可以使用加压检漏法。如图 1-3-10 所示，将歧管压力表的高压软管和低压软管分别连接在压缩机的高、低压维修阀上。打开高、低

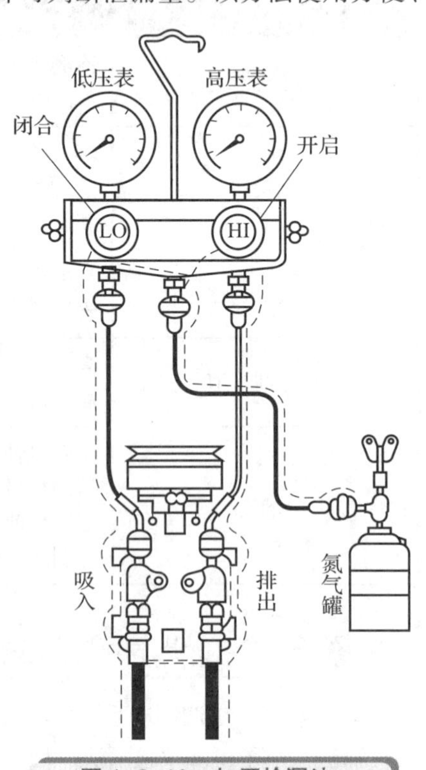

图 1-3-10　加压检漏法

压维修阀，向制冷系统中充入干燥氮气（R134a 系统压力一般应为 1.5MPa 左右，R410a 系统压力一般应为 3.5~4MPa）。当制冷系统达到规定压力后，用检漏设备进行检漏，泄漏大的地方有微小声音，检漏必须仔细，并反复检查 3~5 次，若发现渗漏处应做上记号并及时加以修复，再去检漏其他接头处，直至渗漏彻底排除。修漏完毕，应试漏，让制冷系统保压 24~48h，若压力不降低，则检漏合格，倘若压力有显著降低，必须重新进行检漏，直到找出泄漏处并加以消除为止。

拓展阅读

五、新能源汽车空调冷冻油

1. 冷冻油的作用

冷冻油是压缩机的专用润滑油，它保证压缩机正常运转、可靠工作并延长压缩机的使用寿命。冷冻油在制冷系统中的作用如下：

1）润滑作用

压缩机是高速运动的机器，相对运动的机件表面（如活塞环、各个轴承等）需要润滑，以减小阻力和减少磨损，延长使用寿命，降低功耗，提高制冷系数。

2）密封作用

压缩机传动轴需要油封来密封，以防止制冷剂泄漏，而有冷冻油，油封才起密封作用。各种活塞式压缩机中活塞密封圈上的冷冻油不仅具有减轻摩擦的作用，而且具有密封制冷剂蒸汽的作用；涡旋式压缩机中固定涡管与旋转涡管之间的冷冻油也同时起到润滑与密封的作用。

3）冷却作用

运动的摩擦表面会产生高温，需要用冷冻油来冷却。冷冻油冷却不足，会引起压缩机温度过热，排气压力过高，降低制冷系数，甚至烧坏压缩机。

4）降低压缩机噪声

2. 对冷冻油的性能要求

在制冷系统中，冷冻油完全溶于制冷剂中，并随制冷剂一起循环。因此，冷冻油的工作温度变化范围较大。为保证其工作正常，对冷冻油提出以下性能要求。

1）凝固点

冷冻油在实验条件下冷却到停止流动的温度称为凝固点。制冷设备所用冷冻油的凝固点应低一些，否则会影响制冷剂的流动，增加流动阻力，从而导致传热效果差。

2）黏度

冷冻油的黏度是油料特性中的一个重要参数。使用不同制冷剂要选择相应的冷冻油。冷冻油黏度过大，会使机械摩擦功率、摩擦热量和启动力矩增大。反之，冷冻油黏度过小，则会使运动件之间不能形成所需的油膜，从而无法达到应有的润滑和冷却效果。

3）浊点

冷冻油的浊点是指温度降低到某一数值时，冷冻油中开始析出石蜡，使润滑油变得混浊时的温度。制冷设备所用冷冻油的浊点应低于制冷剂的蒸发温度，否则会引起节流阀堵塞或影响传热性能。

4）溶解性

冷冻油对制冷剂的溶解性能要好。在新能源汽车空调制冷系统中，制冷剂与冷冻油是混合在一起的。当制冷剂流动时，冷冻油也随之流动，这就要求制冷剂与冷冻油能够互溶。若二者不互溶，冷冻油就会聚集在冷凝器和蒸发器的底部，阻碍制冷剂流动，降低换热能力。由于冷冻油不能随制冷剂返回压缩机，压缩机将会因缺油而加剧磨损。

5）闪点

冷冻油的闪点是指润滑油加热到它的蒸汽与火焰接触时发生打火的最低温度。制冷设备所用冷冻油的闪点必须比压缩机的排气温度高 15℃ ~30℃以上，以免引起润滑油的燃烧和结焦。

6）其他

其他包括水分、机械杂质以及绝缘等方面。冷冻油应无水分、无机械杂质。若冷冻油中的水分过多，则会在膨胀阀节流口处结冰，造成冰堵，从而影响制冷剂的流动。同时，冷冻油中的水分会使冷冻油变质分解，腐蚀压缩机材料。不同的制冷系统对其绝缘性有不同的要求。

3. 冷冻油的分类

为了保护臭氧层，国际上对空调设备的制冷剂作了限制，出现了各种制冷剂替代品，其冷冻油也相应发生了变化。空调替代制冷剂为 R134a、R410a/R407c，其替代冷冻油分别采用 PAG、POE 型。在不同的空调系统中（如 R134a、R12）所使用的冷冻油往往是不同的，大多数情况下不能混用。

1）PAG（聚烃乙二醇）

PAG 是 Polyalkylene Glycol 的缩写，是一种合成的聚乙二醇类冷冻油。PAG 与 HFC 制冷剂具有很好的相溶性，而且黏度指数很高，因此在汽车空调中应用较为广泛。PAG 的主要缺点为吸湿性太强以及电气绝缘性不佳。

2）POE（聚酯类润滑油）

POE 是 Polyol Ester 的缩写，又称聚酯油，它是一类合成的多元醇酯类油。以 POE 的分子结构来看，它可以分为直线型（Linear Type）、分枝型（Branched Chain Type）以及结合直线及分支的复合结构型（Complex Type）3 种。直线型 POE 有较佳的润滑性以及生物可分解性；但与制冷剂的相溶性、与水溶合的稳定度和抗腐蚀等性能则分枝型 POE 较佳；复合结构型兼取前二者的优点。这 3 种 POE 由于成本及效能的差异而被不同的制冷制造商所使用。目前复合结构型 POE 使用范围较广。

POE是目前世界上氟氯烃（HFC）制冷系统中使用最广泛的冷冻油。由于POE的绝缘性好，因此在电动压缩机系统中被广泛采用。比亚迪E5汽车空调制冷系统的冷冻油就是POE。

实践操作

对比亚迪E5汽车空调系统进行故障诊断与维修作业时的注意事项如下：

（1）维修前应使工作区通风，请勿在封闭的空间或接近明火的地方操作制冷剂。维修前应戴好眼罩，直至维修完毕。

（2）避免液体制冷剂溅入眼睛或与皮肤接触，因此进行相关操作时应佩戴手套和护目镜。若液体制冷剂溅入眼睛或与皮肤接触，应用冷水冲洗。切记：不要揉眼睛或擦皮肤，应在皮肤上涂凡士林软膏。情况严重时要立刻找医生或到医院寻求专业治疗。

（3）制冷系统中如果没有足够的制冷剂，请勿运转压缩机；避免系统中无充足的制冷剂并且润滑不足造成压缩机烧坏。

（4）冷冻油必须使用专用冷冻油。不可乱用其他品牌的润滑油代替，更不能混用不同牌号的冷冻油。

（5）比亚迪E5汽车空调系统冷媒加注量为600g ± 20g，冷冻油总量为175mL（电动压缩机160mL，气液分离器15mL），当制冷系统因渗漏导致冷冻油偏少时，就有可能造成压缩机的过度磨损，因此应视情况补加冷冻油。

（6）空调压力的保护方式是通过压力传感器和温度压力传感器来监测系统压力。若压力过高或过低，触发系统就保护电动压缩机不启动。温度保护方式分为蒸发器温度保护（低温保护0~2℃）和压缩机温度过高保护（高温保护不得高于105℃）。

（7）在进行空调系统维修时应注意，打开管路的“O”形圈必须更换，并在装配前的密封圈上涂冷冻油后按要求力矩进行连接。

（8）严格按技术要求操作（充注量、冷冻油型号、力矩要求等）和检修空调系统，以保证空调系统的正常工作和使用寿命。

（9）由于冷冻油具有较强的吸水性，所以在拆下管路时要立即用堵塞或口盖堵住管口，不要使湿气或灰尘进入制冷系统。

（10）在排放制冷系统中过多的制冷剂时，不要排放过快，以免将制冷系统中的压缩机油排出来。

（11）若冷凝器散热片表面脏污，不要用蒸汽或高压水枪冲洗，以免损坏冷凝器散热片，应用软毛刷刷洗。

（12）避免制冷剂过量。制冷剂过量会导致制冷不良。

六、新能源汽车空调制冷系统压力的检查

在检查新能源汽车空调制冷系统的压力时，须利用歧管压力表测量制冷系统高、低压侧的压力，根据压力大小分析故障原因，判断故障部位。下面以比亚迪E5汽车空调系统为例进行讲解。

1. 连接歧管压力表

由于比亚迪 E5 汽车空调制冷系统的制冷剂为 R410a，因此要选用适应 R410a 的歧管压力表（高压表压力范围为 -0.1~5.3MPa，低压表压力范围为 -0.1~3.8MPa）；同时需要注意的是比亚迪 E5 汽车空调制冷系统的高、低压维修接口是螺纹口且比 R134a（或 R22）系统的维修接口粗（R410a 为 5/16 英寸①, R134a 为 1/4 英寸），这也是为了防止使用不正确的压力表。连接歧管压力计的方法如下:

（1）取下汽车空调制冷系统高、低压管路维修接口防尘罩。

（2）将歧管压力表挂到前机舱盖锁扣上。

（3）转动歧管压力表高压软管手动阀门使其处于关闭状态，高压软管的颜色为红色。

（4）转动歧管压力表低压软管手动阀门使其处于关闭状态，低压软管的颜色为蓝色。

（5）将歧管压力表的低压软管连接到空调低压管路维修接口。

（6）将歧管压力表的高压软管连接到空调高压管路维修接口。

（7）打开低压管路维修接口。

（8）观察并记录低压表读数。

（9）打开高压管路维修接口。

（10）观察并记录高压表读数。

（11）关闭高、低压管路维修接口。

比亚迪 E5 汽车空调制冷系统高、低压侧的平衡压力为 1.3MPa，若上述读数均小于 1.3MPa，则说明制冷剂不足。

2. 打开空调

（1）按下空调开关;

（2）调节鼓风机风速到最大风量;

（3）调节空调温度到最低;

（4）打开所有车门。

打开空调等待 10~15min 后读取压力表读数，根据读取的压力表数值与表 1-3-3 进行对比，以判断制冷系统故障并找到相应的维修方法。

表 1-3-3　制冷系统故障诊断表

序号	高压侧	低压侧	征状	可能故障点	维修方法
1	2.6~3.0MPa	0.8~1.2MPa	—	正常	—
2	偏高	偏高	制冷不足	1. 制冷剂加注过量; 2. 冷凝器散热不良; 3. 冷冻油过量	1. 放出过多制冷剂; 2. 清洁冷凝器
3	过高	偏高	制冷不足	制冷系统内有空气	对制冷系统进行排空、抽真空、充注制冷剂和冷冻油

① 1 英寸 =0.025 4 米。

续表

序号	高压侧	低压侧	征状	可能故障点	维修方法
4	高	正常	制冷不足	1. 冷凝器散热不良； 2. 冷凝器内部连通	1. 清洁冷凝器并检查冷却风扇； 2. 更换冷凝器
5	低	正常	制冷不足	1. 压缩机工作效率低； 2. 制冷剂偏少	1. 检查压缩机； 2. 加注制冷剂
6	正常	高	间隙制冷或制冷不足	电子膨胀阀故障	检查或更换电子膨胀阀
7	正常	低	制冷不足	电子膨胀阀故障	检查或更换电子膨胀阀
8	低	高	制冷不足或不制冷	压缩机故障	检查压缩机控制系统或更换压缩机
9	偏高波动	间歇真空	间歇制冷	冰堵（制冷系统中有水）	更换积累器；对制冷系统进行排空、抽真空、充注制冷剂和冷冻机油
10	偏低	偏低	制冷不足	1. 制冷剂过少； 2. 制冷剂泄漏	1. 补加制冷剂； 2. 检漏并修理

七、新能源汽车空调制冷系统的检漏

下面以比亚迪 E5 汽车空调系统为例介绍检漏作业。

1. 用电子检漏仪检漏

R410a 制冷剂不含氯，所选电子检漏仪应能检测 HFC（氢氟烃）类制冷剂。使用电子检漏仪检漏的操作步骤如下：

（1）打开前机舱盖。

（2）按下电子检漏仪开关键，此时电子检漏仪发出高频的“滴滴”声。

（3）按下调节灵敏度键（Sensitivity），使第一个 LED 灯点亮，同时电子检漏仪发出低频的“滴滴”声。将探头放于制冷剂容易泄漏的位置检测其是否泄漏。

注意：

① 探头不要触碰机械设备，应缓慢移动探头，移动速度不要高于 5cm/s。

② 若“滴滴”声的频率增高，同时 LED 灯点亮数量增加，则说明有泄漏。

③ 应在泄漏部位做好标记，以便维修。

④ R410a 的密度比空气大，泄漏后可能会在相关部件的下部聚集。

（4）检查空调系统高压管路是否泄漏。重点检查高压管路与冷凝器连接处、高压压力传感器处、高压维修阀和高压管路连接器处，高压管路位置如图 1-1-19 所示。

（5）检查两个电子膨胀阀处是否泄漏。电子膨胀阀位置如图 1-1-19 所示。

（6）检查空调系统低压管路是否泄漏。重点检查低压管路与板状换热器连接处、两个低压压力温度传感器处和低压管路连接器处，低压管路位置如图 1-1-19 所示。

（7）举升车辆。

（8）检查冷凝器及与其相连的管路及接口是否泄漏，冷凝器位置如图 1-3-11 所示。

（9）将探头放于电动压缩机处，检查其是否泄漏。重点检查电动压缩机进、排气口和电动压缩机端盖密封处。电动压缩机位置如图 1-3-11 所示。

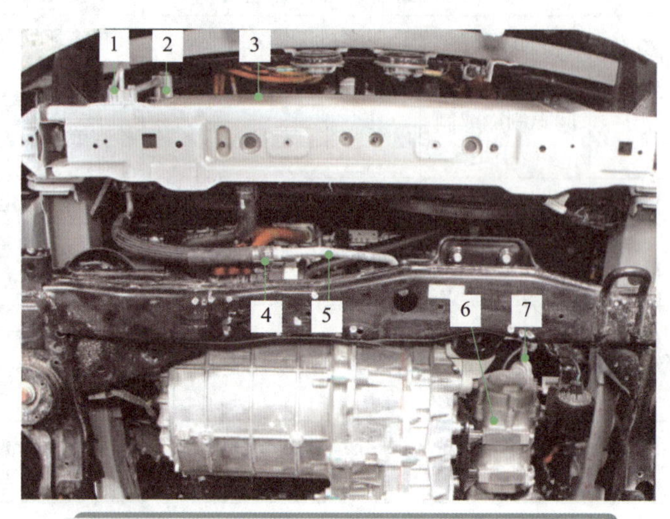

图 1-3-11　冷凝器、电动压缩机及连接管路

1—冷凝器制冷剂出口；2—冷凝器制冷剂入口；3—冷凝器；4—高压管路接口；5—高压管路；6—电动压缩机总成；7—电动压缩机制冷剂出口

（10）检查积累器及其相连的低压管路是否泄漏。

（11）检测完毕后按下开关键，关闭电子检漏仪并降下车辆。

如果制冷剂不足，且未在上述位置发现泄漏，则说明是蒸发箱处发生泄漏。可以打开鼓风机，在空调出风口处进行检漏。

2. 抽真空检漏

注意：由于抽真空检漏只能判断制冷系统是否有泄漏，而不能直接找到制冷剂泄漏的具体位置，因此抽真空检漏的方法一般在制冷系统装配后进行，目的是保证在加注制冷剂之前：

（1）制冷系统中没有空气和水分。

（2）制冷系统没有泄漏点。

抽真空时要使用 R410a 专用的制冷剂软管及歧管压力表。抽真空时的管路连接示意如图 1-3-12 所示。具体操作过程如下：

（1）将歧管压力表的高、低压软管分别接在制冷系统高、低压侧维修阀上，将中间软管与真

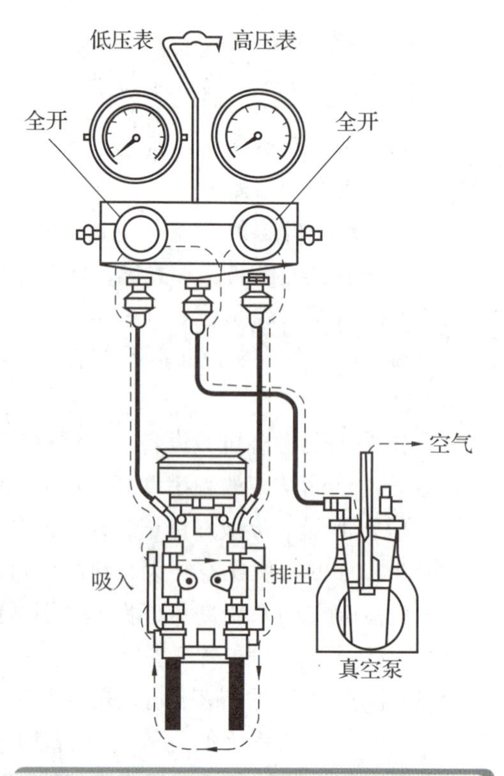

图 1-3-12　抽真空时的管路连接示意

空泵相连。

（2）打开歧管压力表上的高、低压手动阀，启动真空泵，观察低压表的指针，应该有真空显示。

（3）连续抽 15min 以上，直到低压表指针达到 -0.1MPa 为止（排出制冷系统中的大部分空气）。如果达不到此数值，应关闭高、低压手动阀，观察低压表的指针。如果指针上升，就说明制冷系统有漏点，应停止抽真空并进行修复。

（4）当制冷系统压力达到 -0.1MPa 后，再抽 15~20min，以排出制冷系统中的水分。

（5）先关闭高、低压手动阀，再关闭真空泵，这样做的目的是防止真空泵中的润滑油或空气进入制冷系统。保持此状态 5min 以上，观察高、低压力表指针是否上升，如果上升，就检查泄漏处，修复后再次进行抽真空作业。

八、新能源汽车空调制冷系统制冷剂的充注

下面以比亚迪 E5 汽车空调系统为例，对 R410a 制冷系统进行制冷剂的补充和加注作业。

1. 补充制冷剂

新能源汽车空调系统经过一段时间的运行后，由于振动等原因，空调系统的某些部位的接头松动，制冷剂泄漏，制冷效果变差，这时可以补充制冷剂，而不必排空旧的制冷剂（通常的判断依据为制冷效果稍差，并且压力降低 15%）。由于 R410a 为混合制冷剂，为了防止组分变化，补充制冷剂时要从低压侧补充液态制冷剂，因此绝对不要一次补充过多的制冷剂，以免液击压缩机。正确的补充方法是多次间隔地补充且要保证补充量。

补充 R410a 制冷剂时的注意事项如下：

（1）由于 R410a 是混合制冷剂，所以必须在液相下补充。即使在制冷系统运转过程中补充也不必担心对机器的损坏。

（2）如果 R410a 专用制冷剂罐内带有虹吸管，就不用将制冷剂罐倒立进行液相补充；如果制冷剂罐内不带虹吸管，就必须将制冷剂罐倒立进行补充。

（3）补充 R410a 制冷剂前晃动制冷剂罐，如果里面已经没有液态制冷剂或液态制冷剂很少，就不能使用。以免造成充入的制冷剂气体比例严重失调，影响系统的压力及效果。通常，如果制冷剂罐中剩余制冷剂量少于满装量的 10% 时，就说明液态制冷剂已经很少，不能用于补充。

（4）补充 R410a 制冷剂时要将制冷剂罐放在电子秤上，称量补充量。

（5）如果不知道补充量，就需分少量多次添加，通常每次补充的制冷剂量要在 50g 以下。

由于无法知道补充量，因此低压端补充 R410a 液态制冷剂要在系统运行时进行，其管路连接示意如图 1-3-13 所示。具体操作步骤如下：

（1）取下制冷系统高、低压管路维修接口防尘罩。

（2）将歧管压力表与系统维修阀、制冷剂罐注入阀连接好；将制冷剂罐注入阀与制冷剂罐（R410a 制冷剂罐的颜色为红色）连接好。

注意：在连接之前应保证歧管压力表和高、低压软管上的高、低压手动阀都处于关闭

状态。

（3）用制冷剂排除连接软管内的空气。打开制冷剂罐注入阀，立刻关闭；轻按歧管压力表注入口上的顶针阀让气体从顶针处喷出，然后立即放开（按顶针阀的时间不能太长，轻按一下就放开）。重复以上过程 2~3 次。

（4）将制冷剂罐（带虹吸管）直立于电子秤上，并记录起始质量。

（5）将车辆上电并打开空调，把风量调至最大，把温度调节至最低。

（6）打开低压手动阀，向系统补充液态制冷剂，并观察歧管压力表读数。补充 50g 制冷剂后关闭低压手动阀，等 1min 后观察系统压力值是否达到规定范围。

（7）按照同样的方法再次补充，直至达到最佳的正常压力值。

（8）关闭歧管压力表上的低压手动阀，然后关闭制冷剂罐注入阀。

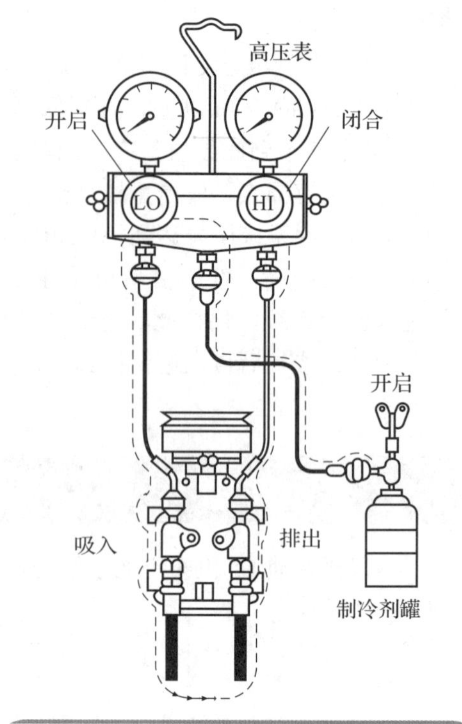

图 1-3-13　补充制冷剂时的管路连接方式示意（制冷剂罐带虹吸管）

（9）关闭低压管路上的手动阀门。

（10）关闭空调开关，整车下电，卸下歧管压力表，补充结束。

2. 加注制冷剂

加注制冷剂是在排空制冷剂并抽真空后进行的。在初装空调系统、更换制冷系统零部件后或制冷系统泄漏比较严重以及制冷剂成分发生严重变化时，需要重新加注制冷剂。R410a 系统加注制冷剂时要以液相定量加注。

1）排空制冷剂

排空制冷剂是指将制冷系统内的制冷剂排出。R410a 作为一种混合制冷剂，有两种沸点不同的成分，直接排空时，其中的一种成分会流失较多，这就打破了应有的比例，制冷剂的效果大打折扣，而且直接排空会留有空气，因此对 R410a 系统排空制冷剂通常采用抽真空的方式。如果系统内制冷剂未被污染且组分正常，可以用回收设备进行回收。

R410a 制冷剂的回收通常在制冷剂未发生泄漏而某些零部件损坏需要更换时进行。回收制冷剂的注意事项如下：

（1）操作场地应通风良好，不要使排出的制冷剂靠近明火，以免产生有毒气体。

（2）制冷剂排出而冷冻油并非全部排出，因此应测定排出的油量，以便补充。

（3）必须使用专用的制冷剂回收机，不能与其他制冷剂回收机混用。

（4）注意回收瓶的降温。

2）抽真空

维修中，一旦制冷系统暴露于空气中或更换了制冷系统的部件，在加注制冷剂前必须抽真空，以排除制冷系统内残留的空气和水分。

3）加注制冷剂

R410a 系统在经过抽真空并确认没有泄漏后，可以从低压侧加注液态制冷剂（对于 R134a 系统，可以用在压缩机关闭时从高压侧加注液态制冷剂，然后打开压缩机从低压侧补充气态制冷剂的方法），如图 1-3-14 所示。

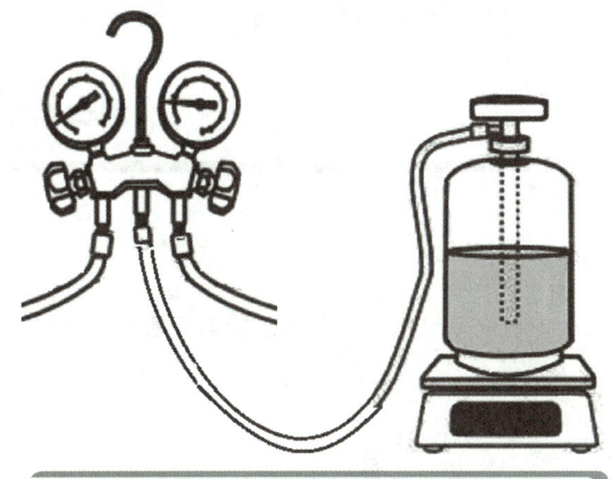

图 1-3-14　R410a 系统制冷剂的液相定量加注

（1）取下制冷系统高、低压管路维修接口防尘罩。

（2）将歧管压力表与系统维修阀、制冷剂罐注入阀连接好；将制冷剂罐注入阀与制冷剂罐（R410a 制冷剂罐的颜色为红色）连接好。

注意：在连接之前应保证歧管压力表和高、低压软管上的高、低压手动阀都处于关闭状态。

（3）用制冷剂排除连接软管内的空气。打开制冷剂罐注入阀，立刻关闭；轻按歧管压力表注入口上的顶针阀让气体从顶针处喷出，然后立即放开（按顶针阀的时间不能太长，轻按一下就放开）。重复以上过程 2~3 次。

（4）将制冷剂罐（带虹吸管）直立于电子秤上，记录起始质量，并确定要加注的制冷剂的质量，比亚迪 E5 汽车空调制冷系统 R410a 制冷剂的加注量为 600g。

（5）打开低压手动阀，向制冷系统加注液态制冷剂并观察电子秤读数，当加注足够的制冷剂时关闭制冷剂罐注入阀。

任务小结

（1）比亚迪 E5 汽车空调制冷系统使用的制冷剂是 R410a，它是由 50%R32（分子式 CH_2F_2）和 50%R125（分子式 CHF_2CF_3）组成的混合制冷剂。

（2）冷冻油是压缩机的专用润滑油，它保证压缩机正常运转、可靠工作并延长压缩机的使用寿命。冷冻油在制冷系统中的作用包括润滑作用、密封作用、冷却作用和降低压缩机噪声的作用。

（3）歧管压力表外接 3 根橡胶软管：低压软管（蓝色）、高压软管（红色）、维修软管（黄色、绿色或白色）。低压表与低压软管相通；高压表与高压软管相通。低压手动阀控制维修软管与低压软管的通断；高压手动阀控制维修软管与高压软管的通断。

（4）汽车空调制冷系统在正常情况下，低压管路呈低温状态，高压管路呈高温状态。低温区是从膨胀阀出口→蒸发器→压缩机进口处，这些部件表面应该由凉到冷再到凉，连接部分有水露，但不应有霜冻。高温区是从压缩机出口→冷凝器→储液干燥器→膨胀阀入口处，这些部件表面温度为 40℃ ~65℃，手感热而不烫。

任务 4　制冷系统故障的检测与维修

本任务涉及的线路如图 1-4-0 所示。

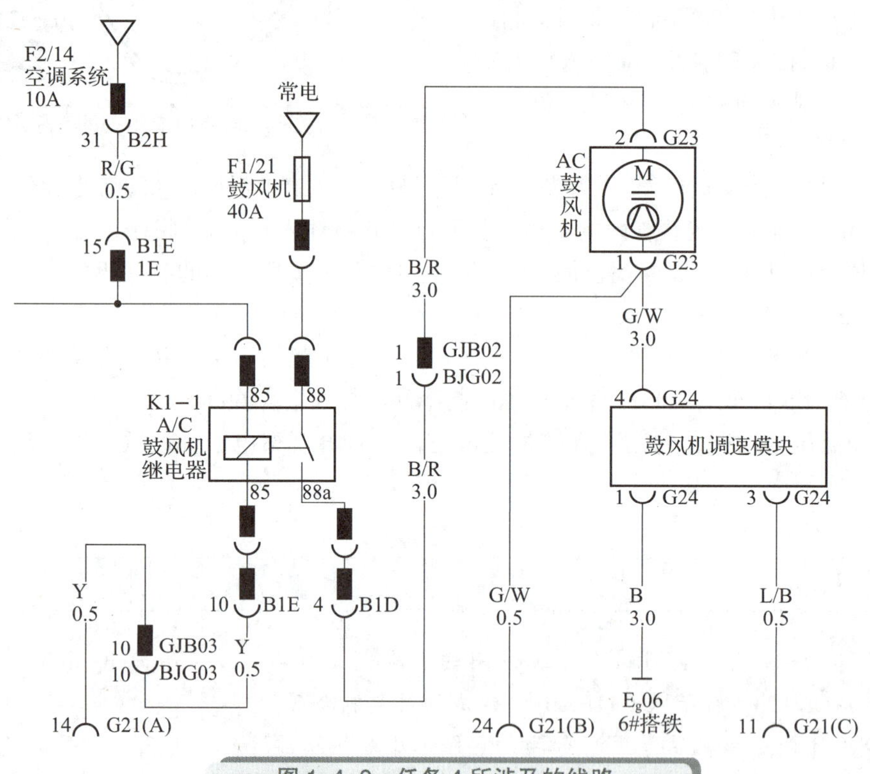

图 1-4-0　任务 4 所涉及的线路

任务导入

一辆比亚迪 E5 汽车的空调制冷系统不制冷。经检查后发现，电动压缩机不工作，原因是控制电源到驱动控制器之间的导线断路。

学习目标

（1）能通过查看维修手册理解压缩机驱动控制原理。
（2）能迅速找到压缩机高、低压线路。
（3）能迅速找到空调系统高压熔断器。
（4）能对空调不制冷故障进行故障点查找与维修。
（5）能对空调断续制冷故障进行故障点查找与维修。

理论知识

一、内燃机汽车空调电气控制系统

内燃机汽车空调电气控制系统的执行器是压缩机电磁离合器，即通过控制电磁离合器的接合与断开来控制压缩机的工作，而压缩机的转速是没有办法改变的。为了在一定转速下控制制冷剂流量，压缩机必须要设计成可变容积的。

1. 内燃机汽车空调电气控制系统的组成

内燃机汽车空调电气控制系统的组成如图 1-4-1 所示，包括信号输入元件、执行元件和空调 ECU。信号输入元件包括车内温度传感器、车外温度传感器、太阳能传感器、蒸发器温度传感器、空调压缩机转速传感器、加热器温度传感器、烟雾通风传感器、空调压力传感器或开关、发动机转速传感器、压缩机转速传感器、各风门电动机的位置传感器或开关以及空调控制键等；执行元件包括混合门电动机、模式门电动机、进气门电动机、鼓风机电动机、压缩机离合器、压缩机电磁阀、冷凝器散热风扇和各种空调状态指示灯等。

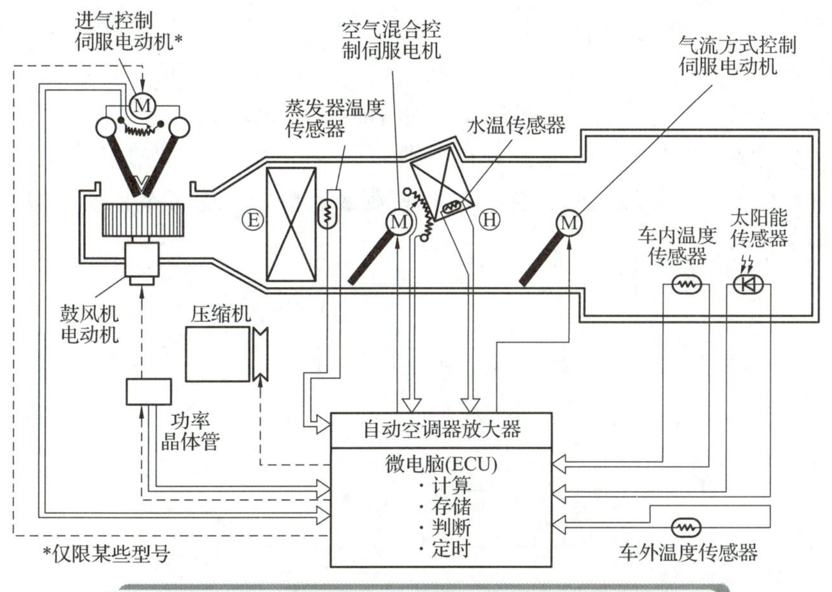

图 1-4-1　内燃机汽车空调电气控制系统的组成

2. 内燃机汽车空调电气控制系统的工作原理

空调 ECU 根据各种输入信号，按照预先编制的程序，控制执行元件动作，完成空气的调节。内燃机汽车空调系统一般具有送风温度控制、送风速度控制、送风方向控制、进气模式控制、压缩机控制和自诊断等功能。

1）送风温度控制

送风温度控制是通过调节混合门的位置，调节出风口的空气温度。空调 ECU 根据设定温度、车内温度传感器、车外温度传感器、太阳能传感器、蒸发器温度传感器、混合门电动机位置传感器等的信号，自动调节混合门的位置。一般来说，设定温度越低，车内温度越高，车外温度越高，阳光越强，蒸发器温度越高，混合门就越接近“全冷”位置。

2）送风速度控制

送风速度控制是通过调节鼓风机转速来控制送风速度、调节室内空气降温或升温速度。可以对鼓风机进行自动控制、预热控制、时滞控制、起动控制、车速补偿、极速控制和手动控制等功能。

（1）自动控制。当接通“AUTO”开关时，空调 ECU 进行鼓风机转速自动控制。一般来说，设定温度越低，车内温度越高，车外温度越高，阳光越强，蒸发器温度越高，鼓风机转速就越高。

（2）预热控制。在冬季，车辆长时间停放后，若马上打开鼓风机，则吹出的是冷风而不是暖风。因此，鼓风机要在水温升高时才能逐步转向正常工作。

进行预热控制时，控制面板的“AUTO”开关接通，工作模式设为 FOOT（吹脚）或 BI-LEVEL（双通道：吹脚和吹脸），空调 ECU 根据发动机冷却液温度传感器检测发动机冷却液的温度，当发动机冷却液温度低于 30℃时，鼓风机停转；当发动机冷却液温度高于 30℃时，鼓风机正常运转。

（3）时滞控制。在夏季，汽车长时间停驻在烈日下，若马上打开鼓风机，则吹出的是热风而不是冷风。因此，鼓风机不能马上工作，而是滞后一段时间，蒸发器温度降低后才工作。

当发动机运转，压缩机已工作，控制面板的“AUTO”开关接通，工作模式设置在 FACE（吹脸）或 Hi-LEVEL 时，空调 ECU 对鼓风机的时滞控制过程如下：

①当蒸发器温度高于 30℃时，在压缩机接通后，空调 ECU 控制鼓风机电动机断开 4s，等待冷风装置内的空气冷却降温。此后空调 ECU 控制鼓风机低速运转 5s，使冷却的空气送至车厢，如图 1-4-2 所示。

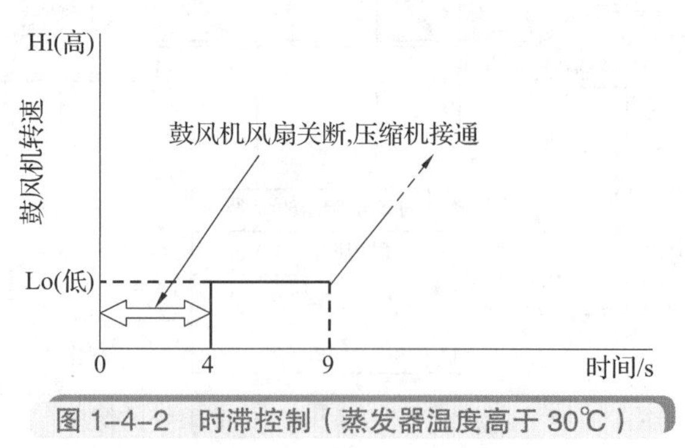

图 1-4-2　时滞控制（蒸发器温度高于 30℃）

②当蒸发器温度低于 30℃时，在压缩机接通后，空调 ECU 控制鼓风机低速运转 5s，如图 1-4-3 所示。

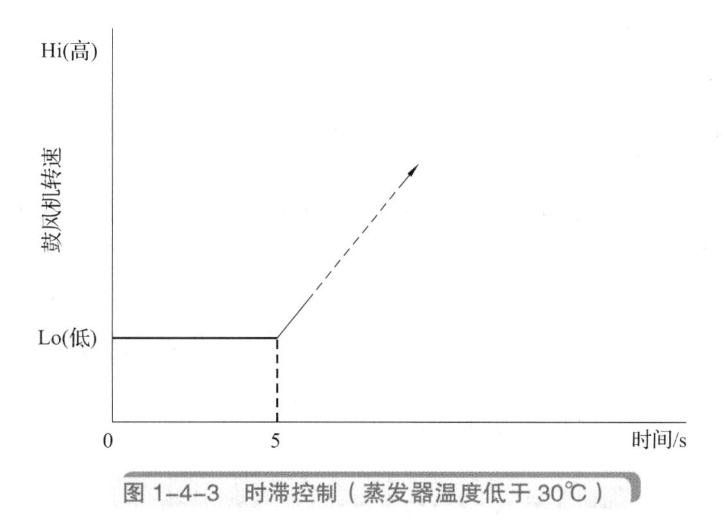

图 1-4-3　时滞控制（蒸发器温度低于 30℃）

（4）起动控制。鼓风机在起动时，工作电流会比稳定工作时大很多，为了防止烧坏鼓风机控制装置，不论鼓风机的目标转速是多少，鼓风机起动时均低速运转，然后才转速逐步升高，直至达到目标转速。

（5）车速补偿。在车速较快时，迎面风冷却强度大，鼓风机的转速可适当降低，以汽车低速行驶时的感觉。

（6）极速控制。有些车型，当设定温度处于最低（18℃）或最高（32℃）时，鼓风机转速会固定为高速运转。

（7）手动控制。空调 ECU 根据控制面板手动开关的操纵信号，将鼓风机驱动信号送至功率晶体管，控制鼓风机的转速。

3）送风方向控制

送风方向控制就是通过调节模式风门的位置来改变送风方向，提高舒适性。在手动模式中，模式风门有吹脸、双通道、吹脚、吹脚 / 除雾、除雾 5 种位置；在自动模式中，模式风门一般有吹脸、吹脚、双通道 3 种位置。空调 ECU 根据传感器信号按照“头冷脚热”的原则自动调节模式风门的位置。一般来说，随着设定温度降低、车内温度升高、车外温度升高或阳光增强，模式风门就由吹脚位置、双通道位置向吹脸位置转动，同时控制面板上相应的吹脚指示灯、双通道指示灯和吹脸指示灯点亮。

4）进气模式控制

进气模式控制就是通过调节进气风门的位置来调节进入车厢的新鲜空气量，使车内空气温度和质量达到最佳。在自动模式中，空调 ECU 根据传感器信号自动调节进气风门的位置。一般来说，随着设定温度降低、车内温度升高、车外温度升高、阳光增强，进气风门就由 FRESH 位移至 RECIRC 位；反之，就由 RECIRC 位移至 FRESH 位；同时控制面板上相应的 RECIRC 指示灯和 FRESH 指示灯点亮。

该控制系统还有一种新鲜空气强制进气控制功能，当手动按下“DEF”开关时，将进气方式强制转变为 FRESH 方式，以清除挡风玻璃上的雾气。除此之外，有些进气模式控制还可改变新鲜空气与循环空气的混合比例。

5）压缩机控制

（1）基本控制。空调 ECU 根据车内温度、车外温度、蒸发器温度和设定温度等参数，自动控制压缩机的通断，调节蒸发器温度，并防止蒸发器表面结冰。

（2）低温保护。当车外环境温度低于某值（3℃或 8℃）时，压缩机停止工作，以防止损耗。

（3）高速控制。当发动机转速超过某值时，压缩机停止工作，以防止损坏。

（4）加速切断。当发动机处于急加速工况时，为了保证发动机具有足够的动力，压缩机暂时停止工作。

（5）高温控制。当发动机水温超过某值（109℃）时，压缩机停止工作，以防止发动机水温进一步上升。

（6）打滑保护。当压缩机卡死导致皮带打滑时，压缩机停止工作，以防止皮带负荷过大而断裂，进而影响水泵、发电机等的工作。

（7）低速控制。当发动机转速低于某值（600r/min）时，压缩机停止工作，以防止发动机失速。

（8）低压保护。当制冷系统压力低于某值（500kPa）时，压缩机停止工作，以防止压缩机在系统制冷剂不足的条件下工作，造成压缩机损坏。

（9）高压保护。当系统压力超过某值（2 800kPa）时，压缩机停止工作，以防止空调系统瘫痪。

（10）可变排量压缩机的控制。空调 ECU 根据空调管路高压侧压力、低压侧压力、蒸发器温度、发动机冷却液温度或发动机转速等信号改变压缩机容量。

二、比亚迪 E5 汽车空调电气控制系统

比亚迪 E5 汽车空调电气控制系统电路如图 1-4-4 和图 1-4-5 所示，主要包括信号输入元件、执行元件和空调 ECU。信号输入元件包括车内温度传感器、车外温度传感器、蒸发器温度传感器、太阳能传感器、加热器温度传感器、烟雾通风传感器、空调高压压力传感器、空调低压压力 / 温度传感器、各风门电动机的位置传感器或开关以及空调控制键等；执行元件包括电动压缩机，混合门电动机，模式门电动机，进气门电动机，新鲜空气风门电动机，内循环风门电动机，鼓风机电动机，冷凝器散热风扇，外后视镜除霜、后风窗加热和各种空调状态指示灯等。

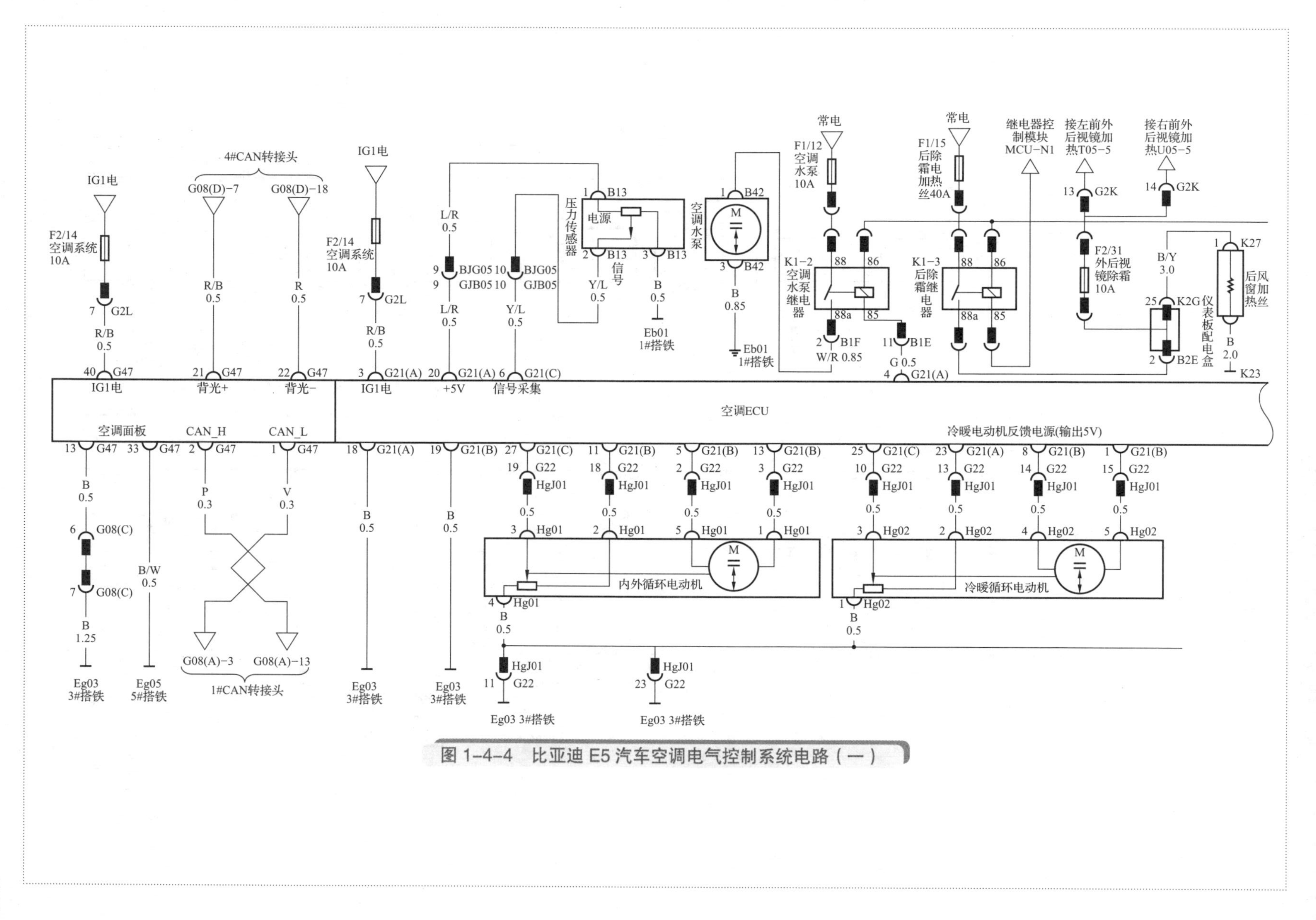

图 1-4-4　比亚迪 E5 汽车空调电气控制系统电路（一）

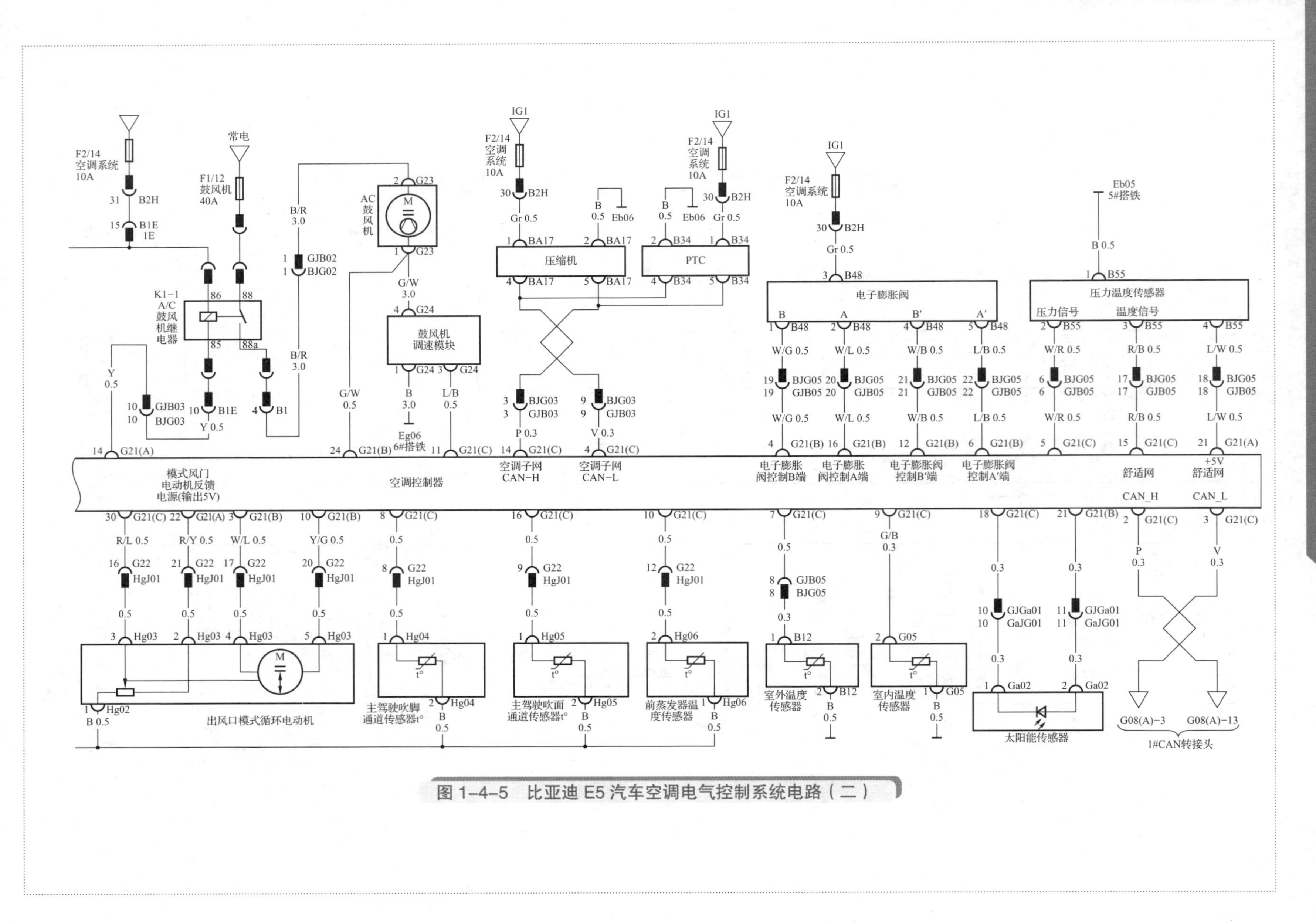

图 1-4-5　比亚迪 E5 汽车空调电气控制系统电路（二）

1. 压缩机控制

1）压缩机转速控制

空调 ECU 根据预设温度（温度调节按键），通过室外温度（室外温度传感器）、室内温度（室外温度传感器）和鼓风机风量等进行修正，计算出一个内部设定温度。空调 ECU 将内部设定温度与室内温度进行比较，控制电动压缩机的转速。当内部设定温度与室内温度的差值小于 0 时，电动压缩机不工作，当设定温度与室内温度的差值大于 0 时，电动压缩机开始工作，转速随着差值的变大而增大。

比亚迪 E5 汽车空调系统采用的压缩机为电动压缩机，其转速是通过其驱动电动机的转速控制的，驱动电动机的转速通过空调变频器控制，其原理如图 1-4-6 所示。

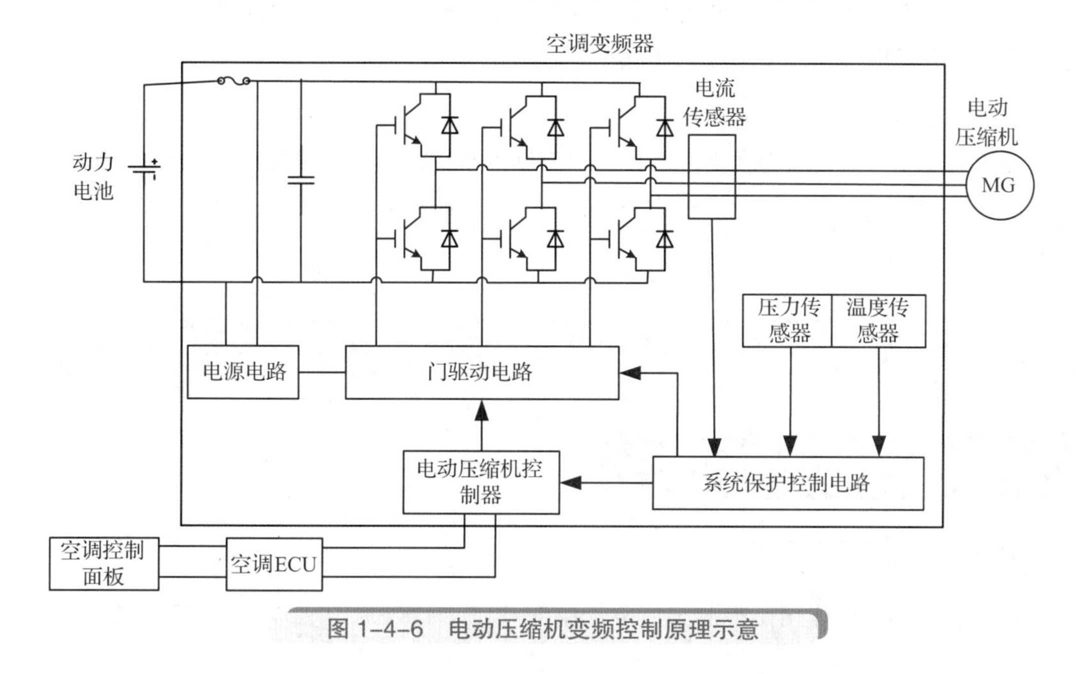

图 1-4-6　电动压缩机变频控制原理示意

2）低温保护

当车外环境温度低于某值（3℃或 8℃）时，压缩机停止工作，以防损耗。

3）低压保护

当制冷系统压力低于设定值时，压缩机停止工作，以防止压缩机在制冷剂不足的条件下工作，造成压缩机损坏。

4）高压保护

当制冷系统压力高于设定值时，压缩机停止工作，以防止空调系统瘫痪。

2. 膨胀阀控制

膨胀阀开度控制原理与电动压缩机转速控制的原理基本相似，空调 ECU 将内部设定温度与室内温度进行比较，计算出膨胀阀开度，通过电子膨胀阀控制其进行相应动作。

3. 冷凝器风扇转速控制

车载通信装置（Vehicular Communication Unit，VCU）根据空调开关、冷暖选择信号、制冷系统压力信号来控制冷凝器风扇转速，防止制冷系统压力过高，达到用户要求制冷量的目的。与传统汽车相比，比亚迪 E5 汽车只要空调开关接通，冷凝器风扇就开始工作。

4. 送风速度控制

送风速度控制是通过调节鼓风机转速来控制送风速度，以调节室内空气降温或升温的速度。

1）预热控制

在寒冷的冬季，在打开暖风时若马上打开鼓风机，则吹出的是冷风而不是想要的暖风。因此，鼓风机要在温度达到一定值时，才能逐步转向正常工作。

2）时滞控制

在炎热的夏季，车内温度较高，若打开空调制冷系统就马上打开鼓风机，则吹出的是热风而不是想要的冷风。因此，鼓风机不能马上工作，而是滞后一段时间，等蒸发器温度降低后才工作。

拓展阅读

三、信号输入元件

1. 车内温度传感器

车内温度传感器的作用是检测车内空气温度，空调 ECU 根据此信号进行送风温度控制、鼓风机转速控制、工作模式控制和进气模式控制等。

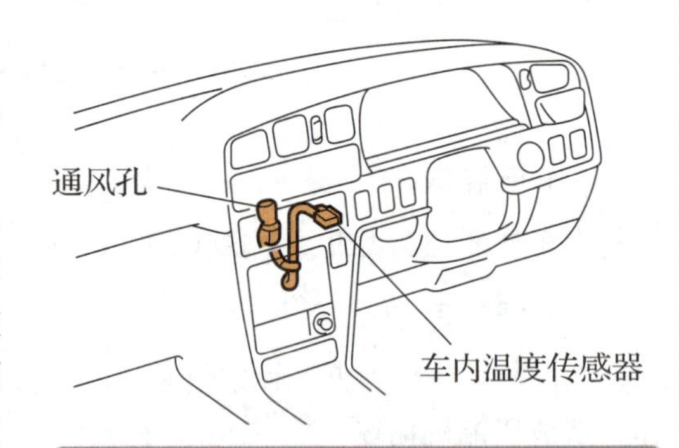

图 1-4-7　车内温度传感器的安装位置

车内温度传感器采用负温度系数的热敏电阻，其一般安装在仪表板后面，安装位置如图 1-4-7 所示。由于车内温度传感器安装位置较封闭，为了准确及时地测量车内平均温度，必须采用强制通风装置将车内空气强制导向车内温度传感器。按强制导向气流方式不同，车内温度传感器可分为吸气器型车内温度传感器和电动机型车内温度传感器。

吸气器型车内温度传感器的结构如图 1-4-8 所示，它是用一根抽风管连接车内温度传感器与空调管道，连接处空调管道上有一喉管。鼓风机工作时，空气快速流过喉管，产生负压，将车内空气吸入，流过车内温度传感器。

电动机型车内温度传感器的结构如图 1-4-9 所示，它的强制通风装置是由电动机带动一个风扇，风扇旋转产生吸力，使车内空气流过传感器。电动机一般由空调 ECU 控制，在空调系统工作或点火开关打开时，电动机就运转。

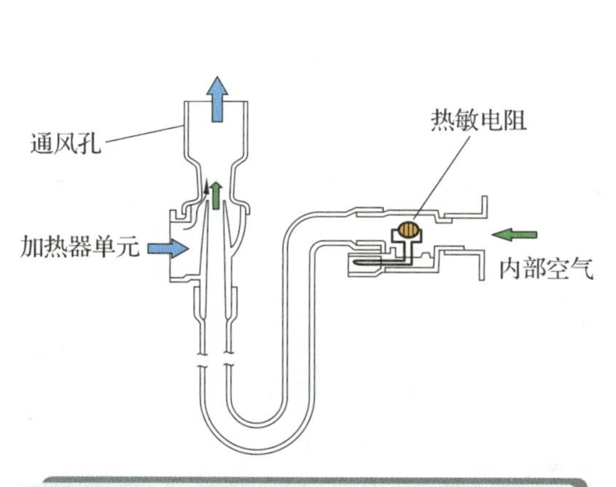

图 1-4-8　吸气器型车内温度传感器的结构

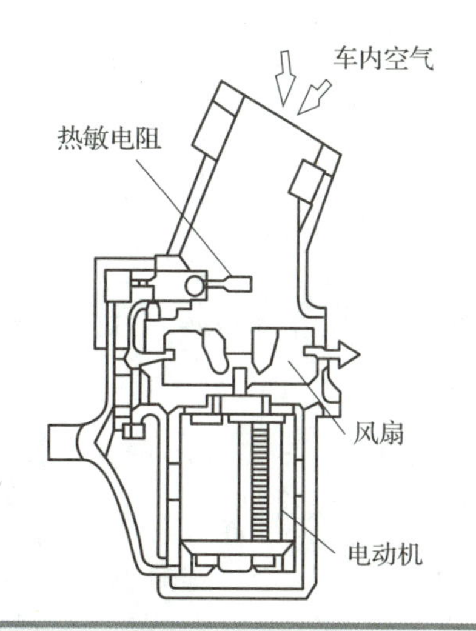

图 1-4-9　电动机型车内温度传感器的结构

2. 车外温度传感器

车外温度传感器的作用是检测车外环境温度，又称环境温度传感器。空调 ECU 根据此信号进行送风温度控制、鼓风机转速控制、工作模式控制、进气模式控制和压缩机控制等。

车外温度传感器一般安装在前保险杠内或水箱之前，如图 1-4-10 示，采用负温度系数的热敏电阻，其结构如图 1-4-11 所示。车外温度传感器极容易受到环境（水箱温度、前面车辆的排气等）影响。可用两种方法消除环境影响：一种是将车外温度传感器包在一个注塑料树脂壳内，避免环境温度突然变化的影响，使其能准确地检测车外环境温度；另一种是在空调 ECU 内部设置防假输入电路。

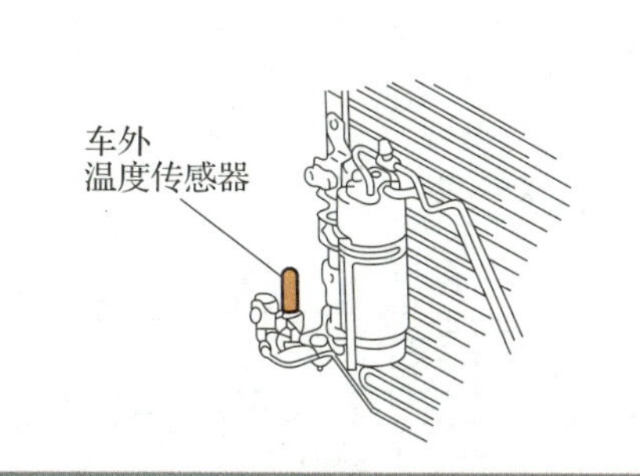

图 1-4-10　车外温度传感器的安装位置

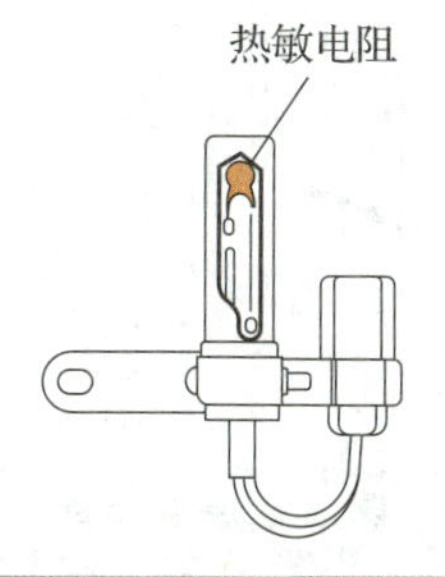

图 1-4-11　车外温度传感器的结构

3. 太阳能传感器

太阳能传感器的作用是检测阳光的强弱，空调 ECU 根据此信号进行送风温度控制、鼓风机转速控制、工作模式控制和进气模式控制等。

太阳能传感器安装在仪表台上面，靠近前挡风玻璃的底部，如图 1-4-12 所示。太阳能传感器用光敏二极管检测太阳辐射强度，其结构如图 1-4-13 所示，光敏二极管电阻与太阳辐射强度的关系如图 1-4-14 所示。

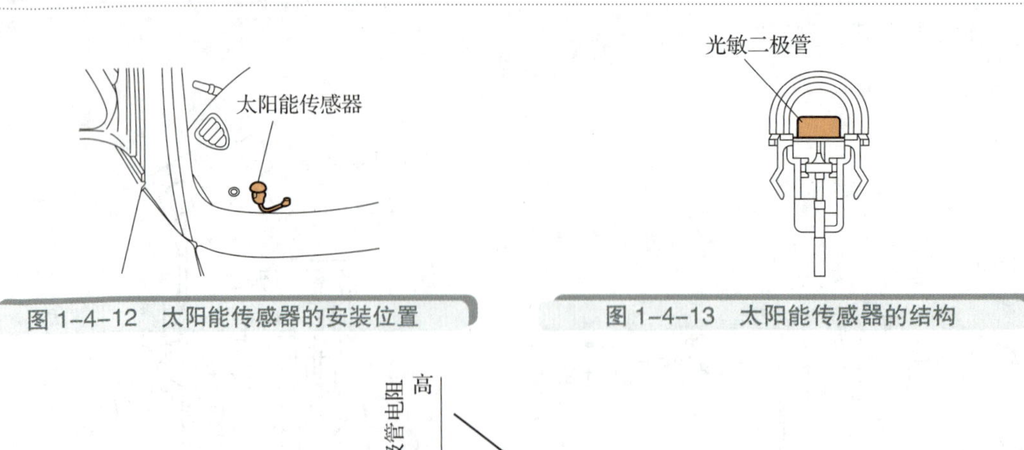

图 1-4-12　太阳能传感器的安装位置

图 1-4-13　太阳能传感器的结构

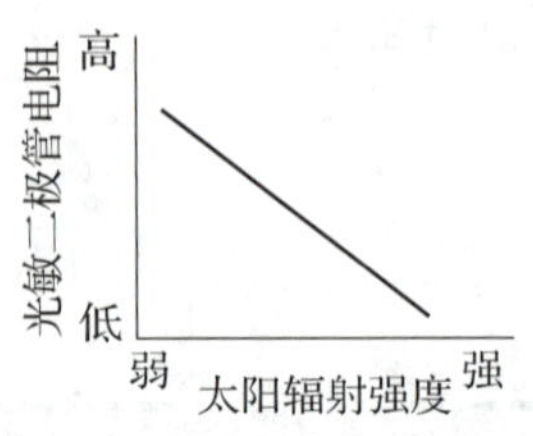

图 1-4-14　光敏二极管电阻与太阳辐射强度的关系

4. 蒸发器温度传感器

蒸发器温度传感器安装在蒸发器的表面，如图 1-4-15 所示，采用负温度系数的热敏电阻，其结构如图 1-4-16 所示。其作用是检测蒸发器表面的温度，修正混合门位置，调节车内温度；控制压缩机，防止蒸发器表面结冰。有些车型有两个蒸发器温度传感器，一个用来修正混合门位置，另一个用来防止蒸发器表面结冰。

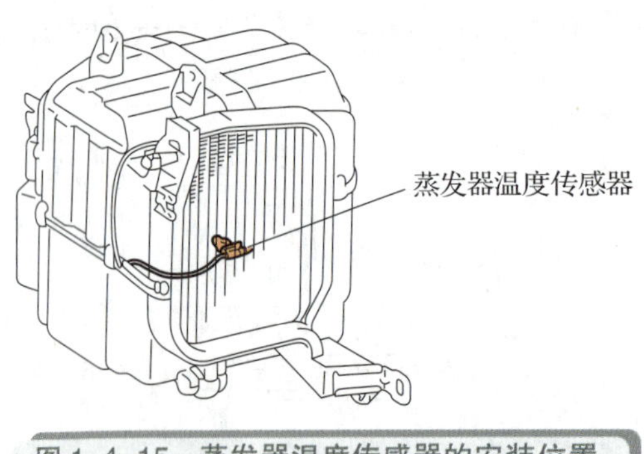

图 1-4-15　蒸发器温度传感器的安装位置

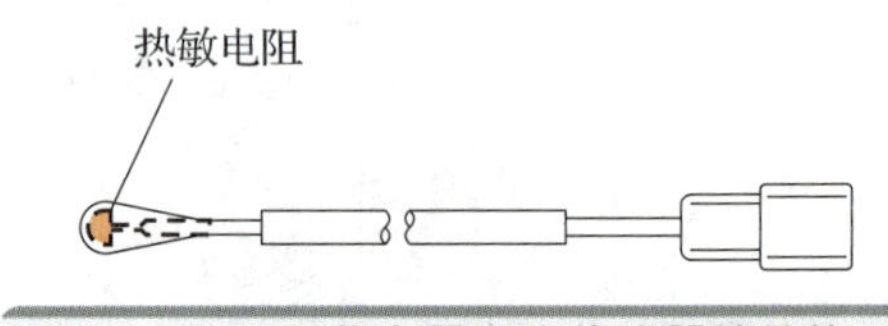

图 1-4-16　蒸发器温度传感器的结构

5. 加热器温度传感器

加热器温度传感器采用负温度系数的热敏电阻，安装在暖风装置里面。其作用是检测暖风装置加热器芯温度，修正混合门位置，控制压缩机和鼓风机。现在多采用发动机冷却液温度传感器代替，水温信号由发动机 ECU 传送，如图 1-4-17 所示。

6. 烟雾通风传感器

烟雾通风传感器安装在车前部，如图 1-4-18 所示。其作用是检测一氧化碳 、碳氢化合物和氮氧化物的含量，以便控制进气风门在 FRESH 和 RECIRC 位置之间切换。

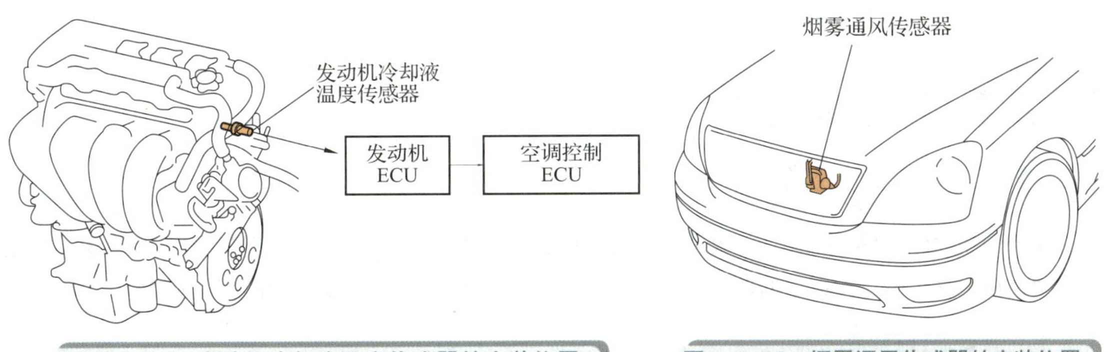

图 1-4-17　发动机冷却液温度传感器的安装位置　　图 1-4-18　烟雾通风传感器的安装位置

7. 空调压力传感器

空调压力传感器安装在高压管路上，如图 1-4-19 所示。其作用是检测制冷管路系统压力，当压力过低或过高时，空调 ECU 控制压缩机停转；当压力达到一中等值时，冷凝器散热风扇高速旋转。

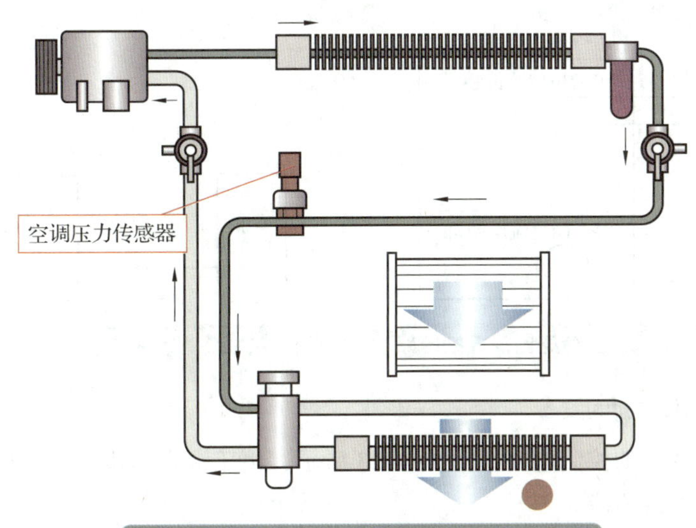

图 1-4-19　空调压力传感器的安装位置

8. 压缩机转速传感器

压缩机转速传感器安装在压缩机壳体上，如图 1-4-20 示。其作用是检测压缩机的转速，送到空调 ECU。空调 ECU 将压缩机转速和发动机转速进行比较，判断压缩机皮带是否打滑或断裂。当压缩机皮带打滑或断裂时，空调 ECU 控制压缩机停转，以防损坏。

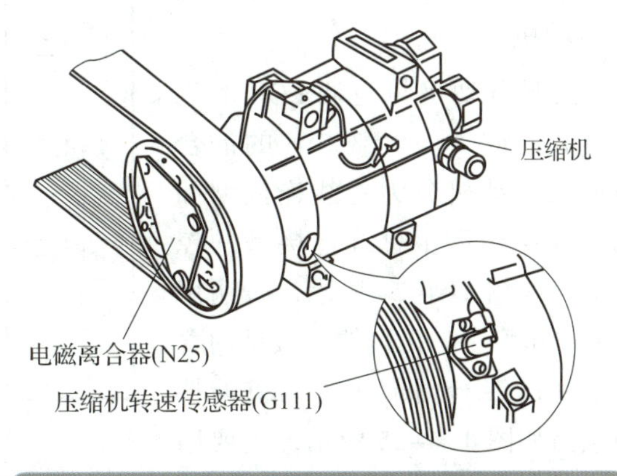

图 1-4-20　压缩机转速传感器的安装位置

压缩机转速传感器一般为磁电式，其电阻一般为 100~1 000 Ω。在压缩机运转时，其输出交流电压信号，一般不低于 5V。

四、执行元件

1. 混合门电动机

混合门电动机驱动混合门，改变进入车内的冷气和热气的比例，调节车内空气温度。混合门电动机可分为混合门直流电动机、混合门步进电动机、内含微芯片的混合门伺服电动机 3 种。

1）混合门直流电动机

混合门直流电动机有内置电动机位置传感器和脉冲信号定位电动机两种。

（1）内置电动机位置传感器的控制电路如图 1-4-21 所示。

（2）脉冲信号定位电动机的控制电路如图 1-4-22 所示，空调 ECU 通过计算混合门控制回路的脉冲来确定混合门位置。混合门电动机转动时，电刷会在两个换向器接触时短路，由此产生的电压波动会引起脉冲信号。空调 ECU 监测压降，并根据内部电阻检测脉冲，以此确定混合门电动机的位置。

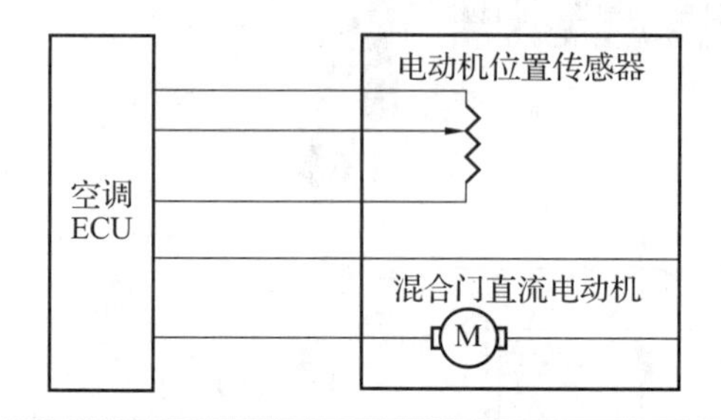

图 1-4-21　内置电动机位置传感器的控制电路

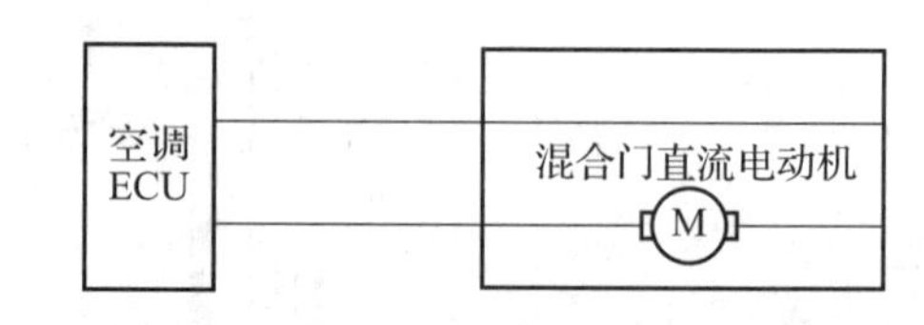

图 1-4-22　脉冲信号定位电动机的控制电路

2）混合门步进电动机

混合门步进电动机的控制电路如图 1-4-23 所示，由于混合门步进电动机具有自定位的功能，故无电动机位置传感器。

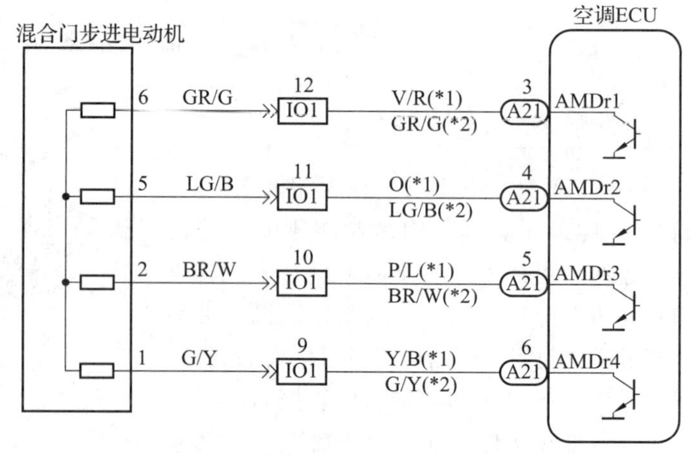

图 1-4-23　混合门步进电机电路

3）内含微芯片的混合门伺服电动机

按照电动机与空调 ECU 的连接方式不同，内含微芯片的混合门伺服电动机分为总线连接型和无总线连接型。总线连接型的控制电路如图 1-4-24 所示，普遍用在新款车型上；无总线连接型内含微芯片的混合门伺服电动机的控制电路如图 1-4-25 所示，主要用在通用车型上。

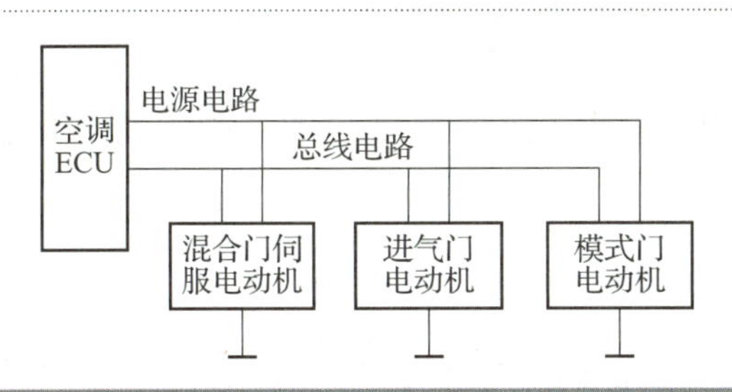

图 1-4-24　总线连接型内含微芯片的混合门伺服电动机的控制电路

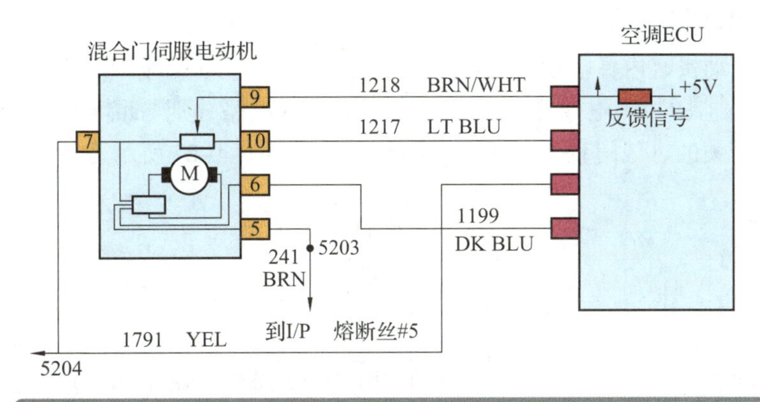

图 1-4-25　无总线连接型内含微芯片的混合门伺服电动机的控制电路

2. 模式门电动机

模式门电动机用于驱动模式门，调节出风口出风方式，可以组织吹脸、双层、吹脚、吹脚 / 除雾、除雾 5 种出风类型。常用的模式门电动机有模式门直流电动机和内含微芯片的模式门伺服电动机。

1）模式门直流电动机

模式门直流电动机有内置电动机位置传感器、内置电动机位置开关和脉冲信号定位 3 种类型。内置电动机位置传感器的控制电路和脉冲信号定位的控制电路分别与混合门电动机的控制电路相似。内置电动机位置开关的模式门直流电动机应用于本田、马自达、东风日产等车系，其控制电路如图 1-4-26 所示。

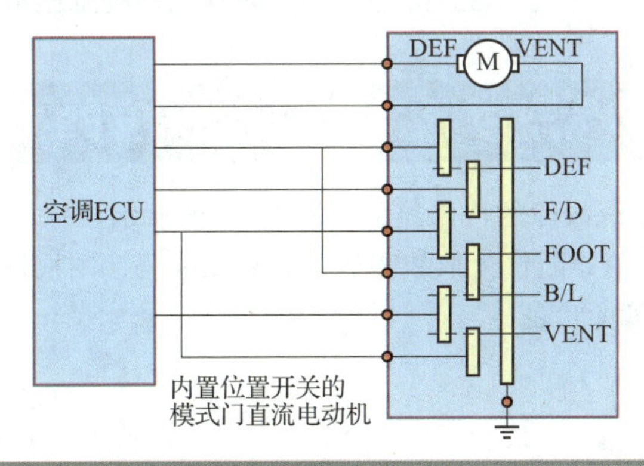

图 1-4-26　内置电动机位置开关的模式门直流电动机的控制电路

2）内含微芯片的模式门伺服电动机

内含微芯片的模式门伺服电动机有总线连接型和无总线连接型两种。

3. 进气门电动机

进气门电动机驱动进气门，调节新鲜空气循环量。常用的进气门电动机有进气门直流电动机和内含微芯片的进气门伺服电动机两种。

1）进气门直流电动机

进气门直流电动机有内置电动机位置传感器、内置限位开关和脉冲信号定位 3 种类型。内置电动机位置传感器的控制电路和脉冲信号定位的控制电路分别与混合门电动机的控制电路相似。内置限位开关的进气门直流电动机的控制电路如图 1-4-27 所示。

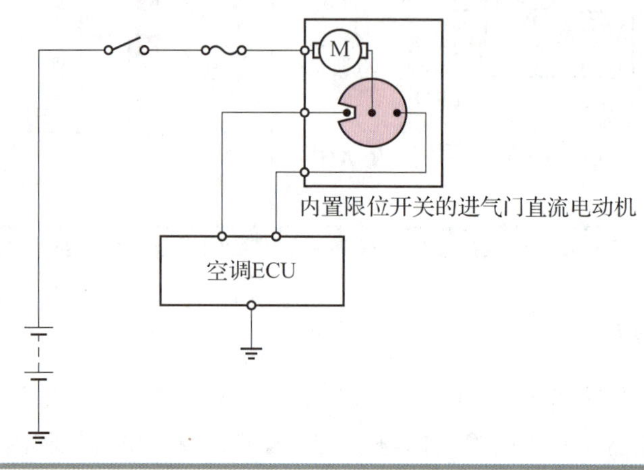

图 1-4-27　内置限位开关的进气门直流电动机的控制电路

2）内含微芯片的进气风门伺服电动机

内含微芯片的进气风门伺服电动机有总线连接型和无总线连接型两种。

实践技能

五、比亚迪 E5 汽车空调系统故障的检修流程

比亚迪 E5 汽车空调系统故障的检修流程如图 1-4-28 所示。首先检查蓄电池电压和动力电池 SOC 是否正常，然后用诊断仪读取故障码。若有故障码，则根据故障码进行故障排除；若没有故障码，则检查故障征状表。

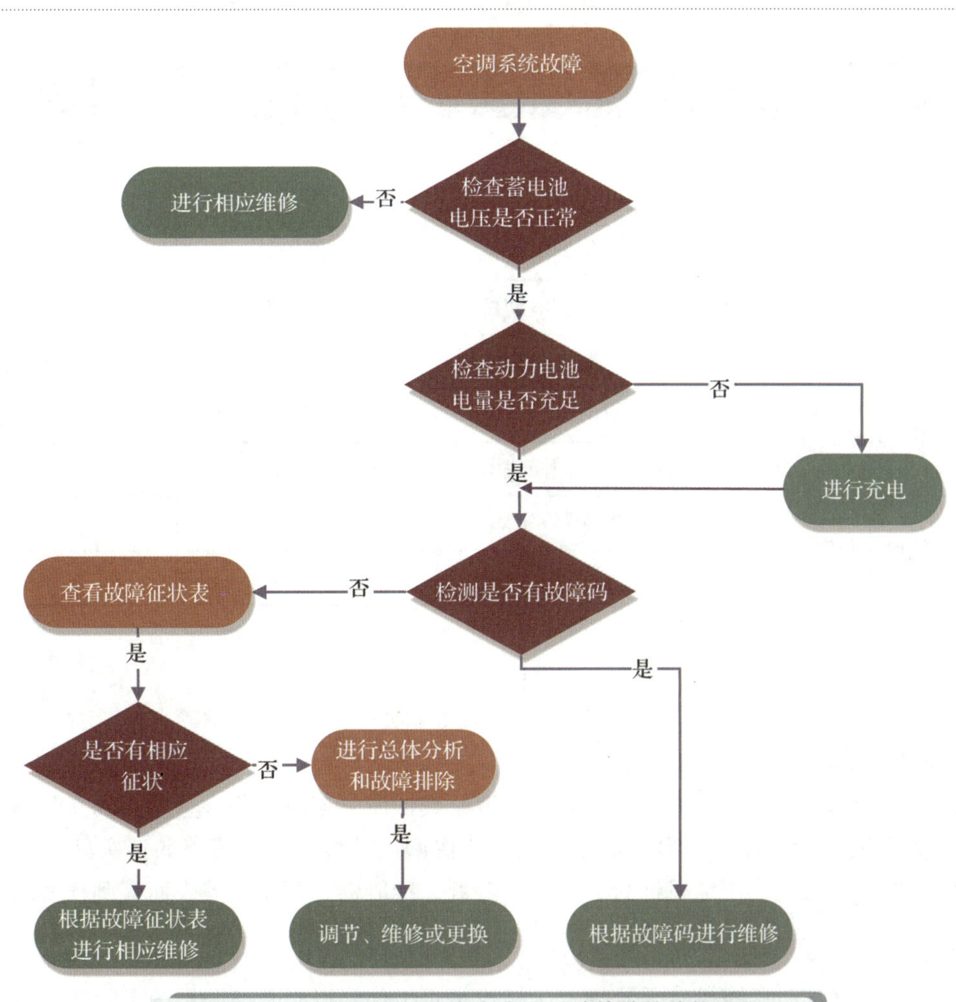

图 1-4-28　比亚迪 E5 汽车空调系统故障的检修流程

1. 比亚迪 E5 汽车空调系统故障征状表

比亚迪 E5 汽车空调系统故障征状表如表 1-4-1 所示。

表 1-4-1　比亚迪 E5 汽车空调系统故障征状表

征状	可疑部位		
空调系统所有功能失效	空调熔断器	空调 ECU	空调 ECU 电源电路
	鼓风机熔断器	鼓风机继电器	鼓风机
	面板电源电路	线束和连接器	—
仅制冷系统失效（鼓风机工作正常）	压力传感器	压力温度传感器	线束和连接器
	空调保险（四合一内部）	电动压缩机	冷媒量
制冷系统工作不正常（实际温度与设定温度有偏差）	车外温度传感器	车内温度传感器	空调控制器
	线束和连接器	冷媒量	—

续表

征状	可疑部位		
鼓风机转速不可调（鼓风机工作正常）	鼓风机调速模块	空调 ECU	线束和连接器
	空调面板	—	—
出风模式调节不正常	出风模式控制电动机	空调 ECU	线束和连接器
温度调节不正常	冷暖混合控制电动机	空调 ECU	线束和连接器
内外循环调节失效	循环控制电动机	空调 ECU	线束和连接器
后除霜失效	后除霜电加热丝熔断器	后除霜电加热继电器	后除霜电加热丝
	继电器控制模块	线束和连接器	—
冷凝、散热风扇故障	熔断器	继电器	风扇
	线束	主控 ECU	—

2. 车上检查

1）检查制冷剂有无泄漏

仔细观察管路有无破损、冷凝器表面有无裂纹或油渍。若冷凝器、蒸发器或其管路某处有油渍，确认有无渗漏，可用皂泡法重点检查可能渗漏的部位，如各管路的接头处和阀的连接处，软管及软管接头处，压缩机油封、密封垫等处，冷凝器、蒸发器等表面有刮伤变形处。

2）检查压缩机

打开空调，仔细听压缩机有无异响、压缩机是否工作，以判断空调系统不制冷或制冷不良是否出自压缩机或是压缩机控制电路的问题。比亚迪 E5 汽车空调系统当电动压缩机工作时，能听到电动压缩机运转的声音。

3）检查制冷系统管路温度

打开空调开关，使压缩机工作 10~20min 后，用手触摸压缩机进、出口两端，两端应有明显的温度差。若温度差不明显或无温度差，则可能是已完全无制冷剂或制冷剂严重不足。

用手触摸空调系统高、低压端管路及部件。高压端管路温度的变化是：从压缩机出口→冷凝器→膨胀阀进口处，手感温度从高到低。如果中间的某处特别热，则说明其散热不良；如果这些部件发凉，则说明制冷系统可能有阻塞、无制冷剂、压缩机不工作或工作不良等。低压端管路温度的变化是：从膨胀阀出口→蒸发器→压缩机进口处，手感应是从冷到凉。如果不凉或某处出现了霜冻，则说明制冷系统有异常。

4）检查线路

用手检查导线插接器连接是否良好，空调系统线路各插接件应无松动和发热。如果插接件有松动或手感插接件表面的温度较高（发热），则说明插接件内部接触不良导致空调系统不工作或工作不正常。

六、比亚迪 E5 汽车空调系统不制冷故障的检测与维修

1. 故障现象确认

车辆上电后，打开空调开关，将温度调节到最低；出风口有风吹出但不凉，可以调节鼓风机转速。将温度调节到最高，PTC 水加热器及暖风水泵开始工作，出风口吹出热风。

2. 故障点分析

空调系统不制冷的故障点如图 1-4-29 所示，造成空调系统不制冷的原因主要有以下 3 项。

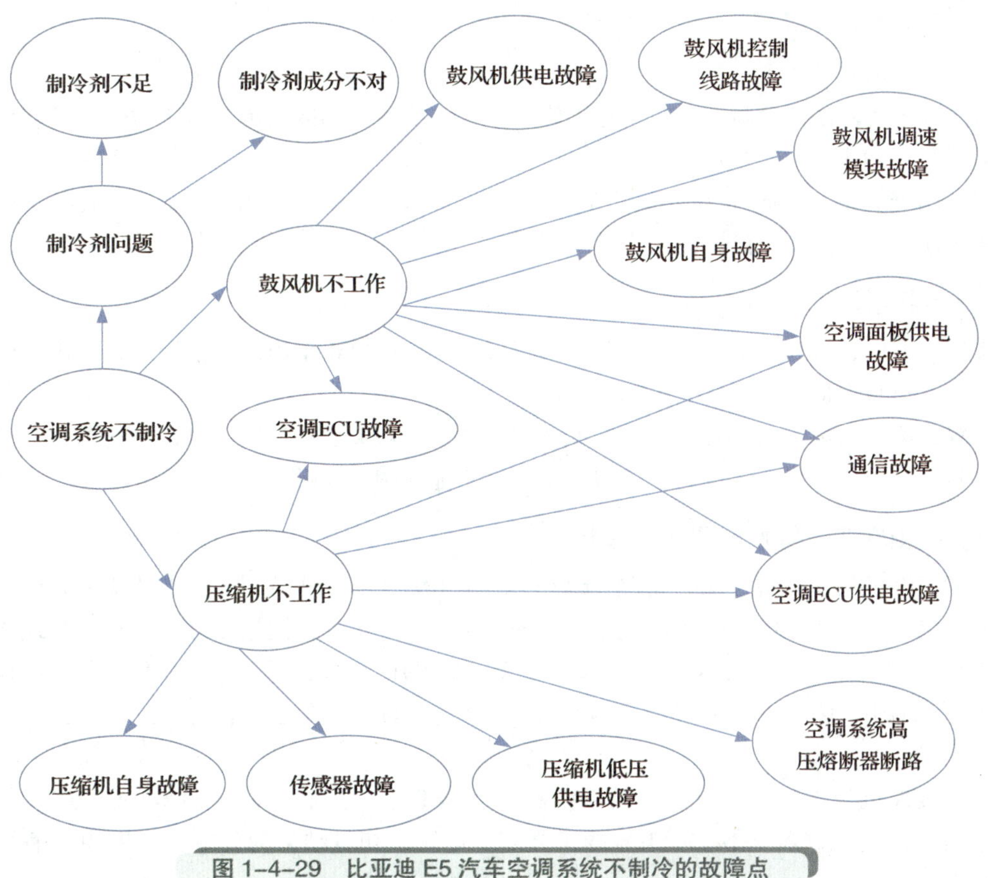

图 1-4-29　比亚迪 E5 汽车空调系统不制冷的故障点

1）制冷剂问题

空调系统缺少制冷剂或制冷剂成分有比较严重的偏差都会导致空调系统不制冷。对于此类问题，应该先排空制冷剂，查找漏点并修复后，抽真空然后重新加注制冷剂。

2）鼓风机不工作

鼓风机不工作会导致整个空调系统不工作，既不能制冷也不能制暖。鼓风机不工作的主要原因有鼓风机供电故障、鼓风机控制线路故障、鼓风机调速模块故障、鼓风机自身故障，除

此之外空调面板供电故障、空调 ECU 供电故障、空调 ECU 故障、空调面板与空调 ECU 的通信故障也会导致鼓风机不工作。

3）压缩机不工作

压缩机不工作将导致制冷剂无法在制冷系统中循环流动，空调系统完全不能制冷。压缩机不工作的原因主要有压缩机供电故障，包括高压供电故障和低压供电故障；压缩机控制故障，包括空调 ECU 故障、空调 ECU 供电故障、空调 ECU 与压缩机通信故障、空调面板供电故障、空调面板与空调 ECU 通信故障、传感器故障（如温度传感器故障、高压压力传感器故障）等；压缩机自身故障。

3. 检测及维修

1）制冷剂压力检测

对空调系统不制冷故障进行检测与维修时，首先要检查制冷剂量是否正常，避免在制冷剂缺失时运行压缩机导致其损坏。

用解码器读取制冷剂压力（或用 R410a 专用歧管压力表读取制冷系统高、低压侧压力），显示压力为 1.3MPa，表明制冷系统压力正常。

2）运行并检测空调

车辆上电后，打开空调开关，将温度调至最低，出风口正常出风，显示屏显示设定温度和设定风量；同时听是否有压缩机运转的声音。

用解码器读取故障码，若显示屏显示“与空调压缩机失去通信”信息，在选择“空调压缩机控制器”选项后，显示“测试设备与汽车电脑不能通信”，如图 1-4-30 所示。

3）检测空调压缩机低压通信线束

拔下压缩机低压线束插头，检测压缩机低压供电（1 号端子为供电、2 号端子为搭铁）和压缩机通信（4、5 号端子为 CAN 通信），如图 1-4-31 所示。经测量 1 号端子与车身地之间的电压为 0V（正常为 13V），2 号端子与车身地之间的电压为 0V，电阻为 0.4Ω（正常为 0V、小于 1Ω），表明压缩机低压供电正常。测量 4、5 号端子与车身地之间的电压，均为 2.5V，表明正常。

由于鼓风机正常运行，所以空调系统的熔断器 F2/14 正常，拔下插接器（B2H）检查 30 号端子与压缩机插接器（BA17）1 号端子之间的电阻，测量结果为无穷大，表明压缩机低压供电线断路。

4）维修并检测

在更换压缩机低压线束后，运行空调系统，发现运行正常。

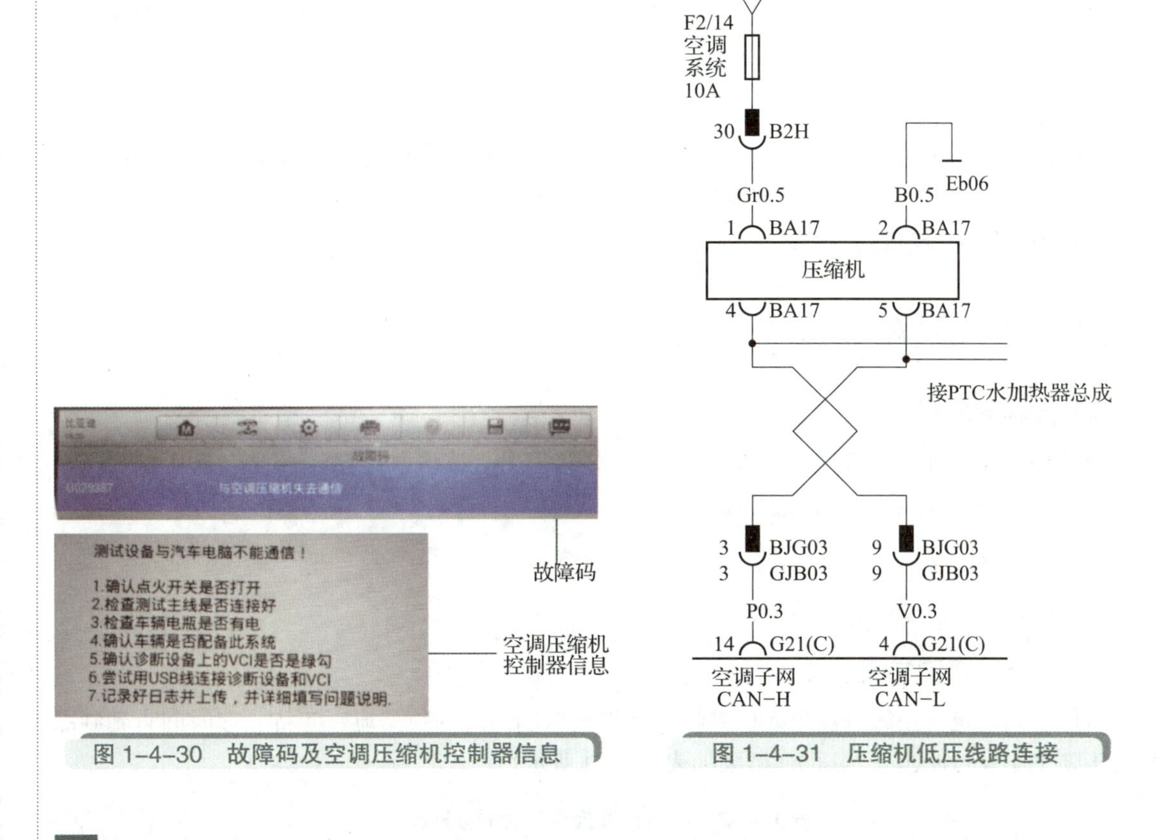

图 1-4-30 故障码及空调压缩机控制器信息

图 1-4-31 压缩机低压线路连接

七、比亚迪 E5 汽车空调系统间断制冷故障的检测与维修

1. 故障现象确认

车辆上电后，打开空调开关，将温度调节到最低；出风口有凉风吹出，可以调节鼓风机转速；驾驶室内温度迅速降低，感到凉爽。等待一段时间以后，出风口吹出的风接近自然风，感到不凉爽。

2. 故障点分析

比亚迪 E5 汽车空调系统间断制冷的故障点如图 1-4-32 所示。造成空调系统间断制冷的直接原因是制冷剂蒸汽间断地通过膨胀阀进入蒸发器。造成这一现象的主要原因有电子膨胀阀开度调节异常和压缩机间断工作。

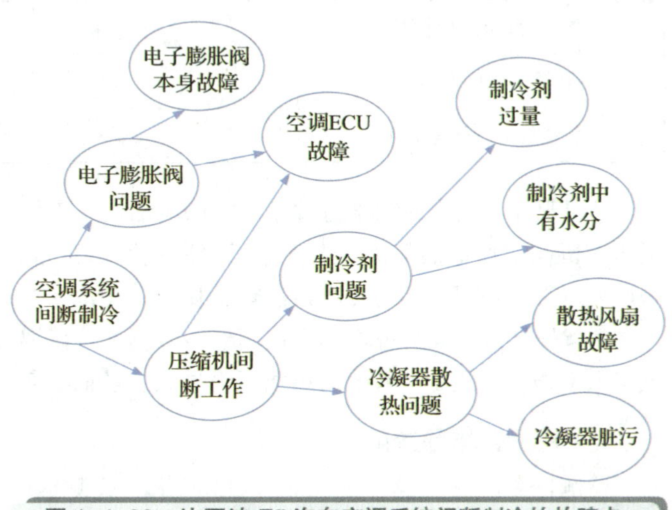

图 1-4-32 比亚迪 E5 汽车空调系统间断制冷的故障点

1）电子膨胀阀问题

电子膨胀阀本身故障和空调 ECU 故障都可能导致电子膨胀阀开度调节异常，从而导致空调系统间断制冷。

2）压缩机间断工作

压缩机间断工作会使制冷剂的流动不连续，导致空调系统间断制冷，造成压缩机间断工作的原因有制冷剂问题（主要是指制冷剂过量和制冷剂中有水分）和冷凝器散热问题（主要是指散热风扇故障和冷凝器脏污等）。

3. 检测及维修

1）检测制冷剂压力

用解码器读取制冷剂压力或用 R410a 专用歧管压力表读取制冷系统的高、低压压力，显示压力为 1.3MPa，表明制冷系统压力正常。

2）读取故障码

用解码器读取故障码，无故障码。

3）运行并检测空调系统

运行空调系统，用解码器进入压缩机控制器读取制冷时的数据流，等待一段时间直到制冷能力下降（出风口吹出自然风），结果如表 1-4-2 所示。

表 1-4-2　出风口温度异常时的数据流

项目名称	数据	正常范围
高压侧压力 /MPa	4.5	2.6~3.0
散热风扇继电器状态	吸合	—
空调压缩机占空比 /%	0	0~100
空调系统高压模块	正常	—
电子膨胀阀开度 /%	15	0~100
蒸发器出口压力 /MPa	1.3	0.8~1.2

结果显示：制冷系统压力过高、空调压缩机未工作。可以判断是制冷系统压力过高引起空调压缩机高压保护而停机。由于电子膨胀阀开度正常，排除电子膨胀阀开度过小导致的高压侧压力过高，可以判断为冷凝器散热不良导致制冷系统压力过高。

用解码器进入动力模块→主控制器→数据流，读取冷却风扇工作状态为关断。判断为冷却风扇未工作，导致制冷系统高压侧压力过高，从而引起压缩机高压保护。

4）检测并排除故障

检测冷却风扇电路，如图 1-4-33 所示。检测继电器 KB-1、KB-2 和 KB-3，结果正常。

检查冷却风扇线束插头，发现冷却风扇插接器未连接。连接冷却风扇插头，打开空调后再次用解码器进入动力模块→主控制器→数据流，读取冷却风扇工作状态为“连接”。空调系统制冷功能正常，故障排除。

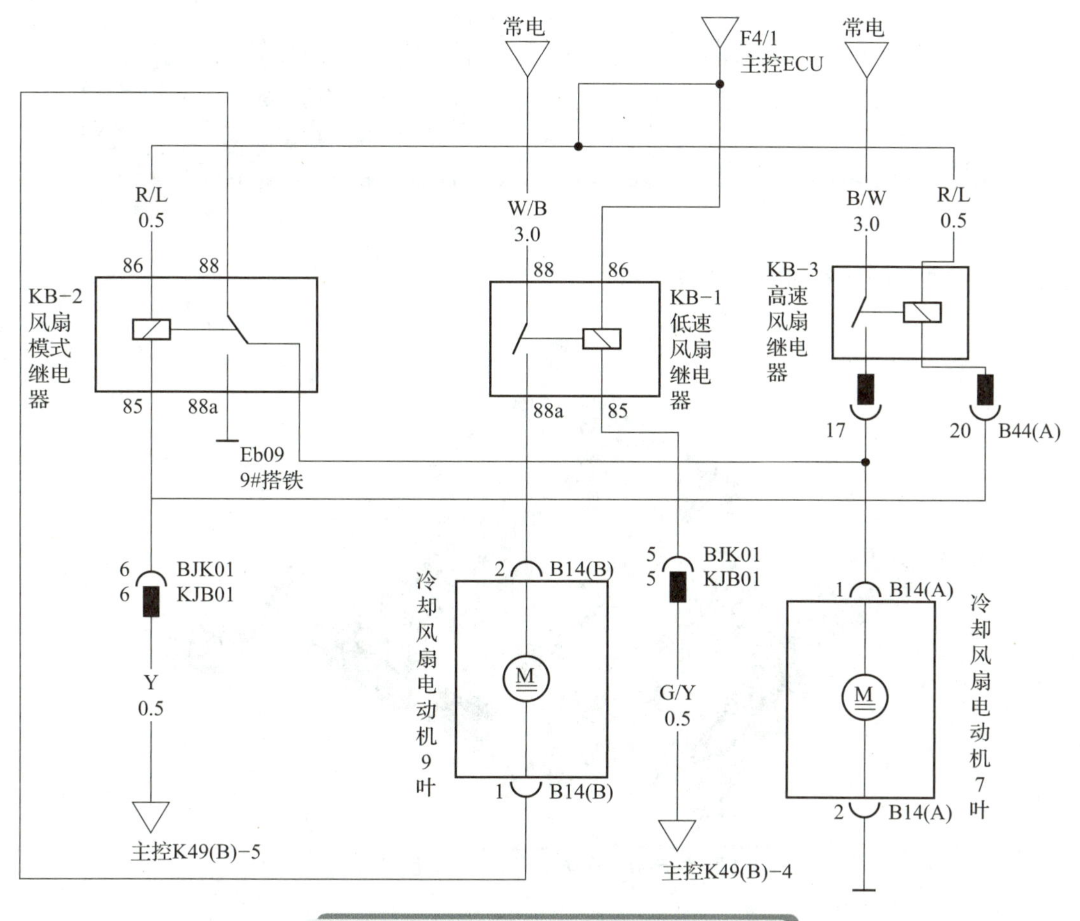

图 1-4-33　冷却风扇电路

任务小结

（1）比亚迪 E5 汽车空调电气控制系统包括信号输入元件、执行元件和空调 ECU。信号输入元件包括车内温度传感器、车外温度传感器、太阳能传感器、蒸发器温度传感器、加热器温度传感器、烟雾通风传感器、空调压力传感器、各风门电动机的位置传感器或开关以及空调控制键等。执行元件包括混合门电动机、模式门电动机、进气门电动机、新鲜空气风门电动机、鼓风机电动机、冷凝器散热风扇和各种空调状态指示灯等。

（2）内燃机汽车空调系统一般具有送风温度控制、送风速度控制、送风方向控制、进气模式控制、压缩机控制和自诊断等功能。

任务 5　制暖系统故障的检测与维修

本任务所涉及的元件如图 1-5-0 所示。

图 1-5-0　任务 5 所涉及的元件

任务导入

一辆比亚迪 E5 汽车的行驶里程为 200 000km。车主反映空调暖风不热。经检查，PTC 水加热器损坏，需要更换 PTC 水加热器总成。如何对空调暖风不热故障进行诊断？如何更换 PTC 水加热器总成？

学习目标

（1）能迅速找到制暖系统各部件的安装位置。

（2）能熟练地查阅维修手册并找到 PTC 水加热器的供电电路。

（3）能正确、迅速地更换空调高压熔断器。

（4）能熟练掌握比亚迪 E5 汽车 PTC 水加热器总成的拆装流程。

（5）能掌握新能源汽车空调制暖系统故障的检测和维修方法。

理论知识

新能源汽车空调制暖系统是新能源汽车在冬季运行时供车内制暖的设备总称。它是将新鲜空气或液体介质送入热交换器，吸收其中某种热源的热量，从而提高空气或液体介质的温度，并将热空气或被加热的液体送入车内，直接或通过热交换器提高车厢内的温度；当车上玻璃结霜或结雾时，还可以输送热风除霜和除雾，满足舒适性和安全性的要求。

一、新能源汽车空调制暖系统的主要作用

（1）将冷、热空气调节到人所需要的舒适温度。新能源汽车空调系统已经发展到冷暖一体化的水平，可以全年对车厢内的空气温度进行调节。

（2）冬季制暖。冬天由于天气寒冷，人在行驶的汽车内会感到更寒冷。新能源汽车空调制暖系统可以向车内提供暖气，以提高车厢内的温度，使驾驶员和乘员感觉到舒适。

（3）车上玻璃除霜。在冬季或者春、秋季，车内、外温差较大，车上玻璃会结霜或起雾，影响驾驶员和乘员的视线，不利于行车安全，新能源汽车空调制暖系统可以用热风除霜和除雾。

二、内燃机汽车暖风装置及其空调制暖系统的分类

根据热源不同，内燃机汽车暖风装置可分为如下 4 种形式。

（1）水暖式暖风装置。其是利用发动机冷却液的热量的装置。这种形式的暖风装置多用于轿车、大型货车及制暖要求不高的大客车。

（2）气暖式暖风装置。其是利用发动机排气系统的热量的装置。这种形式的暖风装置多用于风冷式发动机汽车和有特殊要求的汽车。

（3）独立燃烧式暖风装置。其是装有专门燃烧机构的装置。这种形式的暖风装置多用于大客车。

（4）综合预热式暖风装置。其是既利用发动机冷却液的热量，又装有燃烧预热器的综合装置。这种形式的暖风装置多用于豪华大客车。

根据空气循环方式，内燃机汽车空调制暖系统可分为以下 3 种形式：

（1）内气式（又称内循环式）。其是指利用车内空气循环，将车厢内部空气（用过的）作为载热体，让其通过热交换器升温，使升温后的空气再进入车厢。这种方式消耗热源少，升温快，但从卫生标准看，是最不理想的。

（2）外气式（又称外循环式）。其是指利用车外空气循环，全部使用车外新鲜空气作为载热体，让其通过热交换器升温，使升温后的空气进入车厢。从卫生标准看，外气式是最理想的，但消耗热源也最多，初始升温慢，经济性较差。

（3）内外气并用式（又称内外混合式）。其是指既引进车外新鲜空气，又利用部分车内的原有余气，以新、旧空气的混合体作为载热体，通过热交换器进入车厢。从卫生标准和热源

消耗看，该方式正好介于内气式和外气式之间，其控制比较复杂，多应用于高档轿车自动空调系统。

不论利用何种热源，热量都是通过热交换器传递给空气，并通过鼓风机把热空气送入车厢的。

三、新能源汽车空调制暖系统的常用方案

1. 热泵式

新能源汽车热泵式空调系统如图 1-5-1 所示。其主要由压缩机、单向阀、四通换向阀、节流装置（双向热力膨胀阀）、室内换热器、室外换热器和气液分离器等组成。

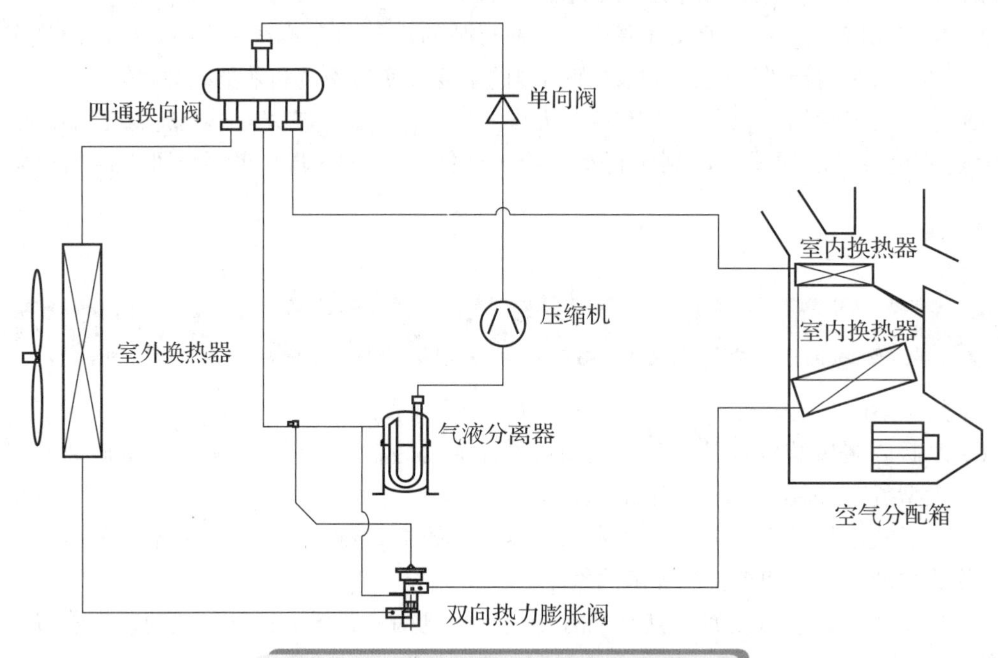

图 1-5-1　新能源汽车热泵式空调系统

在制冷模式下，制冷剂的循环流动路线如图 1-5-2 所示，压缩机出口排出的高温高压制冷剂气体经单向阀、四通换向阀进入室外换热器，在室外换热器内向外界空气放热冷凝为高温高压的制冷剂液体，流经双向热力膨胀阀进行节流降压；节流后，制冷剂变为低温低压的制冷剂蒸汽进入室内换热器，吸收车内空气热量以达到降低车厢内温度的目的；最后从室内换热器排出的低温低压制冷剂经四通换向阀、气液分离器被压缩机吸入汽缸，进行下一个制冷循环。

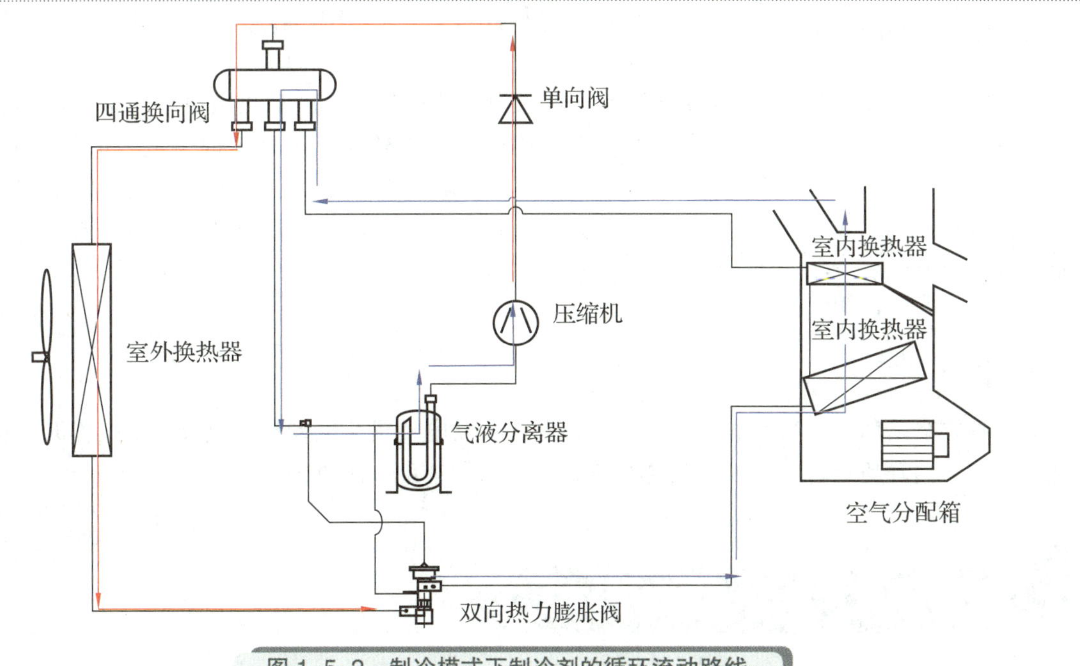

图 1-5-2　制冷模式下制冷剂的循环流动路线

在制热模式下，制冷剂的循环流动路线如图 1-5-3 所示，从压缩机出口排出的高温高压制冷剂气体经单向阀、四通换向阀进入室内换热器，向车内放热以达到提升车厢内温度的目的；制冷剂放热后，冷凝为低温高压的制冷剂液体，流经双向热力膨胀阀进行节流降压；节流降压后的制冷剂蒸汽进入室外换热器与车外空气进行热交换；吸热后，从室外换热器排出的低温低压制冷剂经四通换向阀、气液分离器被压缩机吸入汽缸，进行下一个制热循环。

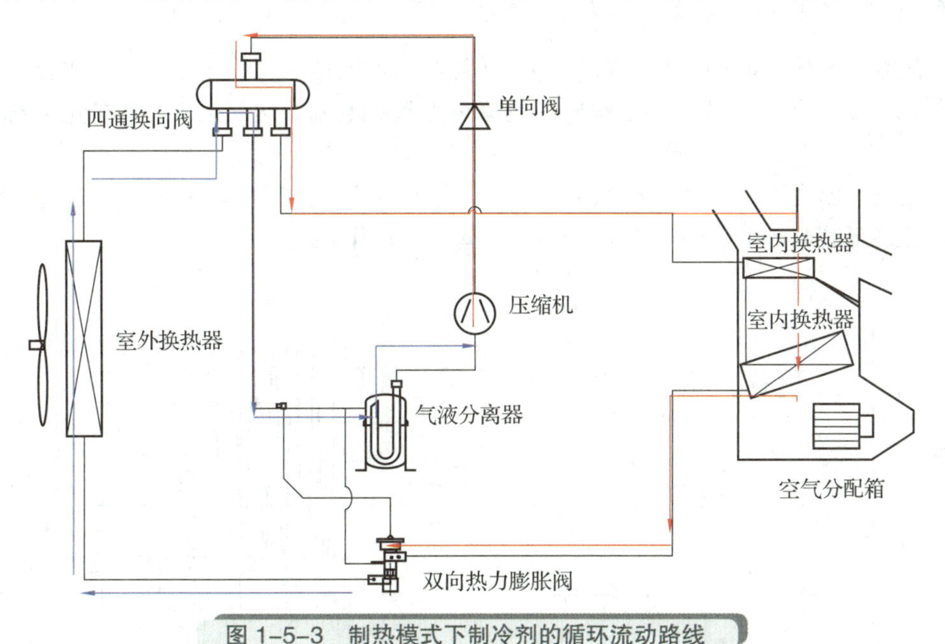

图 1-5-3　制热模式下制冷剂的循环流动路线

2. PTC 加热式

PTC 加热器是采用 PTC 热敏电阻为发热源的一种加热器。PTC 热敏电阻通常是用半导体材料制成的，它的电阻值随温度的变化而急剧变化，当外界温度降低时，电阻值随之减小，发热量反而会相应增加。因 PTC 热敏电阻元件具有随环境温度高低的变化，其电阻值随之增加或减小的特性，所以 PTC 加热器具有节能、恒温、安全和使用寿命长等特点。常见的 PTC 加热式制暖系统有 PTC 加热空气式（加热空气）和 PTC 水加热式（加热冷却液）两种。

3. 余热水暖 + PTC 加热式

这种方案是利用大功率器件（功率变换器、驱动电动机、电动机控制器等）工作时产生的热量，与车内环境进行热交换。当热量不足时，启用辅助 PTC 加热器。

四、PTC 加热器的特性

1. 电阻 - 温度特性（*R-T* 特性）

PTC 热敏电阻的电阻 – 温度特性是指在规定的测量电压下，额定零功率电阻 R_{25}（指在环境温度为 25℃条件下测得的零功率电阻值）与电阻自身温度之间的关系。图 1–5–4 所示为 *R–T* 特性曲线。图中 T_C~T_P 的红色部分为工作区间。

2. 电流 - 时间特性（*I-T* 特性）

PTC 热敏的电流 – 时间特性是指当 PTC 元件两端加上额定工作电压时，其电流与时间的关系，如图 1–5–5 所示。开始加电瞬间的电流称为起始电流，达到热平衡时的电流称为残余电流。

在一定环境温度下，给 PTC 热敏电阻加一个起始电流（保证是动作电流），通过 PTC 热敏电阻的电流降低到起始电流的 50% 时经历的时间就是动作时间。

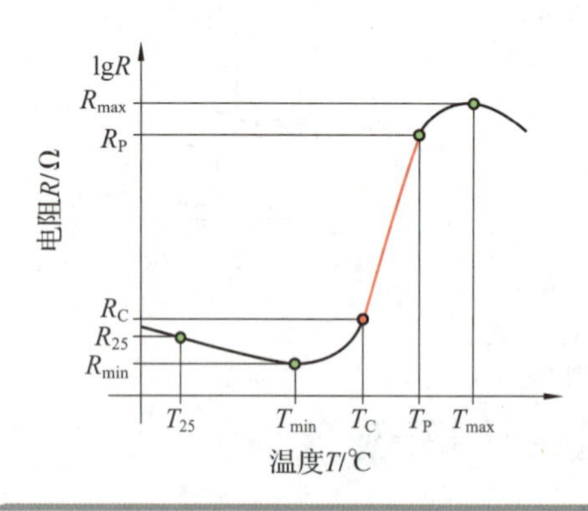

图 1–5–4　*R–T* 特性曲线

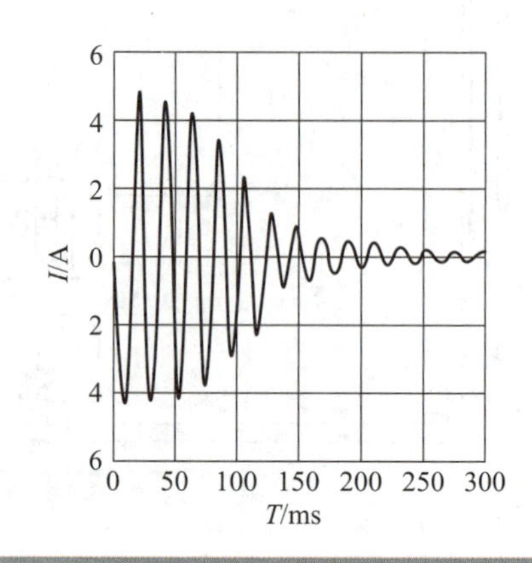

图 1–5–5　*I–T* 特性曲线

3. 电压 - 电流特性（V-I 特性）

PTC 热敏电阻的电压 – 电流特性，又称为伏 – 安特性，是指在常温下，PTC 热敏电阻在加电气负载达到热平衡的情况下，电压与电流的相互依赖关系，如图 1–5–6 所示。

PTC 热敏电阻的电压 – 电流特性大致可分为以下 3 个区域：

0~V_k 的区域称为线性区，此间的电压和电流的关系基本符合欧姆定律，不产生明显的非线性变化，也称为不动作区。

V_k~V_{max} 的区域称为跃变区，此时由于 PTC 热敏电阻的自热升温，电阻值产生跃变，电流随着电压的上升而下降，所以此区域也称为动作区。

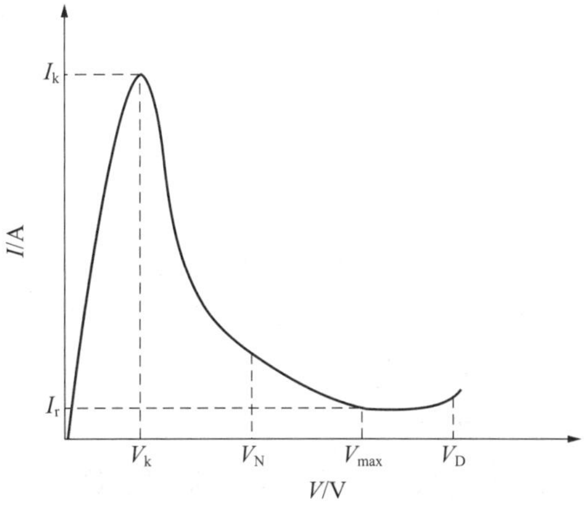

图 1–5–6　V–I 特性曲线

I_k—在外加电压 V_k 时的动作电流；I_r—在外加电压 V_{max} 时的残余电流；V_{max}—最大工作电压；V_N—额定电压；V_D—击穿电压

在 V_D 以上的区域称为击穿区，此时电流随着电压的上升而上升，PTC 热敏电阻的阻值呈指数型下降，于是电压越高，电流越大，PTC 热敏电阻的温度越高，阻值反而越小，很快就导致 PTC 热敏电阻热击穿。

电压 – 电流特性是过载保护 PTC 热敏电阻的重要参考特性。

4. 调温特性

PTC 加热器的输出功率会随环境温度的升高而明显降低。从另一方面来讲，也可以理解为室温越低，PTC 加热器的输出功率越大，加温越迅速；随着室温升高，PTC 加热器的输出功率逐步下降，升温效果趋于缓慢。在风量不变的情况下，当环境温度上升时，PTC 加热器的输出功率下降，这一特性在一定程度上起到了功率自动调节的作用。

五、PTC 加热器的分类及传热方式

1. PTC 加热器的分类

PTC 加热器可以分为黏结式陶瓷 PTC 加热器和金属 PTC 管状加热器。

1）黏结式陶瓷 PTC 加热器

黏结式陶瓷 PTC 加热器是将多个陶瓷 PTC 芯片及铝波纹散热片用耐高温树脂胶黏结在一起的加热器，其散热性好，电气性能稳定。黏结式陶瓷 PTC 加热器又分为加热器表面带电型和加热器表面不带电型。采用 PTC 陶瓷发热体制造的暖风机具有优异的调温与节能特性，极低的热惯性和无明火、无辐射的安全性，良好的抗振性。丰田卡罗拉、凯美瑞以及北汽 EV160 等很多汽车上都装备了黏结式陶瓷 PTC 加热器辅助加热暖风装置。

2）金属 PTC 管状加热器

金属 PTC 管状加热器采用镍铁合金丝为发热材料，发热管外镶铝散热片，其散热效果非常好。金属 PTC 管状加热器配用温度控制器和热熔断器，使产品使用更安全、可靠。

2. PTC 加热器的传热方式

1）热传导式

以热传导为主的 PTC 加热器，其特点是通过 PTC 发热元件表面安装的电极板（导电兼传热）、绝缘层（隔电兼传热）、导热蓄热板（有的还附加有导热胶）等多层传热结构把 PTC 元件发出的热量传到被加热的物体上。

2）对流式

对流方式 PTC 加热器以所形成的热风进行对流式传热，常见的是各种 PTC 加热式热风器，其特点是输出功率大，并能自动调节吹出风温和输出热量。

3）热辐射式

热辐射式 PTC 加热器的特点是利用 PTC 元件或导热板表面迅速发出的热量直接或间接地激发接触其表面的远红外涂料或远红外材料，并使之辐射出红外线。

4）PCT 加热空气式与 PCT 水加热式

PTC 加热空气式的主要传热方式是热传导，PTC 加热器芯的热量通过热传导的方式传递到 PTC 加热器表面的金属翅片上，鼓风机产生的流动空气通过金属翅片并被其加热，加热后的空气被送入车厢从而产生制暖效果。PTC 水加热式的主要传热方式也是热传导，PTC 加热器芯的热量通过热传导的方式传递到 PTC 加热器表面的金属片上，通过金属片加热冷却液；加热后的冷却液进入蒸发器，鼓风机产生的流动空气通过蒸发器并被其加热，加热后的空气被送入车厢从而产生制暖效果。

六、比亚迪 E5 汽车空调制暖系统

比亚迪 E5 汽车空调制暖系统是 PTC 水加热式，主要由 PTC 水加热器总成、暖风水泵、补偿水壶和散热器及暖风水管组成，如图 1-5-7 所示。PTC 水加热器总成是一个高压部件，位于车厢前部，其位置如图 1-5-8 所示。由于 PTC 水加热器高压插接件位于较容易插拔的位置，为了防止高压系统暴露在外，PTC 水加热器高压插接件设有高压互锁检测回路，如图 1-5-9 所示。

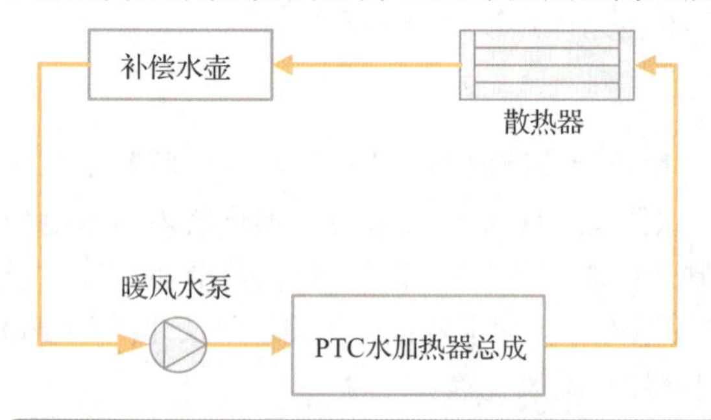

图 1-5-7 比亚迪 E5 汽车空调制暖系统管路连接

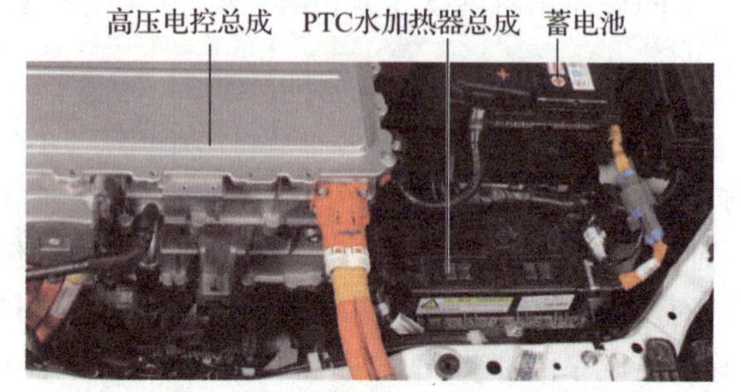

图 1-5-8 PTC 水加热器总成的位置

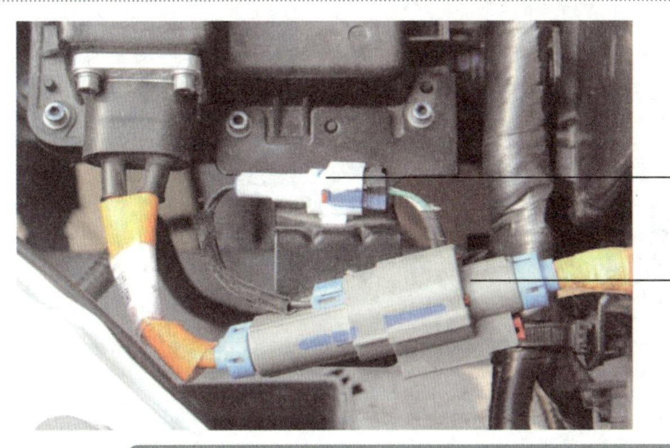

图 1-5-9　带高压互锁检测回路的 PTC 水加热器高压插接件

比亚迪 E5 汽车 PTC 水加热器电路连接如图 1-5-10 所示，共有 9 个 PTC 加热器芯，通过 4 个 IGBT 控制 PCT 加热器芯与动力电池负极的通断；另一端通过空调熔断器、主接触器连接到动力电池正极。这样可以根据实际制暖需要分级调节加热功率，在满足舒适性的同时降低能耗。

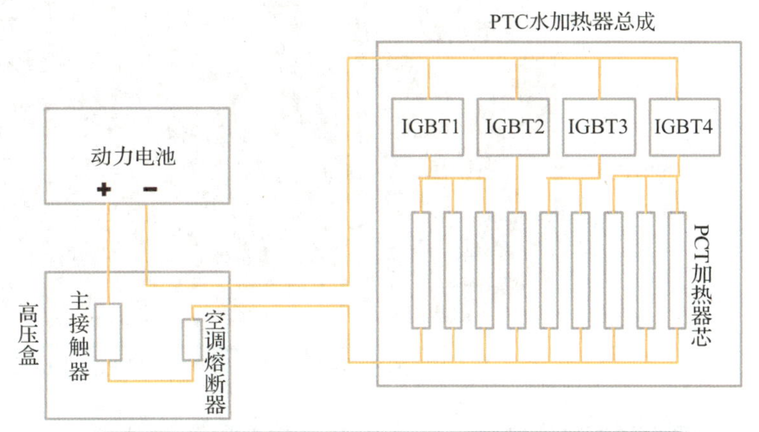

图 1-5-10　比亚迪 E5 汽车 PTC 水加热器电路连接

PTC 水加热器总成主要由 PTC 水加热器驱动控制板和 PTC 水加热器组成。PTC 水加热器驱动控制板如图 1-5-11 所示，PTC 水加热器如图 1-5-12 所示。空调 ECU 通过 CAN 总线与 PTC 水加热器驱动控制板通信；空调 ECU 根据空调控制面板的控制信号及其他输入信号通过 CAN 总线控制 PTC 水加热器的功率。PCT 水加热器驱动控制板与 PTC 水加热器通过 5 个接线柱相连，正极接线柱称为 P+，负极接线柱分别称为 PTC1~PTC4，如图 1-5-13 所示。

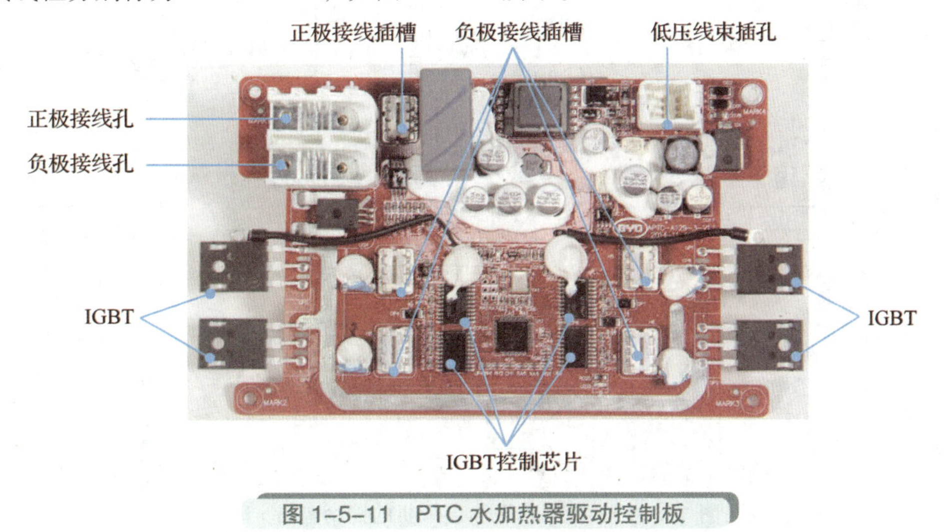

图 1-5-11　PTC 水加热器驱动控制板

图 1-5-12　PTC 水加热器及接线柱

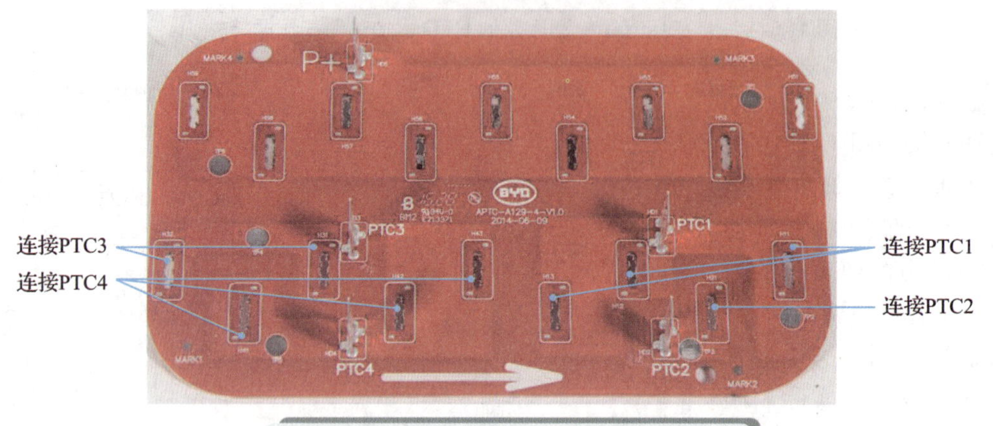

图 1-5-13　9 个 PTC 加热芯器的分组

暖风水泵和鼓风机由空调 ECU 根据 PTC 水加热器总成上的水温信号控制。开暖风时，暖风水泵和鼓风机不是立即工作，而是等水温上升到一定程度才开始工作，其控制电路如图 1-5-14 所示。

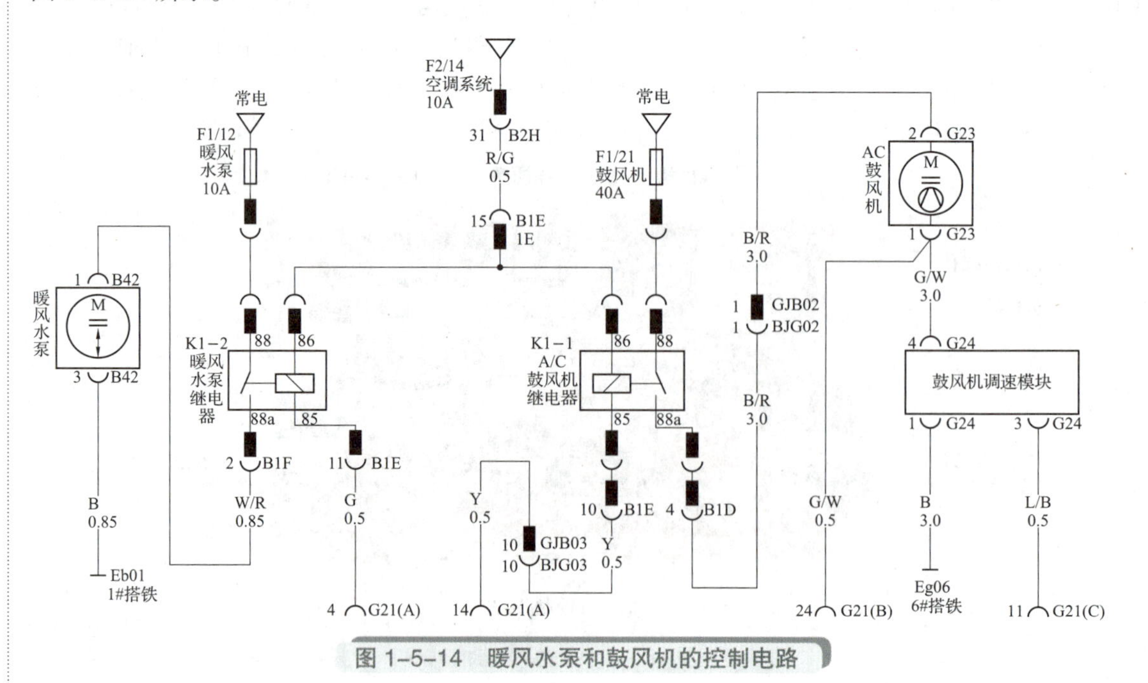

图 1-5-14　暖风水泵和鼓风机的控制电路

拓展阅读

七、水暖式暖风装置的结构与工作原理

水暖式暖风装置一般以水冷式发动机冷却系统中的冷却液作为热源，将冷却液引入车内的热交换器中，使鼓风机送来的车厢内空气（内气式）或外部空气（外气式）与热交换器中的冷却液进行热交换，鼓风机将加热后的空气送入车厢。

轿车，载货车和中、小型客车需要的热量较少，可以用发动机冷却液的余热直接制暖。余热制暖设备简单，使用安全，运行经济。但其缺点是热量较小，受汽车运行工况的影响，发动机停止运行时，不能提供热风。

水暖式暖风装置的工作原理如图 1-5-15 所示。

从发动机出来的冷却液经过节温器 11，在温度达到 80℃时，节温器开启，让发动机冷却液流到加热器 5，在节温器和加热器之间设置了一个热水开关 8，用来控制热水的流动，冷却液的另一部分流入散热器 13。冷却液在加热器散热，以加热周围的空气，然后再用风扇 4 送入车厢；冷却液从加热器流出，在水泵 14 的泵吸下，重新进入发动机的水道内，冷却发动机，完成一次制暖循环。

图 1-5-16 所示为独立水暖式暖风装置的结构示意，它由暖风加热、风机及外壳组成一个完整的总成。壳体上有吹向脚部、前部的出风口及吹向车窗起除霜作用的出风口。此种结构通常用于普通轿车、货车和小型客车。

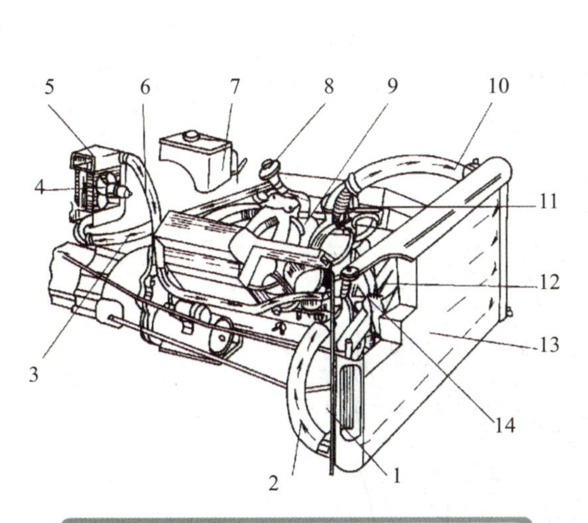

图 1-5-15　水暖式暖风装置的工作原理

1—溢流管；2—回液管；3—加热器送水管；4—风扇；5—加热器；6—加热器出水管；7—溢流罐（副水箱）；8—热水开关；9—发动机；10—出液管；11—节温器；12—风扇；13—散热器；14—水泵

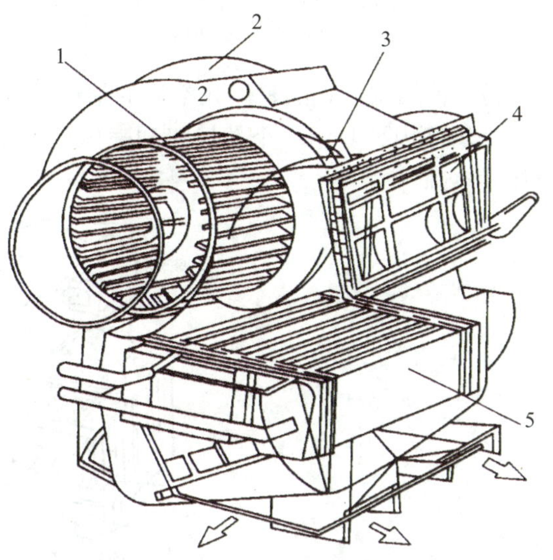

图 1-5-16　独立水暖式暖风装置的结构示意

1—风机叶轮；2—壳体；3—电动机；4—暖风加热器；5—调节风门

暖风加热器的结构形式主要有管片式和管带式两种。其中，管带式暖风加热器散热效率高、体积小、质量轻，但其制造工艺复杂；现在用得最多的是管片式暖风加热器，可以采取减小管壁、在散热翅片上开槽等措施提高其传热效率。

图 1-5-17 所示为水暖式内外混合循环暖风装置的结构示意。由外部空气吸入口 7 吸进新鲜空气，内部空气吸入口 5 吸入内部空气，它们在混合室 4 混合后，由鼓风机 8 送入热交换器 1 空气侧，热交换器管内侧由发动机循环水提供热源，混合气体被加热后被送往前座脚部，通过前窗、侧窗除霜的连接管对其进行除霜或除雾。这种结构的暖风装置效果较好，一般用在中、高档轿车上。

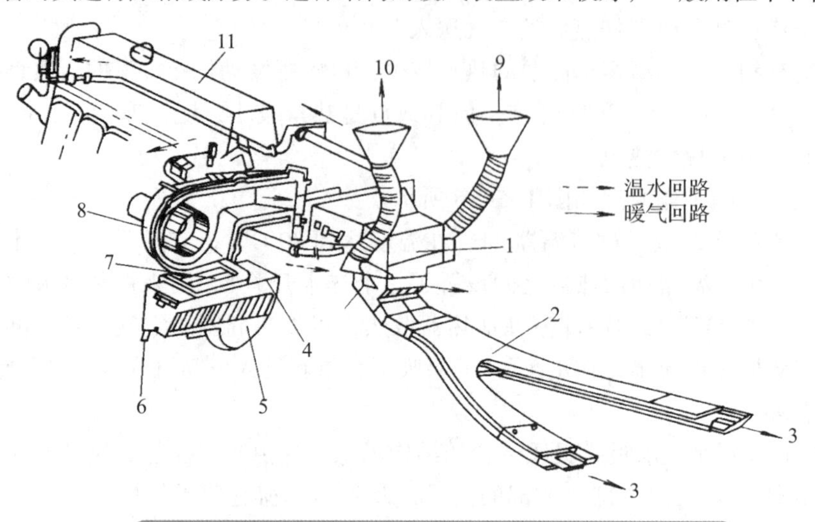

图 1-5-17　水暖式内外混合循环暖风装置的结构示意

1—热交换器；2—后座导管；3—管道；4—混合室；5—内部空气吸入口；6—风门操纵杆；7—外部空气吸入口；8—鼓风机；9—前窗除霜；10—侧窗除霜；11—发动机

另一种结构形式的整体式空调的结构示意如图 1-5-18 所示，它是将加热器和蒸发器组装在一个箱体内，共用一个鼓风机和壳体，可以实现全空调功能。大多数高级豪华轿车上装有整体式空调。

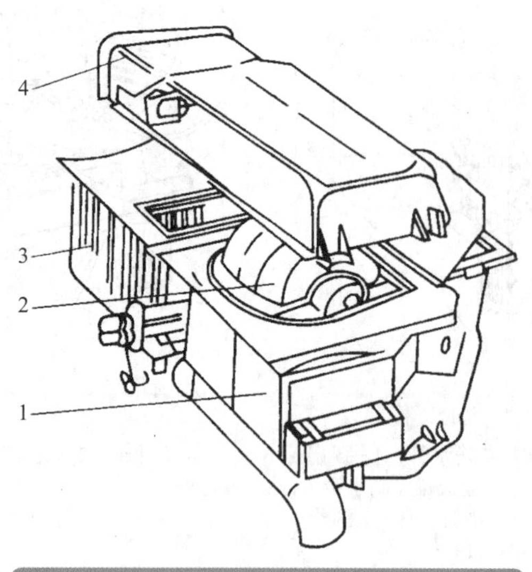

图 1-5-18　整体式空调

1—加热器；2—轴流风机；3—蒸发器；4—进风口

实践操作

八、比亚迪 E5 汽车空调制暖系统故障检修流程

比亚迪 E5 汽车空调制暖系统故障检测流程如图 1-5-19 所示。

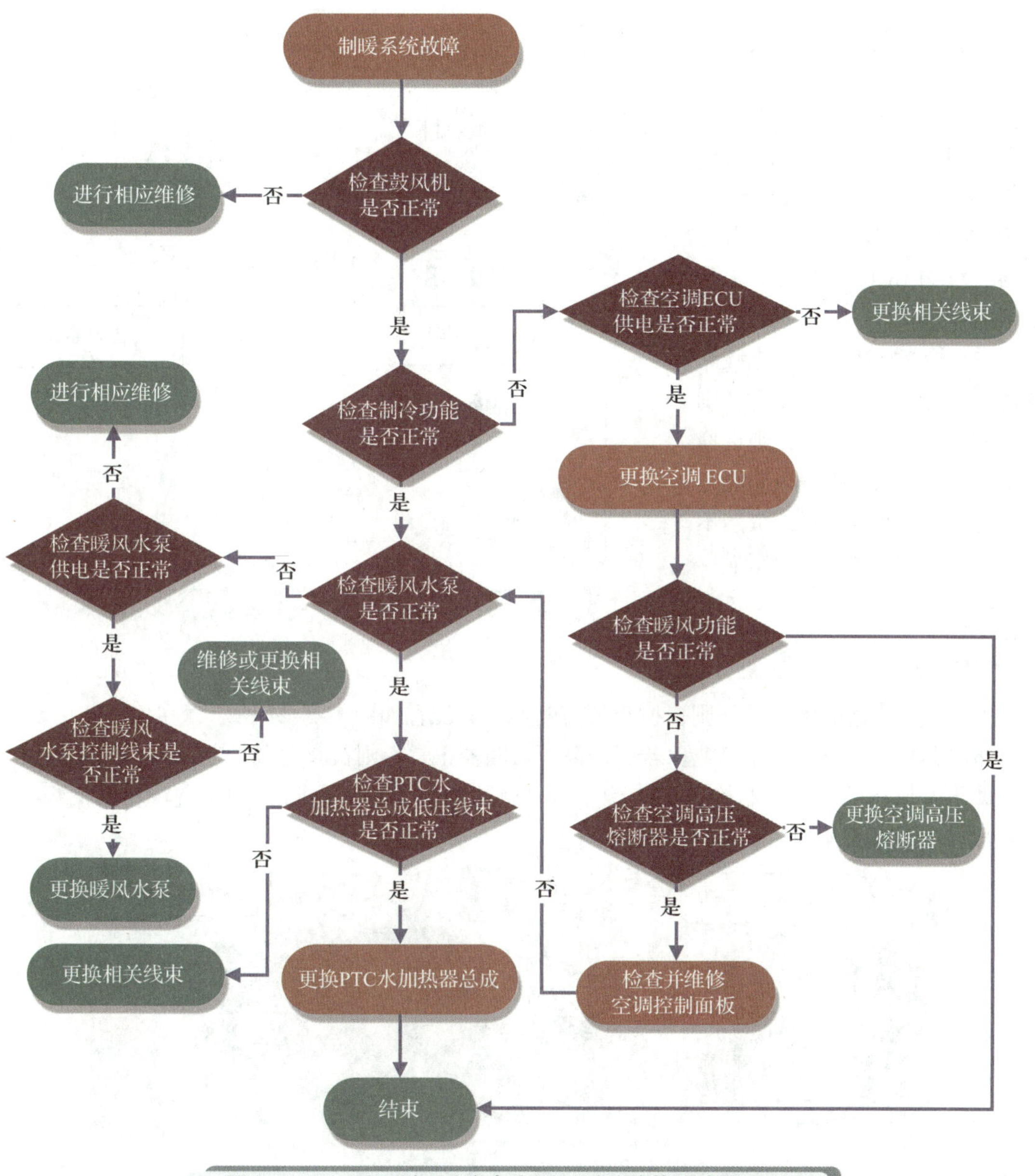

图 1-5-19　比亚迪 E5 汽车空调制暖系统故障检修流程

1. 检查鼓风机调节功能

通过操作空调控制面板的通风按键来打开鼓风机，如果鼓风机不工作，就先排除鼓风机不工作故障；如果鼓风机工作，就进行制冷功能检查。

比亚迪 E5 汽车鼓风机控制电路如图 1-5-20 所示。鼓风机不工作的原因可能是空调系统的熔断器 F2/14、鼓风机的熔断器 F1/21、鼓风机继电器 K1-1 等故障。

2. 检查制冷功能

（1）在进行制冷功能检查时，若鼓风机功能正常而制冷功能异常，则空调系统的熔断器正常，应检查空调 ECU 供电线路、空调 ECU 本身或空调高压熔断器。

（2）检查空调 ECU 供电线路及搭铁是否正常，若不正常，则更换相关线束；若正常，则更换空调 ECU，然后检查暖风功能是否正常。若此时制暖系统依然不正常，则检查空调高压熔断器。

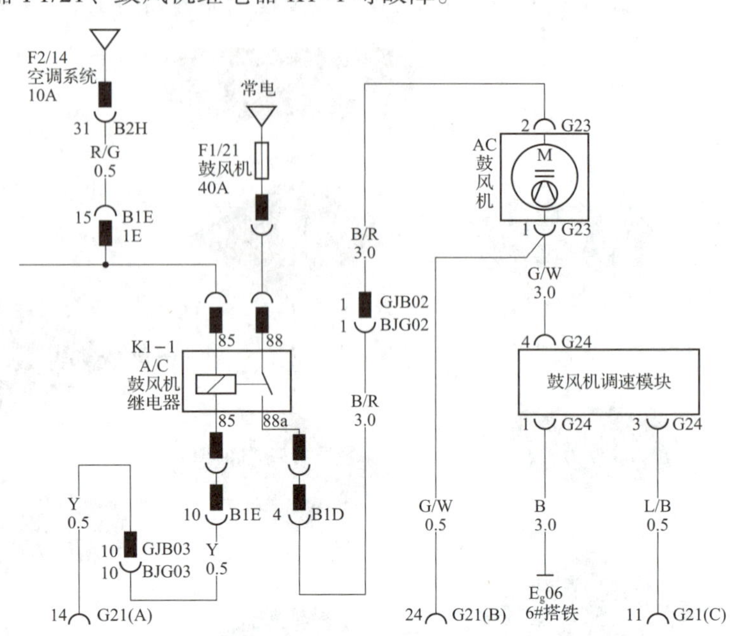

图 1-5-20　比亚迪 E5 汽车鼓风机控制电路

3. 检查空调高压熔断器

若空调高压熔断器损坏，则更换新的熔断器，其位置如图 1-5-21 所示，在检查和更换空调高压熔断器之前要进行下电作业。若空调高压熔断器正常，则检查空调控制面板及相关线束。

如果鼓风机的调节、制冷等功能均正常，就认为鼓风机、空调 ECU、空调控制面板正常，故障出在制暖系统本身。

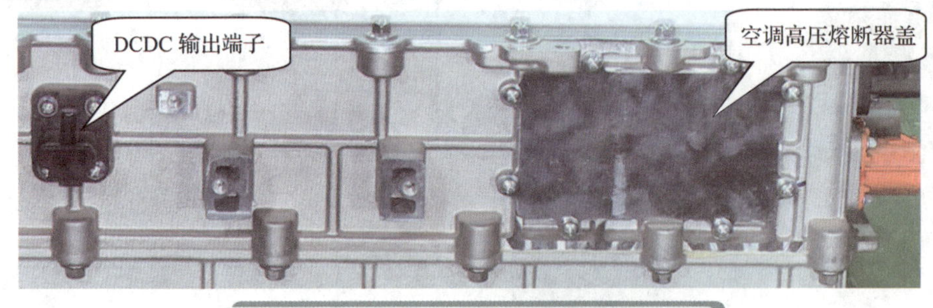

图 1-5-21　空调高熔断器的位置

4. 检查暖风水泵

对暖风水泵进行主动测试来判断其是否正常工作。

此步骤也可以通过 PTC 水加热器总成的工作情况进行判断。操作方法：可以通过触摸

PTC 水加热器总成底部壳体是否变热来判断其是否工作，也可以通过解码器判断其是否工作。若 PTC 水加热器总成工作而车内没有暖风，则认为是暖风水泵不工作，则进行暖风水泵不工作的检修。若 PTC 水加热器总成不工作，则进行 PTC 水加热器总成故障的检修。

1）暖风水泵不工作

（1）检查暖风水泵供电是否正常，先检查熔断器 F2/12 及暖风水泵继电器 K1-2 是否正常（如图 1-5-14 所示），然后检查供电线束。

（2）检查暖风水泵控制线是否正常；如果不正常则维修或更换线束，如果正常则更换暖风水泵。

2）暖风水泵正常工作

若暖风水泵正常工作，则认为是 PTC 水加热器总成出现故障，需要对其进行相应检查。

检查 PTC 水加热器总成低压线路是否正常，包括 PTC 水加热器总成低压供电线路和 CAN 通信线路，如图 1-5-22 所示。先检测 PTC 水加热器总成供电和搭铁线路，然后检查通信线路，如果不正常，就更换线束；如果正常，就认为是 PTC 水加热器总成内部故障，需要更换 PTC 水加热器总成。

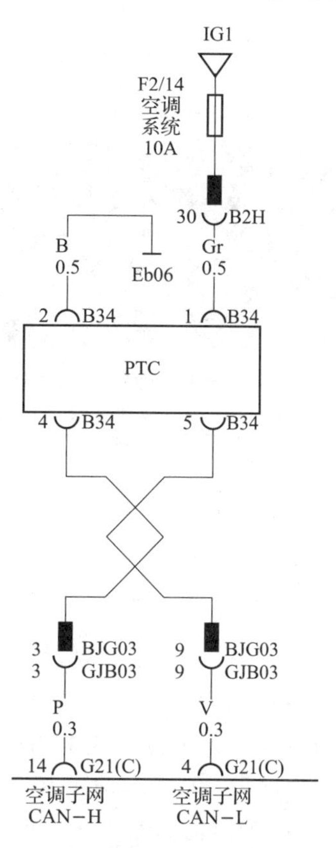

图 1-5-22　PTC 水加热器总成低压供电线路及 CAN 通信线路

九、比亚迪 E5 汽车 PTC 水加热器总成的更换

比亚迪 E5 的 PTC 水加热器总成为高压部件，更换前要先进行下电操作，确保高压系统断电后才能进行相应作业。

1）准备工作

（1）按照正确规范进行下电操作。

（2）拆卸蓄电池。

（3）拆下高压电控总成。

2）放出冷却液

如果有专用工具，可以用专用工具将制暖系统中的冷却液抽出。如果没有专用工具，则需要将

PTC 水加热器总成中的冷却液放出（PTC 水加热器总成的高度高于散热器，补偿水壶虽然高于 PTC 水加热器总成，但是由于暖风水泵的限制不能流动，所以只放出 PTC 水加热器总成中的冷却液即可）。

（1）拆下蓄电池正极线束卡子，安装位置如图 1–5–23 所示。

（2）拆下 PTC 水加热总成高压线束固定卡子。

（3）拆下蓄电池安装平台固定螺栓（如图 1–5–23 所示），并取下蓄电池安装平台。

（4）拆下 PTC 水加热器总成出水管固定卡子，两个卡子的位置如图 1–5–24 所示。

（5）松开 PTC 水加热器总成出水管卡箍，如图 1–5–24 所示。

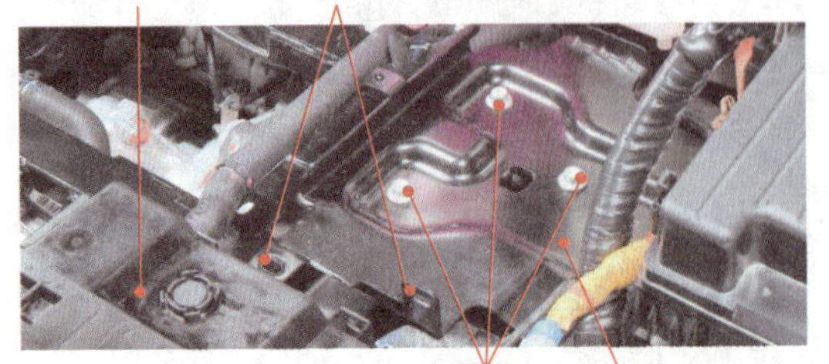

图 1–5–23　蓄电池安装平台及正极线束卡子的安装位置

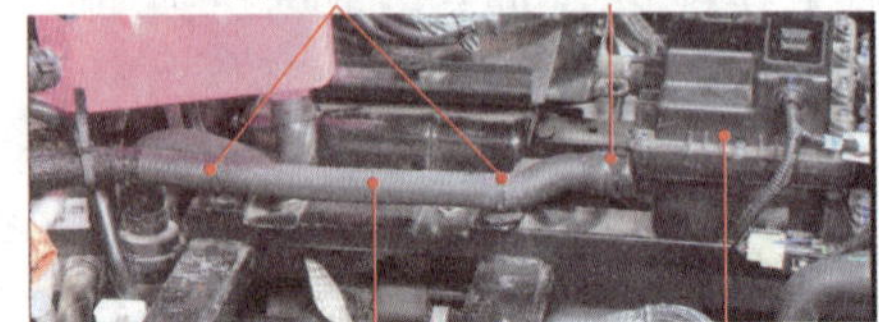

图 1–5–24　PTC 水加热器总成出水管

（6）拔开出水管，放出冷却液。

（7）松开 PTC 水加热器总成进水管卡箍，拔开进水管。

3）拆下 PTC 水加热器总成

（1）拆下 PTC 水加热器总成搭铁线束固定螺母，取下搭铁线连接头；搭铁线及其固定螺母位置如图 1–5–25 所示。

（2）拔下线束插头。先拔低压线束插头（位置如图 1–5–25 所示），再拔高压互锁线束插头，最后拔高压线束插头。高压互锁线束插头和高压线束插头的位置如图 1–5–9 所示。

（3）拆下 PTC 水加热器总成的 3 个固定螺栓，取下 PTC 水加热器总成。3 个固定螺栓分别安装在 PTC 水加热器总成安装支架的 3 个支撑臂上，如图 1–5–26 所示。

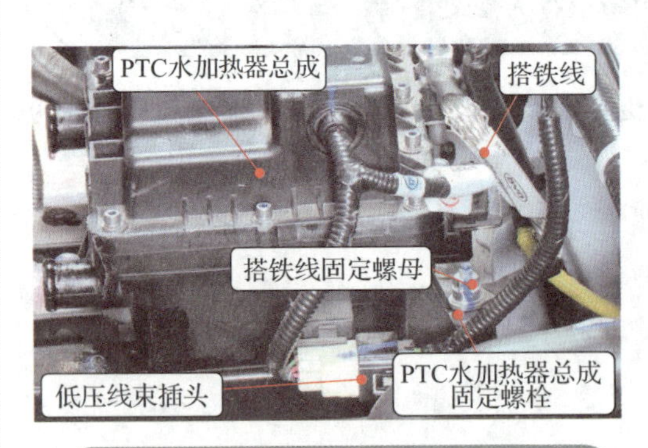

图 1–5–25　PTC 水加热器总成搭铁线及其固定螺母以及低压线束插头的位置

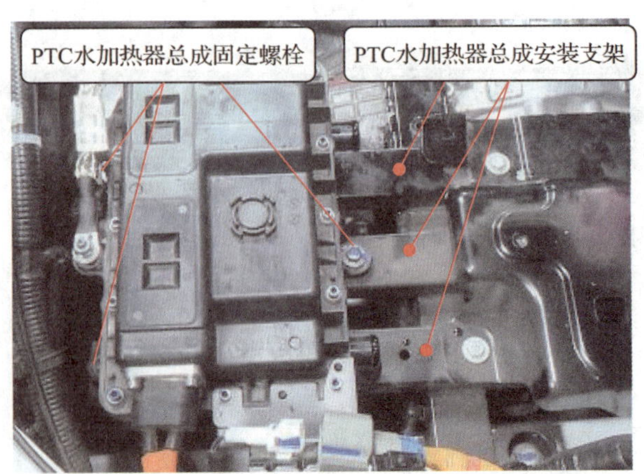

图 1–5–26　PTC 水加热器总成安装支架及固定螺栓

4）更换新的 PTC 水加热器总成

（1）更换新的 PTC 水加热器总成，并按照和拆卸相反的顺序安装。

（2）连接各线束插头。

（3）连接进、出水管，并将其固定。

5）安装高压电控总成和低压蓄电池

（1）按照规范流程安装高压电控总成。

（2）安装低压蓄电池。

6）加入冷却液并排气

（1）加入冷却液到最大刻度，并拧紧储液罐盖。

（2）按规范进行上电操作。

（3）用诊断仪进行暖风水泵主动测试，进行排气。

（4）添加适量冷却液。

7）检查制暖效果

（1）打开空调开关。

（2）将温度调到最高。

（3）按下“通风”按键。

（4）调节出风模式检查制暖效果，如果各出风口温度正常，说明 PTC 水加热器工作正常。

任务小结

（1）新能源汽车空调制暖系统的主要作用有:将冷、热空气调节到人所需要的舒适温度、冬季制暖和车上玻璃除霜。

（2）新能源汽车空调制暖系统的方案主要有：热泵式、PTC 加热式和余热水暖 + PTC 加热式。

（3）PTC 加热器的特性主要有：电阻 – 温度特性、电流 – 时间特性、电压 – 电流特性和调温特性。

（4）PTC 加热器的输出功率会随环境温度的升高而明显降低。从另一方面来讲，也可以理解为室温越低，PTC 加热器的输出功率越大，加温越迅速；随着室温升高，PTC 加热器的输出功率逐步下降，升温效果趋于缓慢。在风量不变的情况下，当环境温度上升时，PTC 加热器的输出功率下降，这一特性在一定程度上起到了功率自动调节的作用。

学习情境 2 新能源汽车其他辅助系统的检测与维修

【学习目标】

（1）能正确、规范地使用车间和个人防护用具；

（2）能正确识别新能源汽车制动系统、转向系统的零部件；

（3）能正确拆装电动助力转向器总成；

（4）能正确进行车辆上、下电操作；

（5）能正确拆装电动真空泵；

（6）能正确使用解码仪进行故障码读取、数据流读取及主动测试等操作；

（7）能正确、规范地使用电子驻车制动系统；

（8）能对制动系统故障制订诊断流程；

（9）能独立查阅资料、查找并识读电路图；

（10）能正确检查车辆是否上电正常。

任务1　电动助力转向系统的检测与维修

电动助力转向系统如图 2-1-0 所示。

图 2-1-0　电动助力转向系统

任务导入

小王在某新能源汽车 4S 店工作，一辆 EV160 汽车的车主说，该车在行驶中没有转向助力，仪表盘上部显示“EPS 系统故障”。经检查，发现转向助力电动机没有工作。如何安全、规范地检测电动助力转向系统？

学习目标

（1）能通过查阅相关维修技术资料等方式获取车辆信息。

（2）能根据故障现象选择合适的维修手册。

（3）能正确地对电动助力转向系统进行检测。

（4）能根据维修手册拆装电动助力转向系统。

理论知识

一、电动助力转向系统的分类

电动助力转向（Electric Power-assistant Steering，EPS）系统是指利用助力转向电动机提供转向动力，辅助驾驶员进行转向操作的转向系统。电动助力转向系统一般由机械转向系统加上转矩传感器、车速传感器、电子控制单元、助力转向电动机、减速器等组成，它在传统机械转向系统的基础上，根据转向盘上的转矩信号和汽车的行驶车速信号，利用电子控制装置使电动机产生相应大小和方向的辅助动力，协助驾驶员进行转向操作。

电动助力转向系统按照助力转向电动机的布置方式可分为 4 种：转向柱助力式（Column-assist type EPS，C-EPS）、小齿轮助力式（Pinion-assist type EPS，P-EPS）、齿条助力式（Rack-assist type EPS，R-EPS）、直接助力式（Direct-drive type EPS，D-EPS）。

1. 转向柱助力式

转向柱助力式电动助力转向系统的转矩传感器、助力转向电动机、离合器和助力转向机构组成一体，安装在转向柱上，如图 2-1-1 所示。

该电动助力转向系统的助力转矩经过了转向器放大，因此要求助力转向电动机的减速机构传动比较小；助力转向电动机布置在驾驶室内，工作环境较好，对助力转向电动机的密封要求低。但是，因助力转向电动机安装位置距驾驶员近，所以要求助力转向电动机的噪声一定要小；由于助力转向电动机距离转向盘较近，助力转向电动机的力矩波动容易直接传到转向盘上，导致转向盘振动，使驾驶员手感变差；由于助力转矩通过转向管柱传递，因此要求转向管柱有较大的刚度和强度。这种助力方式比较适合用于前轴负荷较小的微型轿车。

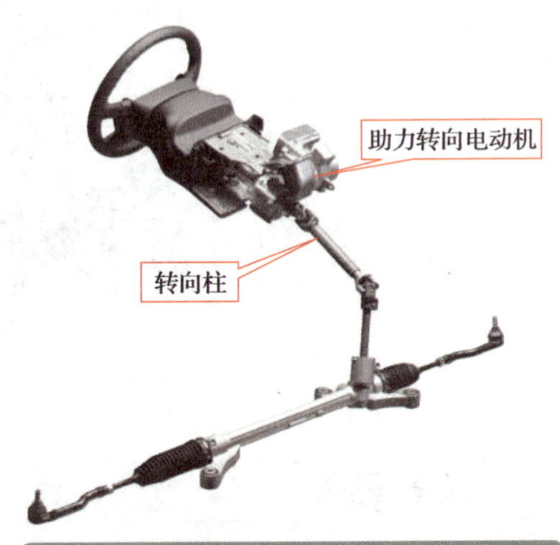

图 2-1-1 转向柱助力式电动助力转向系统

2. 小齿轮助力式

小齿轮助力式电动助力转向系统的转矩传感器、助力转向电动机、离合器和助力转向机构组成一体，只是整体安装在转向小齿轮处，直接给小齿轮助力，能够获得较大的转向力，如图 2-1-2 所示。

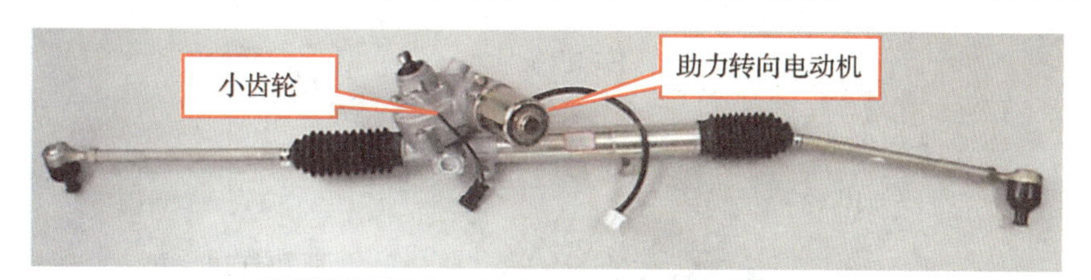

图 2-1-2　小齿轮助力式电动助力转向系统

该电动助力转向系统的助力转矩也经过了转向器放大，因此要求助力转向电动机的减速机构传动比也相对较小；助力转向电动机安装在发动机舱内，工作环境较差，对助力转向电动机的密封要求较高；由于助力转向电动机的安装位置距离驾驶员有一定距离，对助力转向电动机的噪声要求不是太高；同时，助力转向电动机的力矩波动不太容易传到转向盘上，驾驶员手感适中；助力转矩不通过转向管柱传递，因此对转向管柱的刚度和强度要求较低。这种助力方式比较适合用于前轴负荷中等的轻型轿车。

3. 齿条助力式

齿条助力式电动助力转向系统的转矩传感器单独安装在小齿轮处，助力转向电动机与助力转向机构一起安装在小齿轮另一端的齿条处，用以给齿条助力，如图 2-1-3 所示。

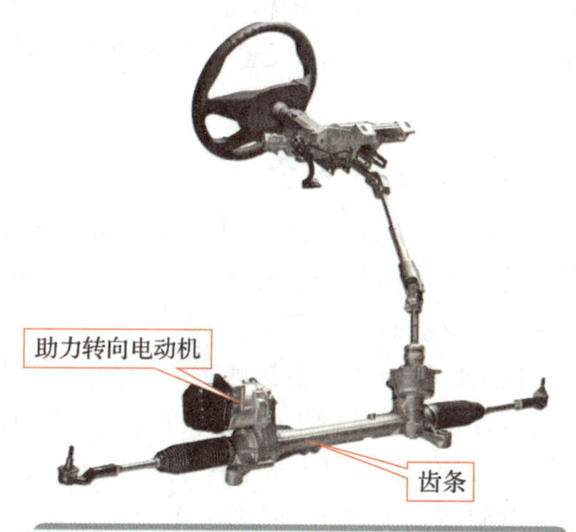

图 2-1-3　齿条助力式电动助力转向系统

该电动助力转向系统的助力转矩作用在齿条上，助力转矩没有经过转向器的放大，因此要求助力转向电动机的减速机构具有较大的传动比，减速机构相对也较大；助力转向电动机布置在发动机舱内，工作环境差，对其密封要求也较高；由于助力转向电动机的安装位置距离驾驶员较远，所以对助力转向电动机的噪声要求不高；同时，助力转向电动机的力矩波动不易传到转向盘上，因此驾驶员具有良好的手感；助力转矩不通过转向管柱传递，因此对转向管柱的刚度和强度要求较低。这种助力方式比较适合用于前轴负荷较大的高级轿车和货车。

二、电动助力转向系统的结构

电动转向是一种简称，它有别于电动液压转向。前者指的是一种纯电动机助力转向装置，后者指的是一种电控液压助力转向装置。

电动助力转向系统主要由扭矩传感器、车速传感器、助力转向电动机、减速机构、电磁离合器和 ECU 等组成，如图 2-1-4 所示。

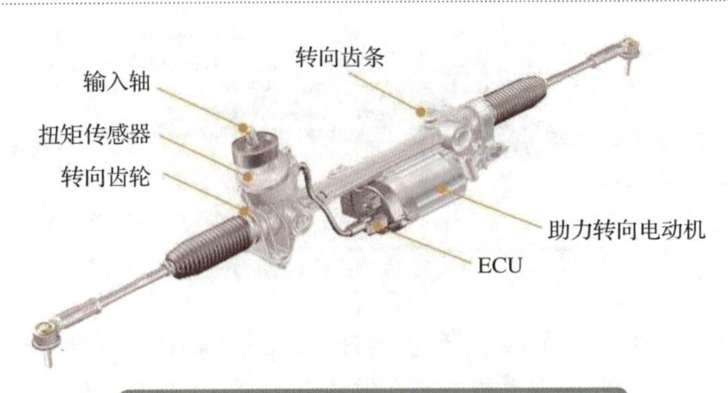

图 2-1-4　电动助力转向系统的结构示意

通过扭矩传感器探测驾驶员在转向操作时转向盘产生的扭矩或转角的大小和方向，并将所需信息转化成数字信号输入 ECU，再由 ECU 对这些信号进行运算后得到一个与行驶工况相适应的力矩，最后发出指令驱动助力转向电动机工作，助力转向电动机的输出转矩通过传动装置的作用助力。

因此，扭矩传感器是电动助力转向系统中最重要的器件之一。扭矩传感器的种类有很多，主要有电位计式扭矩传感器、金属电阻应变片式扭矩传感器、非接触式扭矩传感器等，随着技术的进步将会有精度更高、成本更低的扭矩传感器出现。

1. 扭矩传感器

扭矩传感器用来检测转向盘转矩的大小和方向，以及转向盘转角的大小和方向，它是电动助力转向系统的控制信号之一。精确、可靠、低成本的扭矩传感器是决定电动助力转向系统能否占领市场的关键因素。

扭矩传感器主要有接触式和非接触式两种。常用的接触式（主要是电位计式）扭矩传感器有摆臂式、双排行星齿轮式和扭杆式 3 种类型；而非接触式扭矩转矩传感器主要有光电式和磁电式两种。接触式扭矩传感器的成本低，但受温度与磨损影响易发生漂移，使用寿命较短，需要对制造精度和扭杆刚度进行折中，难以实现绝对转角和角速度的测量。非接触式扭矩传感器的体积小，精度高，抗干扰能力强，刚度相对较高，易实现绝对转角和角速度的测量，但是成本较高。因此，扭矩传感器类型的选取应根据电动助力转向系统的性能要求综合考虑。扭矩传感器的常见故障及其信号判别如表 2-1-1 所示。

表 2-1-1　扭矩传感器的常见故障及其信号判别

扭矩传感器的常见故障	输入 ECU 信号变化
主扭矩线路断开或短路	$IN_+=0V$ 或 5V
扭矩传感器本身性能不良	$IN_+ + IN_- \neq 5V$
扭矩传感器电源电压过高	$V_{CC}>5V$
副扭矩线路断开或短路	IN=0V 或 5V

2. 助力转向电动机

根据 ECU 的指令，助力转向电动机输出适宜的转矩，一般采用无刷永磁电动机。无刷永磁电动机具有无激磁损耗、效率较高、体积较小等特点。助力转向电动机是电动助力转向系统的关键部件之一，对电动助力转向系统的性能有很大的影响。由于控制系统需要根据不同的工况产生不同的助力转矩，具有良好的动态特性并容易控制，所以要求助力转向电动机具有线性的机械特性和调速特性。此外，还要求助力转向电动机具有低转速大扭矩、波动小、转动惯量小、尺寸小、质量小、可靠性高、抗干扰能力强等优点。

在工作中，助力转向电动机的电流随转向盘的转动和车速的变化而频繁地改变，而且助力转向电动机的电枢是非线性元件，存在感生电流和反电动势，因此工作环境比较恶劣，故障情况也比较复杂。其工作时易发热，其运行后温升的大小直接影响其工作性能，特别是在助力转向电动机堵转，即车辆长时间原地转向时，助力转向电动机电流很大，而且又不对外做功，所以助力转向电动机的电能全部消耗在电阻发热上，短时间内就会出现很大的热量，严重时会烧坏助力转向电动机。此外，双向运转的助力转向电动机，在突然反转时会产生很大的电流，电枢反应瞬时变得很大，严重时会造成助力转向电动机的永久性退磁，且会导致其无法工作，因此必须要对运行时可能出现的最大电流进行限制，一般最大电流可规定为额定电流的 3~5 倍。

基于上述的分析，结合工作过程中可能出现的一些机械损伤和线路的断路或短路，助力转向电动机可能出现如下问题：

（1）与 ECU 间的接线出现断路或短路；

（2）电刷与换向器接触不良；

（3）电枢与定子磁极卡死，转子转不动；

（4）电枢绕组开路；

（5）电枢绕组受潮发热，而且散热不好；

（6）长时间过载运行，引起壳体发热，以致烧坏；

（7）电枢绕组有部分线圈元件短路。

助力转向电动机一旦出现上述问题之一，对电动助力转向系统的影响主要是助力转向电动机两端的电压或电流的变化以及自身的发热。

3. 电磁离合器

电磁离合器是保证电动助力只在预定的范围内起作用。当车速、电流超过限定的最大值或电动助力转向系统发生故障时，电磁离合器便自动切断助力转向电动机的电源，恢复手动控制转向。此外，在不助力的情况下，电磁离合器还能消除助力转向电动机的惯性对转向的影响。为了减少与不加转向助力时驾驶车辆感觉的差别，电磁离合器不仅具有滞后输出特性，同时还具有半离合器状态区域。

电磁离合器的工作情况比较简单，使用中可能出现的故障主要是与 ECU 间接线的断路或短路。试验证明，在不转向时，只需要提供 0.3A 就可以保证电磁离合器的正常接合；传递最大助力转矩时，需要 0.82A。而在线路出现短路或断路时，电磁离合器线路电流将远远超过 0.82A 或接近 0A。因此可以通过实时监测电磁离合器线路的电流来判断其是否正常。

4. 减速机构

减速机构用来增大助力转向电动机传递给转向器的转矩。它主要有两种形式：双行星齿轮减速机构和蜗轮蜗杆减速机构。由于减速机构对电动助力转向系统工作性能的影响较大，因此在降低噪声，提高效率和左、右转向操作的对称性方面对其提出了较高的要求。

5. ECU

ECU 主要由硬件电路和软件程序组成，在电源、助力转向电动机等其他外围部件正常工作时，其本身的可靠性比较高，硬件本身不易出现故障。但是某些外围部件的短路将会对 ECU 造成致命的损伤。如果 CPU 稳压电源的 12V 电源输入端与其输出端（直接连接 CPU）出现短接，将烧坏 CPU；不小心或接线盒不良导致助力转向电动机的正、负极出现了短接，突然转向将引起 MOSFET 管击穿直通或相关电路损坏。这些损伤都具有瞬间性和致命性，因此，为了优先保护 ECU 不受损害，必须对稳压电源和助力转向电动机电流设立监测电路。

三、电动助力转向系统的工作原理

电动助力转向系统在不同车上的结构部件尽管不完全一样，但是基本原理是一致的。它一般是由扭矩传感器、ECU、助力转向电动机、电磁离合器以及减速机构构成。

其基本工作原理是：当转向轴转动时，扭矩传感器和车速传感器分别测出驾驶员施加在转向盘上的操纵力矩和车辆当前的行驶速度（回正时还要用到转角传感器），扭矩传感器将检测到的转矩信号转化为电信号送至 ECU，ECU 接收转矩信号、车速信号等。根据内置的控制策略和算法，计算出此时需要的理想助力力矩，再换算为相应的电流，驱动助力转向电动机按该电流运行。助力转向电动机产生的助力力矩再经过减速机构减速增扭后传送到机械式转向系统上，与驾驶员的操纵力矩叠加在一起去克服转向阻力矩，实现车辆的最终转向。当汽车点火开关闭合时，ECU 开始对电动助力转向系统进行自检，自检通过后，闭合电磁继电器和离合器，电动助力转向系统便开始工作；当转向盘转动时，位于转向轴上的转角传感器和扭矩传感器把测得转向盘上的角位移和作用于其上的力矩传递给 ECU，ECU 根据这两个信号并结合车速等信息，控制助力转向电动机产生相应的助力，实现在全速范围内的最佳控制：在低速行驶时，减轻转向力，保证汽车转向灵活、轻便；在高速行驶时，适当增加阻尼控制，保证转向盘操作稳定、可靠。电动助力转向系统的工作原理示意如图 2-1-5 所示。

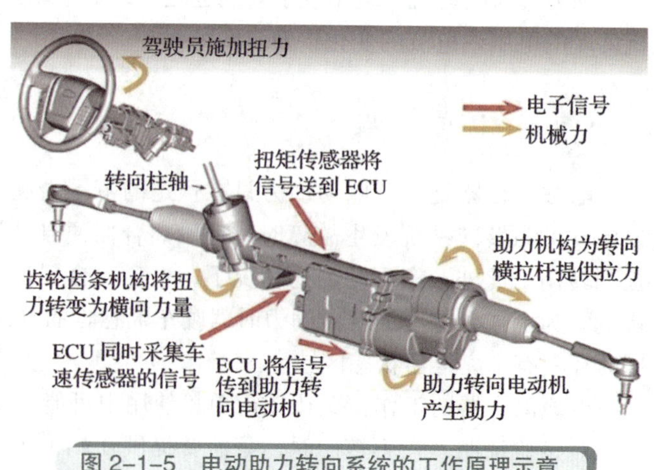

图 2-1-5　电动助力转向系统的工作原理示意

四、电动助力转向系统的优、缺点

随着汽车电子技术的日益发展，对汽车设计的要求以及对汽车的控制水平的要求也越来越高，尤其对汽车的节能和环保特性的要求越来越高。电动助力转向系统将最新的电力电子技术和高性能的电动机控制技术应用于汽车转向系统，能明显改善车辆的静态性能和动态性能，有效提高行驶中驾驶员操作的轻便性和安全性，同时也更加节能和环保。

对于新能源汽车而言，采用电动助力转向系统是必然选择，因为它本身不用内燃机，动力的来源只有助力转向电动机，所以新能源汽车只能选择电动助力转系统或者电控液压助力转向（Electro Hydraulic Power Steering，EHPS）系统。一般来讲，设计者都趋向于选择电动助力转向系统。

因此，电动助力转向系统将成为汽车动力转向系统的主流。与其他助力转向系统相比，该系统突出的优点体现在以下 8 个方面：

（1）降低了燃油消耗。

传统的液压助力转向系统由发动机带动转向油泵，不管转向或者不转向都要消耗发动机的部分动力。电动助力转向系统只是在转向时才由助力转向电动机提供助力，不转向时不消耗能量。因此，电动助力转向系统可以降低车辆的燃油消耗。与液压助力转向系统对比试验表明：在不转向时，电动助力转向可以降低 2.5% 的燃油消耗；在转向时，可以降低 5.5%。

（2）增强了转向跟随性。

助力转向电动机与助力机构相连，将能量直接用于车轮的转向。电动助力转向系统利用惯性减振器的作用，使车轮反转和转向前轮的摆振大大减小，因此抗扰动能力大大增强。与液压助力转向系统相比，它增强了转向跟随性。

（3）改善了转向回正特性。

在一定的车速下，当驾驶员转动转向盘一个角度后再松开，车辆本身具有使车辆回到直线方向的能力，这是车辆固有结构所决定的。电动助力转向系统可以对该回正过程进行控制，利用软件在最大限度内调整设计参数以使车辆获得最佳的回正特性，从最低车速到最高车速，可得到一簇回正特性曲线。电动助力转向系统可以施加一定的附加回正力矩或阻尼力矩，使汽车在低速行驶时转向盘能够精确地回到中间位置，而且可以抑制高速回正过程中转向盘的振荡和超调，兼顾了车辆高、低速时的回正性能。在传统的液压助力转向系统中，汽车设计一旦完成，其回正特性就不能再改变，否则必须改造底盘的机械结构，实现起来有较大困难。

（4）提高了操纵稳定性。

电动助力转向系统可以针对车辆行驶的各种工况，通过优化助力特性曲线，使助力更加精确、助力效果更加理想。它还可以采用阻尼控制减小由路面不平产生的干扰，保障汽车低速行驶时的转向轻便性，提高汽车高速行驶时的转向稳定性，进而提高汽车的主动安全性，使驾驶员有更舒适的感觉。

（5）提供可变的转向助力。

传统的液压助力转向系统所提供的转向助力的大小不能随车速的提高而改变。这样就使车辆虽然在低速时具有良好的转向轻便性，但是在高速行驶时转向盘太轻，产生转向“发飘”的现象，驾驶员缺少显著的“路感”，降低了高速行驶时的车辆稳定性和驾驶员的安全感。

电动助力转向系统的转向力来自助力转向电动机。通过软件编程和硬件控制，可得到覆盖整个车速的可变转向力。可变转向力的大小取决于转向力矩和车速。无论是停车、低速行驶还是高速行驶时，它都能提供可靠的、可控性好的感觉，而且更易于操作。

汽车在低速行驶时，电动助力转向系统可以提供较大的转向助力，提供车辆的转向轻便性；随着车速的提高，电动助力转向系统提供的转向助力可以逐渐减小，转向时驾驶员所需提供的转向力将逐渐增大。这样驾驶员就能感受到明显的“路感”，提高了车辆稳定性。

（6）更加节能与环保。

电动助力转向系统应用“最干净”的电力作为能源，完全取缔了液压装置，不存在传统液压助力转向系统中液压油泄漏的问题，从而避免了环境污染，顺应了环保的时代要求。

（7）生产和开发周期更短。

电动助力转向系统的前期研发时间较长，但是一旦设计完成，由于该系统具有良好的模块化设计，所以不需要对不同的系统重新进行设计、试验、加工等，可以通过修改相应的程序，快速实现与特定车型的匹配，不但节省了费用，也为设计不同的系统提供了极大的灵活性，因此能大大减少针对不同车型的研发时间以及缩短开发周期。

（8）生产线装配性好。

电动助力转向系统取消了液压转向油泵、油缸、液压管路、油罐等部件，而且助力转向电动机及减速机构可以和转向柱、转向器做成一个整体，使整个系统结构紧凑，零件数目大大减少，装配的工作量也相应减少，既节省了装配时间，提高了装配效率，也易于维护保养。

电动助力转向系统的缺点主要体现在以下两个方面：

（1）可靠性。

虽然现在电动助力转向技术已经非常成熟，但是电子系统还是比纯机械系统“娇气”一些。尤其在剧烈驾驶情况下，助力转向电动机容易出现过载，影响电动助力转向系统工作，所以很多考虑剧烈驾驶工况的车型还在使用液压助力转向系统。

（2）功率的问题。

目前的大多数车辆使用的都是 12V 的电源系统，能够带动的助力转向电动机功率有限，虽然可以通过搭配不同的减速机构改变助力转向电动机的承载能力，适应范围较液压助力转向系统更广，但是改变范围毕竟有限，对于转向负荷较大的大型车辆来说，电动助力转向系统仍然有些力不从心。

五、比亚迪 E5 汽车电动助力转向系统的结构组成

比亚迪 E5 汽车电动助力转向系统是齿条助力式系统，由转向盘及转向柱管总成与电动助力转向总成组成。转向盘及转向柱管总成如图 2-1-6 所示，电动助力转向总成如图 2-1-7 所示。

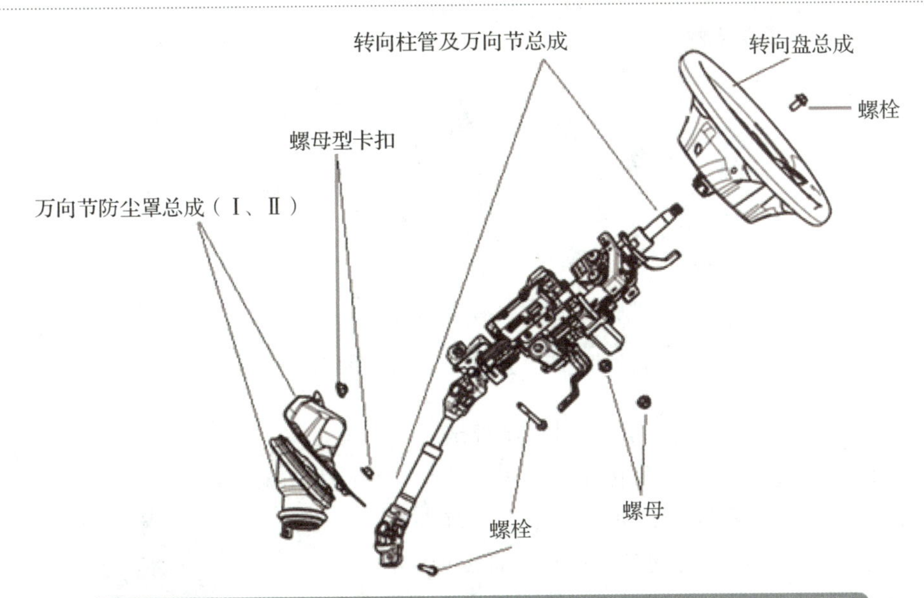

图 2-1-6　比亚迪 E5 汽车电动助力转向系统的转向盘及转向管柱总成

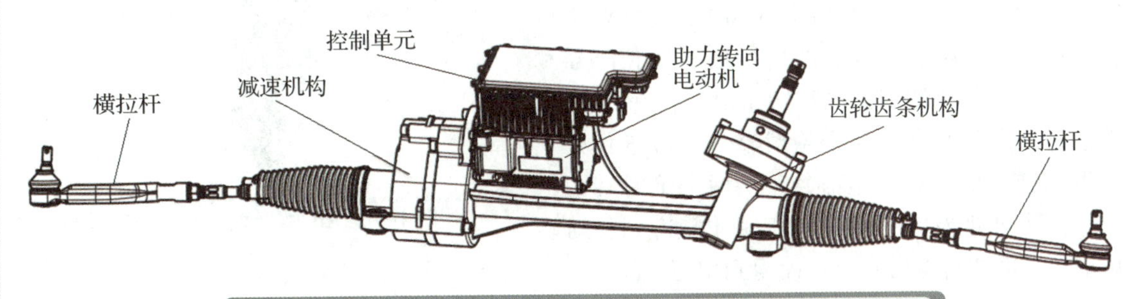

图 2-1-7　比亚迪 E5 汽车电动助力转向系统的电动助力转向总成

1. 扭矩及转角传感器

比亚迪 E5 汽车的扭矩及转角传感器安装在转向器输入轴处，如图 2-1-8 所示。其采用海拉公司的霍尔式非接触式扭矩及转角传感器，其结构示意如图 2-1-9 所示。其特点是取消了永磁体，通过在 PCB 上的印制线路形成电感线圈，在电感线圈两端施加电压以后即在空中形成霍尔效应所需要的磁场。

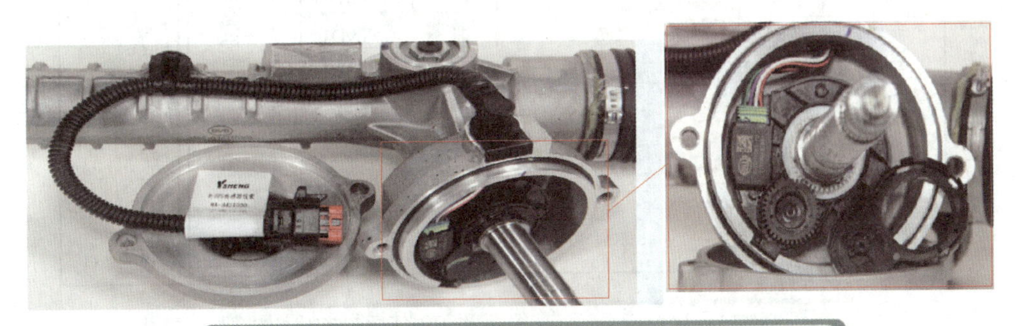

图 2-1-8　比亚迪 E5 汽车扭矩及转角传感器的位置

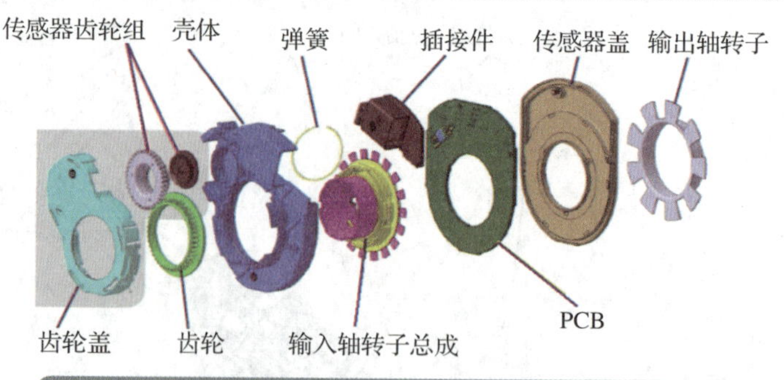

图 2-1-9　比亚迪 E5 汽车扭矩及转角传感器的结构示意

扭矩、转角测量原理示意如图 2-1-10 所示。检测的机理为，通过扭矩及转角传感器减速齿轮组输出 PWM 信号，如图 2-1-11 所示。输入轴转子检测 40° 信号（以 40° 为周期），输出轴转子检测 20° 信号（以 20° 为周期），每个转子实际上有 3 组相位互差 120° 的线圈，3 组线圈同时接入感知芯片中。通过两路 PWM 信号（PWM T1 和 PWM T2）发送给 ECU 的信号是 20° 传感器和 40° 传感器所感测到的绝对转角信号，在 ECU 内部通过一定的算法将两个绝对转角信号进行处理后得到转角信号和扭矩信号（将两个绝对转角信号作同步处理及冗余校验后相减才能得到相对转角信号，即扭杆偏转角，从而得到扭矩）。

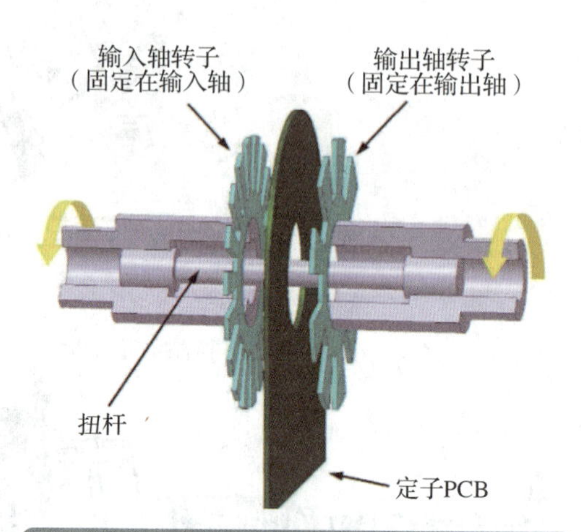

图 2-1-10　扭矩、转角测量原理示意

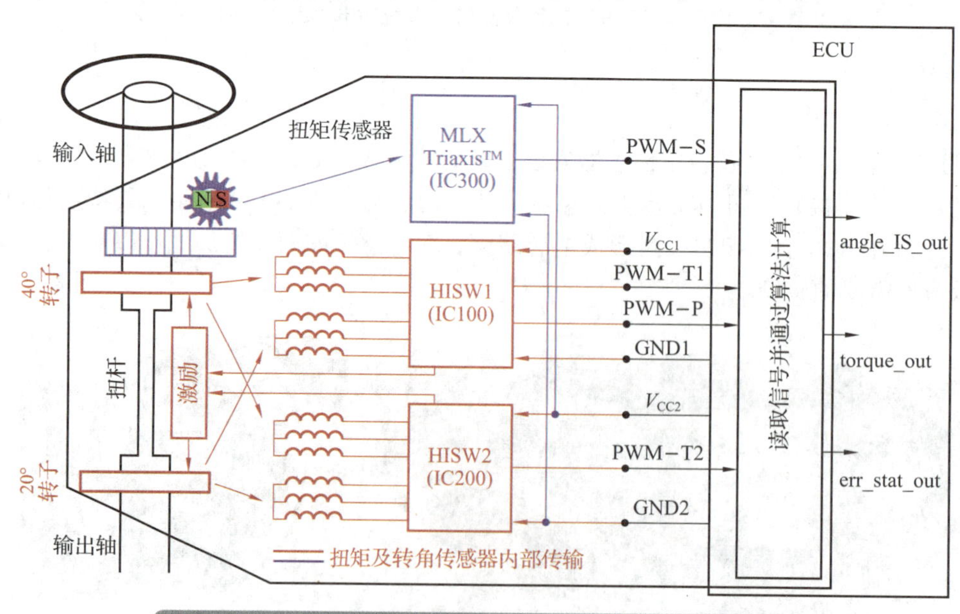

图 2-1-11　比亚迪 E5 汽车扭矩及转角传感器的检测机理

2. 助力转向电动机及减速机构

助力转向电动机及减速机构由电动机、皮带轮、皮带等组成，如图 2-1-12 所示。通过皮带传动将电动机转速和扭矩传递到输出轴，并降速增矩。

3. ECU

比亚迪 E5 汽车电动助力转向系统的 ECU 结构由壳体、盖、控制电路板等组成，如图 2-1-13 所示。

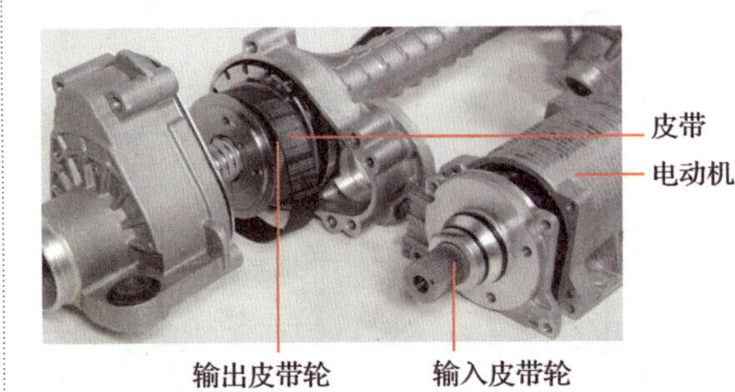

图 2-1-12　助力转向电动机及减速机构的结构示意

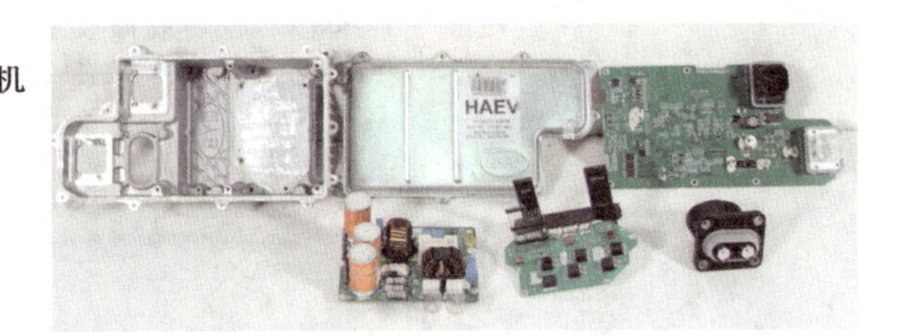

图 2-1-13　比亚迪 E5 汽车电动助力转向系统的 ECU

六、比亚迪 E5 汽车电动助力转向系统的工作原理及电路

1. 比亚迪 E5 汽车电动助力转向系统的工作原理

汽车转向时，扭矩及转角传感器把检测到的扭矩及角度信号的大小、方向经处理后传给 ECU，ECU 同时接收车速传感器检测到的车速信号，然后根据车速传感器和扭矩及转角传感器的信号决定助力转向电动机的旋转方向和助力扭矩的大小。同时电流传感器检测电路的电流，对驱动电路实施监控，最后由驱动电路驱动助力转向电动机工作，实施助力转向，如图 2-1-14 所示。

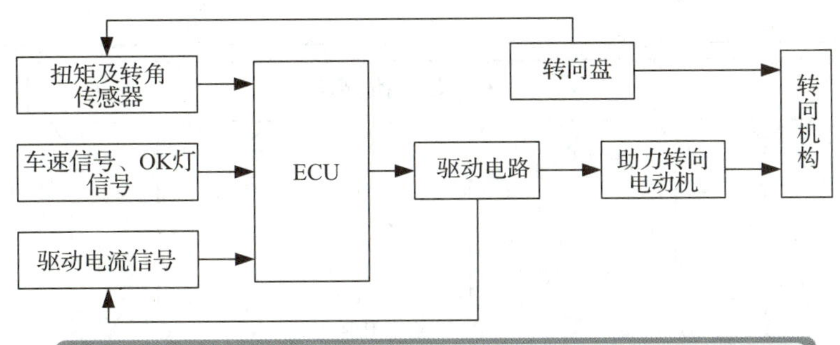

图 2-1-14　比亚迪 E5 汽车电动助力转向系统的工作原理示意

2. 比亚迪 E5 汽车电动助力转向系统的电路

比亚迪汽车 E5 电动助力转向系统 ECU 与整车电路示意如图 2-1-15 所示，扭矩及转角传感器与 ECU 的连接电路示意如图 2-1-16 所示。

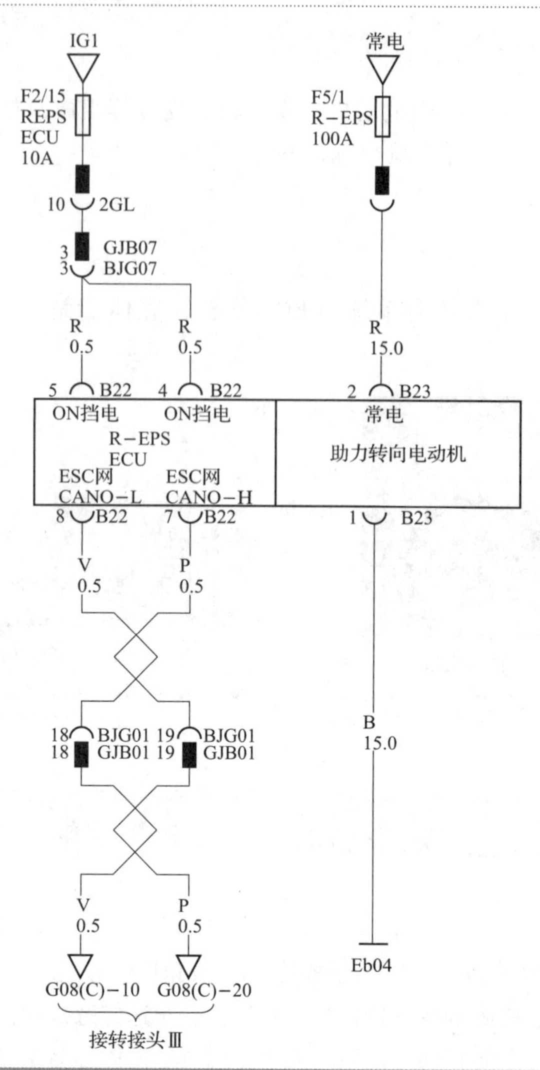

图 2-1-15　比亚迪 E5 汽车电动助力转向系统 ECU 与整车电路示意

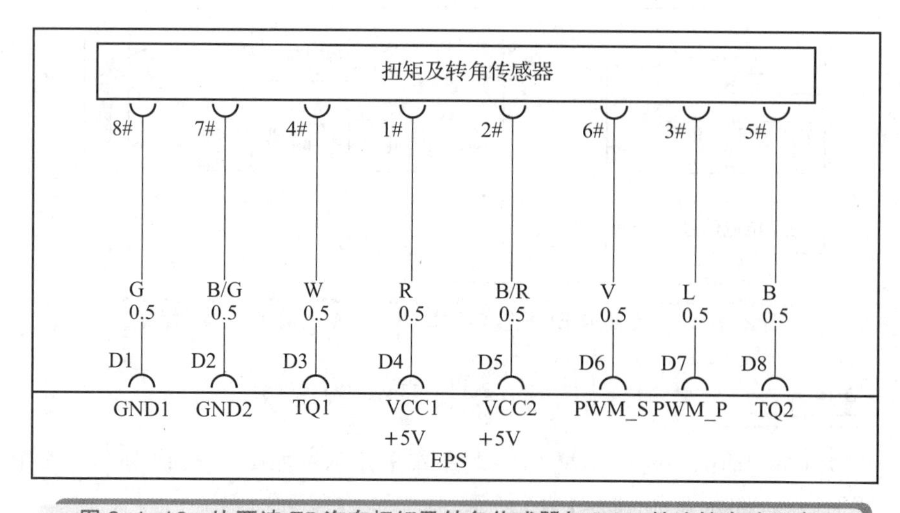

图 2-1-16　比亚迪 E5 汽车扭矩及转角传感器与 ECU 的连接电路示意

比亚迪 E5 汽车电动助力转向系统线束端引脚编号如图 2-1-17 所示；比亚迪 E5 汽车电动助力转向系统线束端引脚定义及标准值如表 2-1-2 所示。

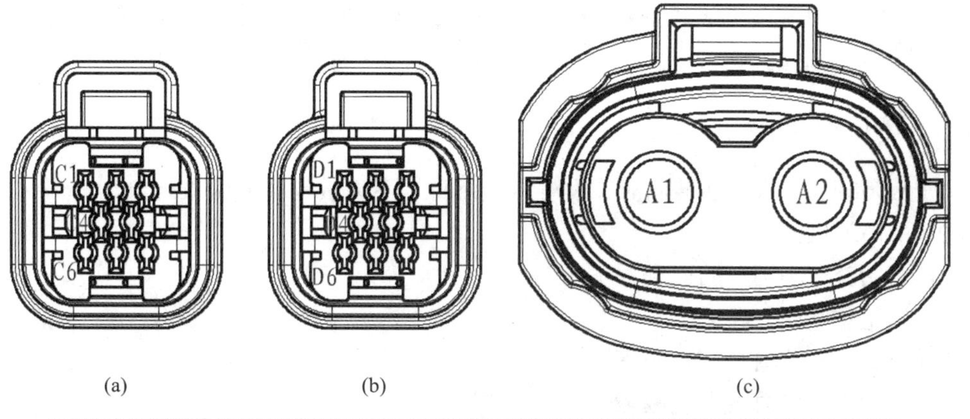

图 2-1-17　比亚迪 E5 汽车电动助力转向系统线束端引脚编号（测试端视图）

（a）整车信号（白色）；（b）传感器信号（黑色）；（c）助力转向电动机电源输入

表 2-1-2　比亚迪 E5 汽车电动助力转向系统线束端引脚定义及标准值

测试端子	配线颜色	端子说明	测试条件	标准值
D1- 车身	G	接地	ON 挡电	和车身之间阻抗小于 1Ω
D2- 车身	B/G	接地	ON 挡电	和车身之间阻抗小于 1Ω
D3- 车身	W	扭矩主信号	ON 挡电	PWM 占空比：12.5%~87.5%
D4- 车身	B/R	电源正	ON 挡电	5V
D5- 车身	R	电源正	ON 挡电	5V
D6- 车身	V	转角 S 信号	ON 挡电	PWM 占空比：12.5%~87.5%
D7- 车身	BL	转角 P 信号	ON 挡电	PWM 占空比：12.5%~87.5%
D8- 车身	B	扭矩辅信号	ON 挡电	PWM 占空比：12.5%~87.5%
C4- 车身	R/G	IG1 电源	ON 挡电	9~16V
C5- 车身	R/G	IG1 电源	ON 挡电	9~16V
C7- 车身	P	CAN_H	ON 挡电	1.5V 或 3.5V
C8- 车身	V	CAN_L	ON 挡电	2.5V 或 3.5V
C（其余）	—	—	—	预留
A1- 车身	B	接地	始终	和车身之间阻抗小于 1Ω
A2- 车身	R	电源正极	始终	9~16V

拓展阅读

七、电动助力转向系统常见故障的诊断方法

1. 转向困难

（1）故障现象：汽车在转向时，发生转向沉重、不灵敏等转向困难现象。

（2）故障原因：

①前轮胎充气不当，胎面磨损不均匀。

②前轮定位错误。

③前悬架下球节磨损、松旷等。

④电动助力转向总成发生故障。

⑤扭矩传感器（内置于转向柱）发生故障。

⑥助力转向电动机发生故障。

⑦蓄电池和电源系统发生故障。

⑧助力转向 ECU 电源电压异常和继电器发生故障。

⑨助力转向 ECU 发生故障。

（3）诊断与排除：

①检查前轮气压是否正常，胎面磨损是否均匀。

②检查前悬架下球节是否磨损、松旷，如不能修复须进行更换。

③检查前轮定位参数是否正确，如不正确，调整前轮定位参数。

④检查电动助力转向总成，若不正常，则进行修复或更换。

⑤检查蓄电池和电源系统是否正常，若不正常，则进行修复或更换。

⑥检查助力转向 ECU 是否正常，若不正常，则进行修复或更换。

⑦检查扭矩传感器和助力转向电动机是否正常，若不正常，则进行修复或更换。

2. 左、右转向力矩不同或转向力矩不均

（1）故障现象：汽车在转向时，在向左和向右操纵时，明显感觉沉重感不同。

（2）故障原因：

①前轮胎充气不当，胎面磨损不均匀。

②前轮定位错误。

③前悬架下球节磨损、松旷等。

④电动助力转向机总成发生故障。

⑤转向中心点（零点）记录错误。

⑥扭矩传感器（内置于转向柱）发生故障。

⑦转向柱总成发生故障。

⑧助力转向电动机发生故障。

⑨助力转向 ECU 发生故障。

（3）诊断与排除：

①检查前轮气压是否正常，胎面磨损是否均匀。

②检查前悬架下球节是否磨损、松旷，若不能修复，则进行更换。

③检查前轮定位参数是否正确，如不正确，则调整前轮定位参数。

④检查电动助力转向总成，若不正常，则进行修复或更换。

⑤检查转向中心点（零点）记录是否错误，若记录错误，则重新进行校正。

⑥检查助力转向 ECU 是否正常，若不正常，则进行修复或更换。

⑦检查扭矩传感器和助力转向电动机是否正常，若不正常，则进行修复或更换。

3. 行驶时转向力矩不随车速改变或转向盘不能正确回正

（1）故障现象：汽车在行驶时，车速改变但转向力矩不能同步变化，转向盘不能正确回正。

（2）故障原因：

①前悬架下球节磨损、松旷等。

②转速传感器发生故障。

③防滑控制 ECU 发生故障。

④扭矩传感器（内置于转向柱）发生故障。

⑤助力转向电动机发生故障。

⑥助力转向 ECU 发生故障。

⑦ CAN 通信系统发生故障。

（3）诊断与排除：

①检查前悬架是否磨损、松旷，如不能修复，则进行更换。

②检查转速传感器是否正常，若不正常，则进行修复或更换。

③检查防滑控制 ECU 是否正常，若不正常，则进行修复或更换。

④检查助力转向 ECU 是否正常，若不正常，则进行修复或更换。

⑤检查扭矩传感器和助力转向电动机是否正常，若不正常，则进行修复或更换。

⑥检查 CAN 通信系统是否正常，若不正常，则进行修复或更换。

4. 电动助力转向系统工作时转动转向盘出现敲击（或摇动）声

（1）故障现象：汽车行驶转向时，转向盘出现敲击（或摇动）声。

（2）故障原因：

①前悬架下球节磨损、松旷等。

②转向中间轴磨损、松旷等。

③助力转向电动机发生故障。

④助力转向 ECU 发生故障。

（3）诊断与排除：

①检查前悬架是否磨损、松旷，如不能修复，则进行更换。

②检查转向中间轴是否磨损、松旷，如不能修复，则进行更换。

③检查助力转向电动机是否正常，若不正常，则进行修复或更换。

④检查助力转向 ECU 是否正常，若不正常，则进行修复或更换。

实践技能

八、比亚迪 E5 汽车电动助力转向总成的更换

比亚迪 E5 汽车电动助力转向总成更换的注意事项如下。

1）拆卸或重新安装电动助力转向器总成

在拆卸或重新安装电动助力转向器总成时，应注意：

（1）避免撞击电动助力转向总成，特别是传感器、ECU、助力转向电动机和减速机构。如果电动助力转向总成跌落或遭受严重冲击，就需要更换一个新的总成。

（2）移动电动助力转向总成时，请勿拖曳线束。

（3）在从转向器上断开转向柱管或者中间轴之前，车轮应该保持在正前方向，且车辆处于断电状态，否则会导致转向柱管上的时钟弹簧偏离中心位置，从而损坏时钟弹簧。

（4）断开转向柱管或者中间轴之前，车辆处于断电状态。断开上述部件后，不要移动车轮。不遵循这些程序会使某些部件在安装过程中定位不准。

（5）转向盘打到极限位置的持续时间不要超过 5s，否则会损坏助力转向电动机。

2）更换电动助力转向总成后

比亚迪 E5 汽车的电动助力转向系统具有主动回正控制功能及遥控驾驶功能，电动助力转向系统经过拆换后，需重新进行车辆四轮定位，并标定扭矩、转角信号，同时标定电动助力转向系统转角信号。标定扭矩、转角信号以后，车辆重新上 ON 挡电源以清除残留故障码。

1. 拆卸电动助力转向总成

1）断开万向节

其操作步骤如下：

（1）拆转向盘。断开万向节前，必须拆除转向盘，否则可能损坏时钟弹簧。

（2）拆卸万向节防尘罩总成 I，如图 2-1-18 所示。

（3）分离中间轴总成（中间轴及万向节）。

（4）分离万向节防尘罩总成Ⅱ骨架卡子 A 和 B 与车身的连接。其位置如图 2-1-19 所示。

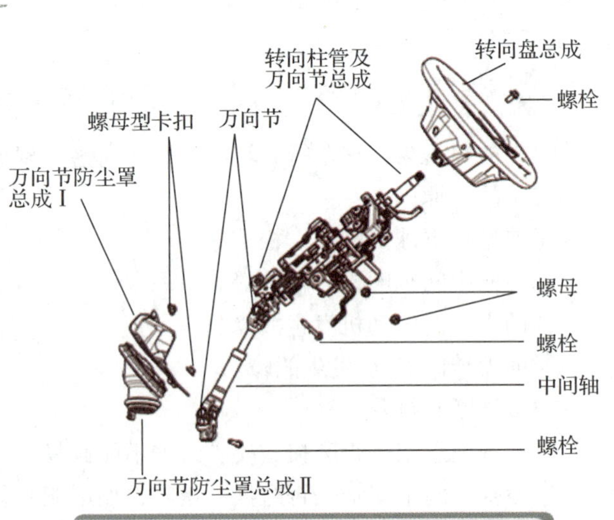

图 2-1-18　比亚迪 E5 汽车转向操纵机构

2）分离左、右侧转向外拉杆

其操作步骤如下：

（1）拆卸左前轮。

（2）拆掉摆臂与摆臂球头销总成的安装螺栓和螺母。

（3）取下左侧转向外拉杆总成及其与转向节连接处的开口销，并拆下六角开槽螺母，如图 2-1-20 所示。

（4）从转向节上分离左侧转向外拉杆。

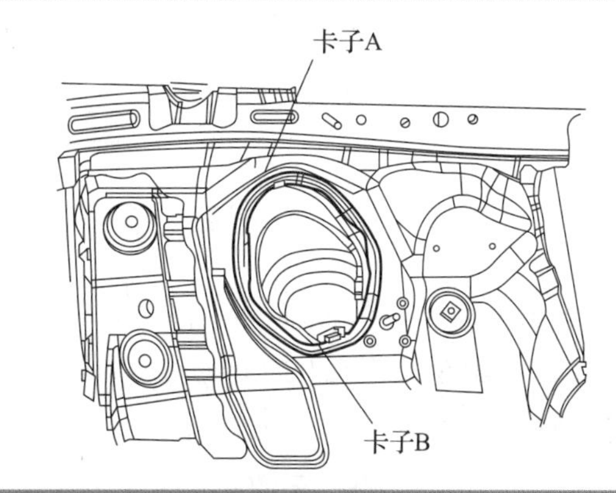

图 2-1-19　万向节防尘罩总成 ‖ 骨架卡子位置示意

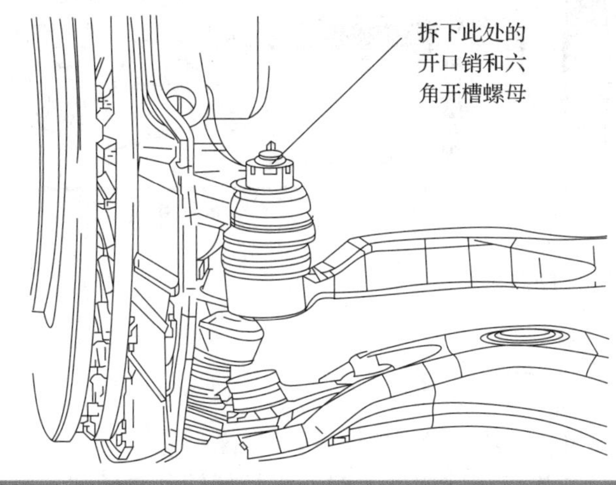

图 2-1-20　转向外拉杆与转向节连接处的螺栓与开口销

（5）用同样的方法分离右侧转向外拉杆。

3）拆卸副车架及电动助力转向总成

其操作步骤如下：

（1）用举升设备顶住副车架主体总成。

（2）拔下电源插接件及 CAN 信号插接件。

（3）拆掉副车架主体以及前副车架前、后安装支架与车身的 8 个连接螺栓。

（4）降落举升设备，副车架及电动助力转向总成随之落下。

4）分离电动助力转向总成

其操作步骤如下：

（1）拆下横向稳定杆。

（2）从转向器带横拉杆总成上拆下万向节防尘罩总成。

（3）在左、右两侧转向外拉杆与转向内拉杆上做好装配标记，如图 2-1-21 所示。

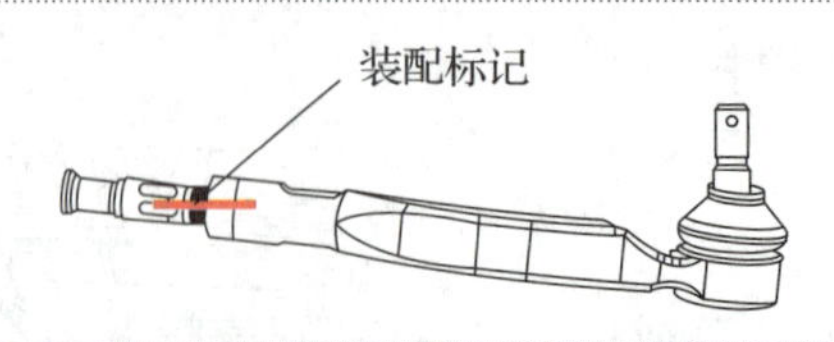

图 2-1-21　在转向外拉杆与转向内拉杆上做好装配标记

（4）拆卸左、右两侧转向外拉杆。

（5）从前副车架总成上拆下电动助力转向总成固定螺栓（4 个螺栓、4 个螺母的位置如图 2-1-22 所示）。

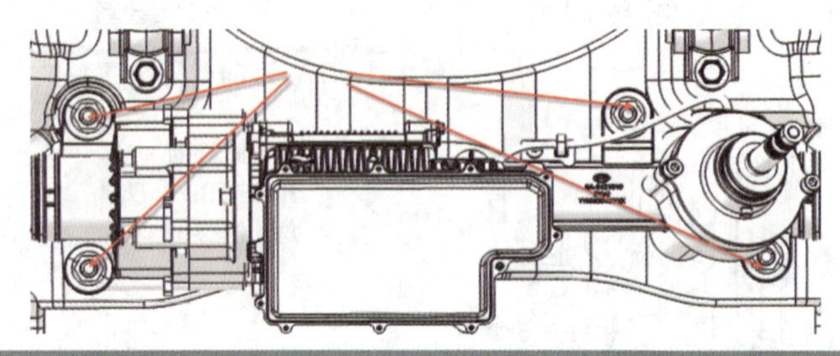
图 2-1-22　电动助力转向系统总成固定螺栓在前副车架总成上的位置示意

（6）拆卸转向器带横拉杆总成。

2. 安装电动助力转向总成

安装过程与拆卸过程相反。其注意事项如下：

（1）将转向外拉杆总成连接到转向器上时，将拉杆锁紧螺母和左侧转向外拉杆总成连接到转向器上，直至装配标记对齐。

（2）用 4 个螺栓和 4 个螺母将转向器带横拉杆总成安装至前副车架总成上时，拧紧力矩为 70N · m。

（3）安装万向节防尘罩总成时，万向节防尘罩圆孔与转向器壳体上的凸台对齐（如图 2-1-23 所示），以安装孔盖。

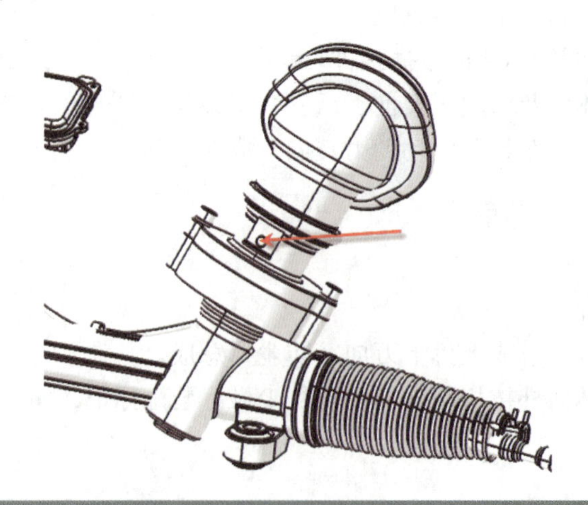
图 2-1-23　万向节防尘罩圆孔与转向器壳体上的凸台对齐

（4）左、右侧转向外拉杆六角开槽螺母的拧紧力矩为 49N · m；如果开口销孔未对齐，将螺母进一步拧到对齐，并更换新的开口销。

（5）左、右两侧车轮的拧紧力矩为 120N · m。

3. 调整四轮定位

在四轮定位完成后，拧紧左、右侧转向外拉杆锁紧螺母，拧紧力矩为 74N · m。

4. 标定转角信号与扭矩信号

1）标定转角信号和扭矩信号之前的注意事项

在标定转角信号和扭矩信号前，禁止进行遥控驾驶操作，以及在用诊断仪进行标定操作时，手必须离开转向盘，转向盘不能受外力的影响，否则可能引起严重损坏。

2）标定流程

转角信号标定流程如图 2–1–24 所示，扭矩信号标定流程如图 2–1–25 所示。

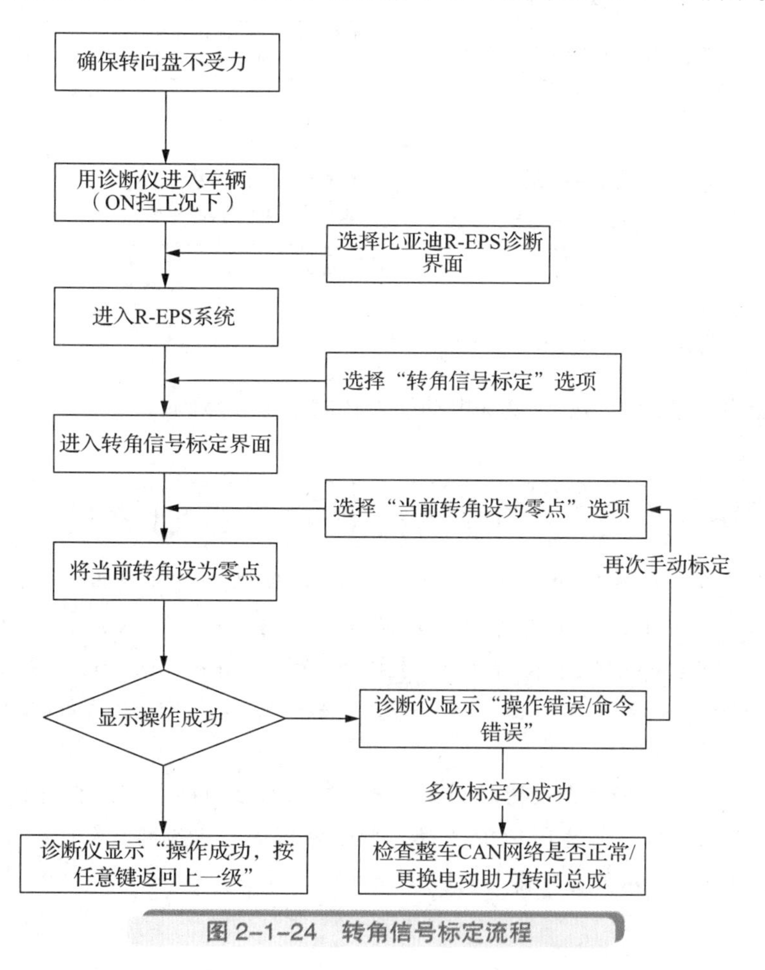

图 2–1–24　转角信号标定流程

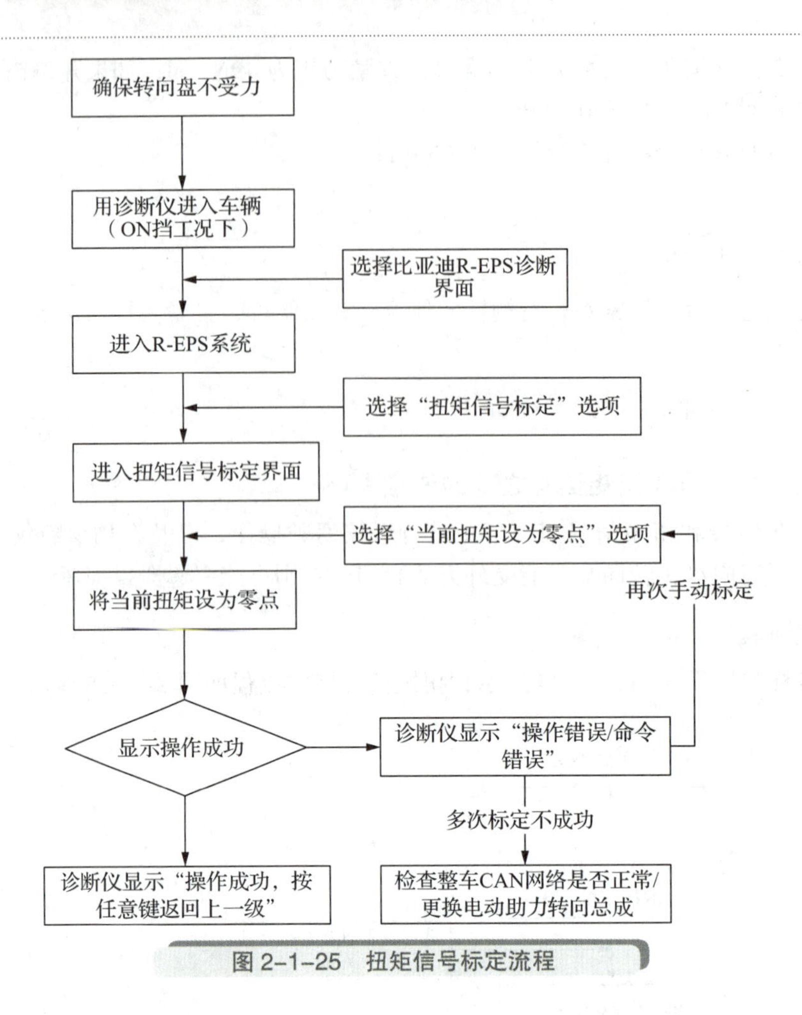

图 2-1-25　扭矩信号标定流程

5. 清除故障码

车辆重新上电，然后用诊断仪清除电动助力转向系统故障码。

任务小结

（1）电动助力转向系统按照助力转向电动机的布置方式可分为 4 种：转向柱助力式（Column−assist type EPS，C−EPS）、小齿轮助力式（Pinion−assist type EPS，P−EPS）、齿条助力式（Rack−assist type EPS，R−EPS）、直接助力式（Direct−drive type EPS，D−EPS）。

（2）电动助力转向系统主要由扭矩传感器、车速传感器、助力转向电动机、减速机构和 ECU 等组成。

（3）比亚迪 E5 汽车的电动助力转向系统采用了海拉公司的霍尔式非接触式扭矩传感器，其特点是取消了永磁体，通过在 PCB 上的印制线路形成电感线圈，在电感线圈两端施加电压以后即在空中形成霍尔效应所需要的磁场。

任务 2　制动及电子驻车系统的检测与维修

任务导入

在某新能源汽车 4S 店做维修工作的小王接到维修一辆比亚迪 E5 汽车的任务，车主反映无法解除驻车。经检查，是 EPB 控制器发生了故障。如何安全、规范地检查电子驻车制动系统？如何更换 EPB 控制器？

学习目标

（1）能通过查阅相关维修技术资料等方式获取车辆信息。

（2）能根据故障现象选择合适的维修手册。

（3）能正确地对制动系统进行检测。

（4）能根据维修手册拆装制动系统。

（5）能正确地对高压部件进行安全防护拆装。

理论知识

一、新能源汽车制动系统概述

制动系统是汽车安全系统，是汽车上依靠外界（主要是路面）在汽车某些部分（主要是车轮）施加一定的力，从而对其进行一定程度的强制制动的一系列专门装置。制动系统的作用是使行驶中的汽车按照驾驶员的要求进行强制减速或停车，并使已停驶的汽车状态保持静止稳定。

制动系统主要由供能装置、控制装置、传动装置和制动器组成。

1. 供能装置

供能装置包括供给、调节制动所需能量以及改善传动介质状态的各种部件。

新能源汽车制动系统为伺服制动系统，是在人力液压制动系统的基础上加设一套动力伺服系统构成的，即兼用人体和发动机作为制动能源的制动系统。在正常情况下，制动能量大部分由动力伺服系统供给，而在动力伺服系统失效时，还可全靠驾驶员供给。

按动力伺服系统的输出力作用部位和对其控制装置的操纵方式不同，制动系动可分为助力式（直接操纵式）和增压式（间接操纵式）两类。前者中的动力伺服系统控制装置用制动踏板机构直接操纵，其输出力也作用于液压主缸，以助踏板力的不足；后者中的动力伺服系统控制装置用制动踏板机构通过主缸输出的液压操纵，且伺服系统的输出力与主缸液压共同作用于一个中间传动液缸，使该液缸输出到轮缸的液压远高于主缸液压。制动系动又可按伺服能量的形式分为气压伺服式、真空伺服式和液压伺服式 3 种。其伺服能量分别为气压能、真空能（负气压能）和液压能。

新能源汽车制动系统主要为真空助力式伺服制动系统。汽油发动机进气歧管能产生真空，真空助力器可以应用于汽油发动机汽车，而新能源汽车没有发动机，无法产生真空源，所以需要加装一个电动真空泵。电动真空泵按常用结构形式可分为叶片式、摇摆活塞式和膜片式；按使用功能可分为辅助电动真空泵和独立电动真空泵。

1）叶片式电动真空泵

叶片式电动真空泵的外部结构如图 2–2–1 所示，内部结构如图 2–2–2 所示。其主要由泵体、转轴、偏心转子、叶片等组成。

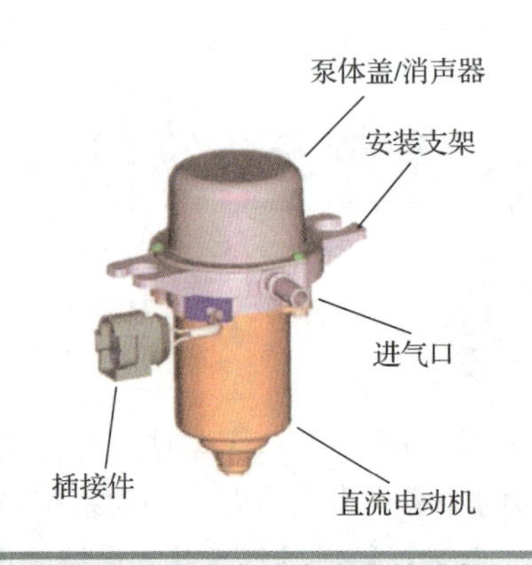

图 2–2–1　叶片式电动真空泵的外部结构

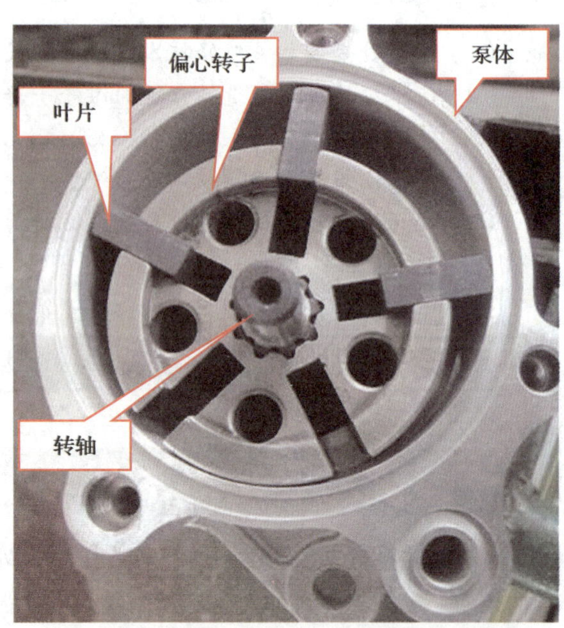

图 2–2–2　叶片式电动真空泵的内部结构

叶片式电动真空泵内转子在直流电动机的带动下旋转，转子上嵌入的叶片由于离心力被甩出，紧贴在泵体内壁上。转子在工作腔内偏心放置，转子在转动过程中，由叶片、泵室、转子封闭的容积不断变化，产生进气和排气的效果。如图 2-2-3 所示，转子与叶片在旋转过程中，左侧腔体空间逐渐增大，右侧腔体空间逐渐减小。空气由吸气侧吸入，从排气侧排出，从而达到抽真空的作用。

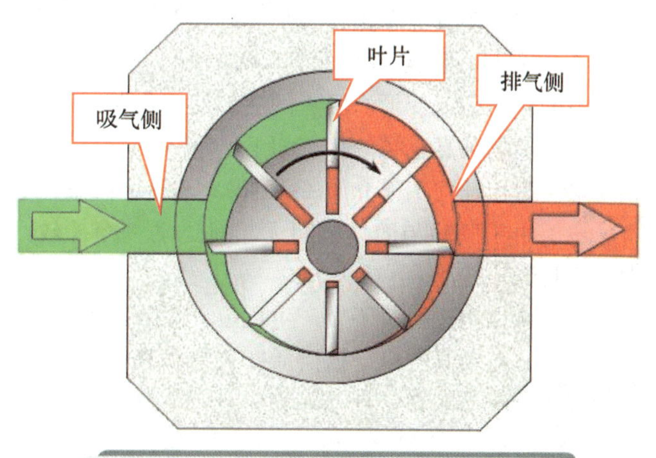

图 2-2-3　叶片式电动真空泵的工作状态

叶片式电动真空泵的优点如下：

（1）吸、排气的流量较为均匀，运转平稳，噪声小。

（2）工作压力较高，容积效率也较高。

（3）易于实现流量调节，结构紧凑，轮廓尺寸小而流量大。

但是叶片式电动真空泵的自吸性较差；同时由于在转子转动过程中，叶片与缸体之间贴紧并相对转动，所以叶片式电动真空泵温升很快，易磨损；叶片式电动真空泵对叶片的材料、耐温性、耐磨性等要求极高，因此制造成本较高。

2）摇摆活塞式电动真空泵

摇摆活塞式电动真空泵的结构如图 2-2-4 所示。其主要由电动机和泵体组成。

摇摆活塞式电动真空泵包含两个 180° 角对置的工作腔。电动机主轴连接一个偏心机构，偏心机构驱动连杆及活塞做往复运动，在往复运动过程中，活塞会发生偏转摇摆。活塞的往复运动引起工作腔容积的变化，产生吸气和排气的效果。

摇摆活塞式电动真空泵的活塞和缸体之间有相对滑动，工作时泵体的温度会升高，活塞上活塞环与缸体之间过盈量可以通过设计进行调整，其温升比叶片式电动真空泵低，磨损较慢，噪声也相对较小。由于摇摆活塞式电动真空泵采用双腔对置结构，当一腔失效时，摇摆活塞式电动真空泵仍可有一定的抽取真空能力。

3）膜片式电动真空泵

膜片式电动真空泵的结构如图 2-2-5 所示。

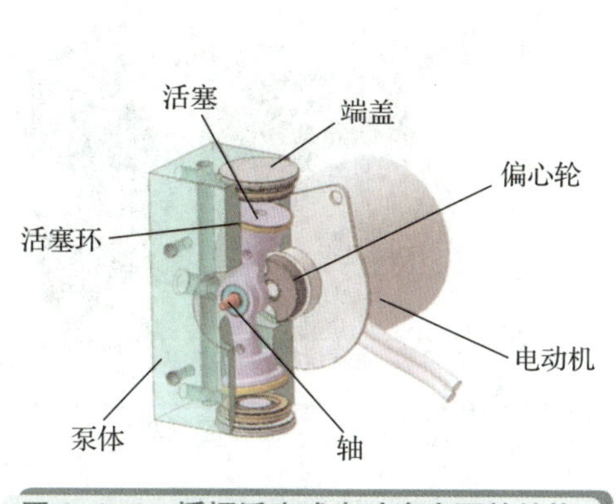

图 2-2-4　摇摆活塞式电动真空泵的结构

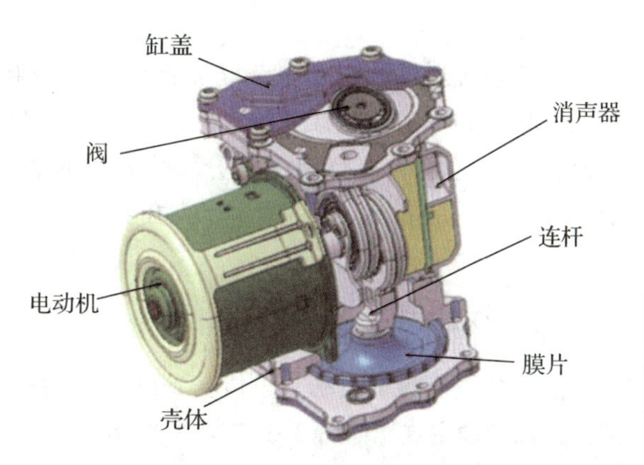

图 2-2-5　膜片式电动真空泵的结构

膜片式电动真空泵包含两个 180° 角对置的工作腔，膜片由一个曲柄机构驱动，此曲柄机构包括一个偏心机构，上面装有两个偏心轴承，推动作用在膜片上的连杆，使膜片受到推力和拉力的作用引起变形。膜片的变形使工作腔容积变化，产生吸气和排气的效果。

膜片式电动真空泵的特点如下：

（1）无须任何工作介质（无油），不产生污染。

（2）由于膜片与腔体之间无相对运动，摩擦较小，温升速度低，可以延长真空泵的使用寿命，且噪声较小。

（3）可以空运行，不会产生危险，无须润滑，维修简便。

叶片式电动真空泵、摇摆活塞式电动真空泵和膜片式电动真空泵的特点及其在新能源汽车上的应用情况如表 2-2-1 所示。

表 2-2-1　常见的几种电动真空泵的特点

项目	叶片式	摇摆活塞式	膜片式
摩擦及温升	摩擦大、温升速度快	温升速度一般	摩擦小、温升速度慢
持续工作时间	—	小于 15min	大于 200h
使用寿命	小于 400h 或 1 200h	大于 400h	大于 1 200h
噪声	小于 70dB	小于 60dB	小于 60dB
质量	—	小于 1.6kg	小于 2.5kg
应用领域	质量小、噪声小，技术成熟，应用范围广，可作独立泵或辅助泵	质量较好，噪声小，可作辅助泵	质量大、噪声小、工作时间长、价格高，主要作为独立泵使用
应用车型	奔驰 S500PHEV	北汽 EV160	比亚迪 E5

2. 控制装置

控制装置包括产生制动动作和控制制动效果的各种部件，如制动踏板、ABS 控制单元（如图 2-2-6 所示）。

ABS 系统通常由电动泵、储能器、主控制阀、电磁控制阀和一些控制开关等组成。实质上，ABS 系统就是通过电磁控制阀控制分泵上的油压迅速变大或变小，从而实现防抱死制动功能。

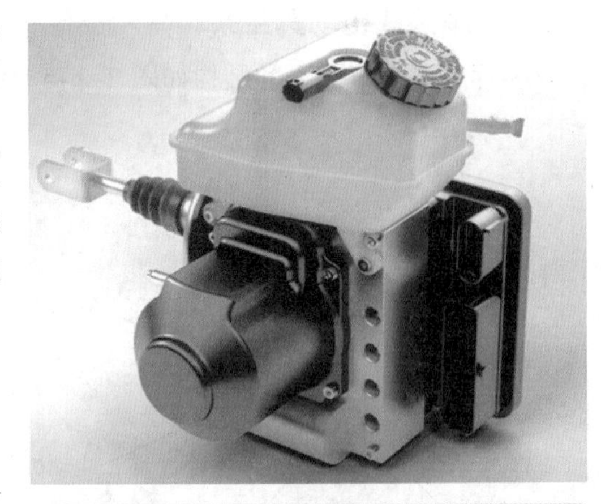

图 2-2-6　ABS 控制单元

3. 传动装置

传动装置包括将制动能量传输到制动器的各个部件，如制动主缸（如图 2-2-7 所示）、轮缸。

4. 制动器

制动器就是产生阻碍车辆运动或运动趋势的部件。

一般地，新能源汽车所用的制动器为前盘后鼓。其盘式制动器效率较高，散热和防水衰退性好，但价格较高。现在使用的盘式制动器，主要是浮动钳式盘式制动器，即其制动钳体是浮动的，如图 2-2-8 所示。制动油缸均为单侧，且与油缸同侧的制动块总成是活动的，另一侧的制动块总成则固定在钳体上。制动时在油液压力作用下，活塞推动活动制动块总成压靠在制动盘上，而反作用力则推动制动钳体连同固定制动块总成压向制动盘另一侧，直到两制动块总成受力均等为止。

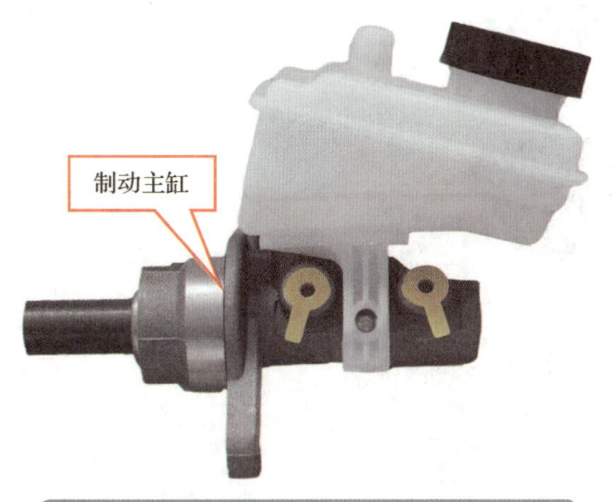

图 2-2-7　制动主缸

图 2-2-8　浮动钳式盘式制动器

二、比亚迪 E5 汽车制动系统

比亚迪 E5 汽车制动系统的电动真空泵及相关附件的安装位置如图 2-2-9 所示。

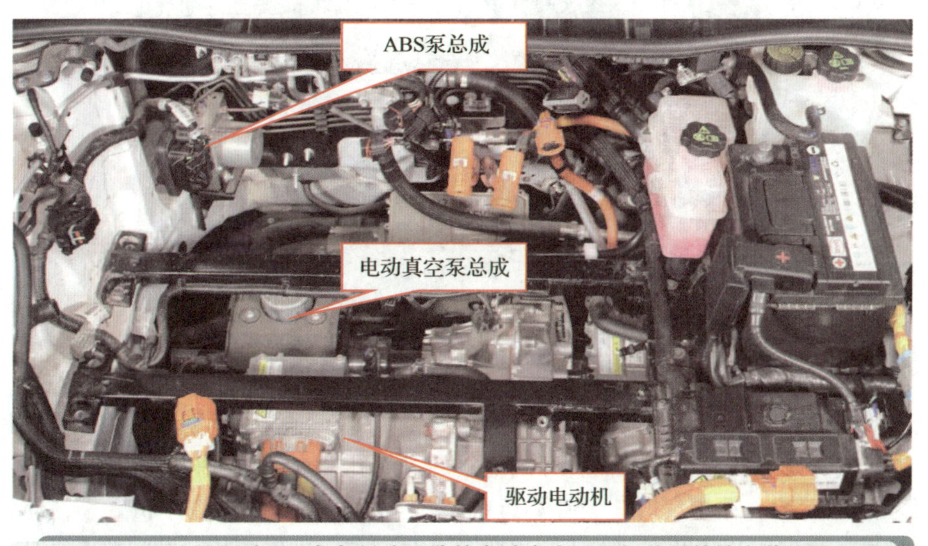

图 2-2-9　比亚迪 E5 汽车制动系统的电动真空泵及相关附件的安装位置

1. 比亚迪 E5 汽车电动真空泵的结构

比亚迪 E5 汽车制动系统的电动真空泵为膜片式电动真空泵。其结构如图 2-2-10 所示。其主要由泵体、膜片、阀板、阀片、阀盖及消音器组成。

图 2-2-10　比亚迪 E5 汽车电动真空泵的结构

2. 比亚迪 E5 汽车电动真空泵的工作原理

比亚迪 E5 汽车电动真空泵在工作时，电动机带动膜片变形产生吸气和排气过程，通过阀片的运动与阀板、阀盖上的进、排气孔（如图 2-2-11 所示）配合，保证工作顺利进行。

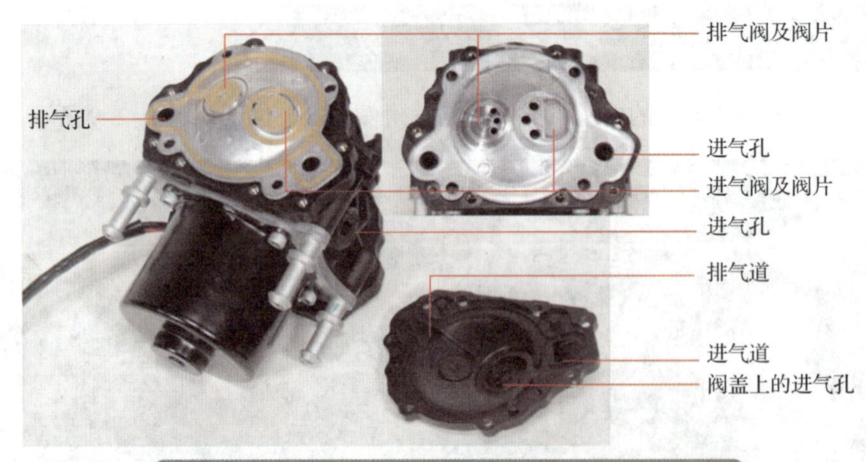

图 2-2-11　比亚迪 E5 汽车电动真空泵的进、排气阀

在吸气时，膜片远离阀板，与阀板之间产生真空。此时排气阀片紧贴在阀板上，以隔绝外界空气；进气阀片贴在阀板上，从而打开阀盖上的进气孔，气体通过阀盖上的进气道被吸入膜片与阀板之间的空腔。在排气时，膜片靠近阀板，与阀板之间的空腔体积减小，使气体压力增加。此时进、排气阀片紧贴在阀盖上，以隔绝外界空气；进气阀片贴在阀盖上，从而打开阀板上的排气孔，被压缩的气体通过排气道、消声器排到大气中。

三、比亚迪 E5 汽车电子驻车系统

电子驻车（Electrical Parking Brake，EPB）是指以电子控制方式实现停车制动。

1. 比亚迪 E5 汽车电子驻车系统的组成及位置

比亚迪 E5 汽车电子驻车系统主要由电子驻车开关、EPB 控制器和电子驻车电动机组成。电子驻车开关的位置如图 2–2–12 所示，位于前排座椅中间位置；EPB 控制器安装在后排座椅靠背的下面，如图 2–2–13 所示。

图 2–2–12　比亚迪 E5 汽车电子驻车开关的位置

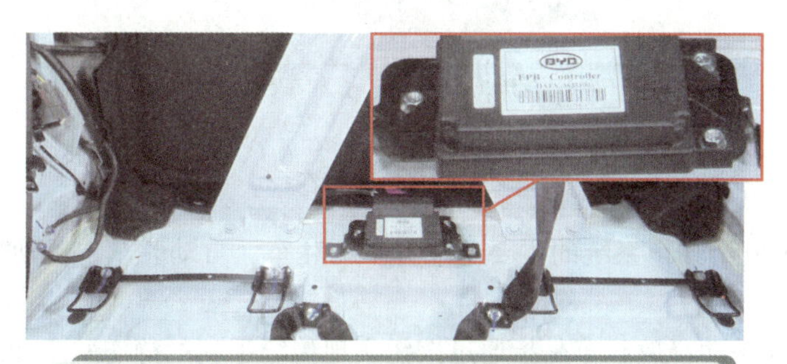

图 2–2–13　比亚迪 E5 汽车 EPB 控制器的位置

电子驻车电动机安装在后轴制动钳上，如图 2–2–14 所示。

图 2–2–14　比亚迪 E5 汽车电子驻车电动机的位置

比亚迪 E5 汽车电子驻车系统的内部结构如图 2–2–15 所示，其由直流电动机、减速齿轮机构（齿轮及皮带）、活塞、心轴及心轴螺母组成。当 EPB 控制器工作时，直流电动机旋转，通过减速齿轮机构减速增扭后传递到心轴，心轴通过心轴螺母推动活塞轴向运动，实现对后轮的制动。

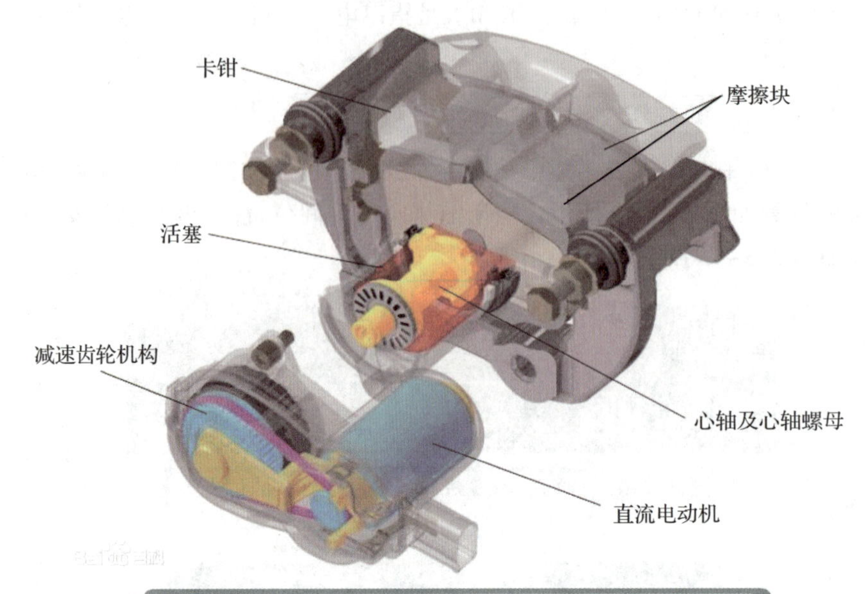

图 2-2-15 比亚迪 E5 汽车电子驻车系统的内部结构

2. 比亚迪 E5 汽车电子驻车系统的功能

比亚迪 E5 汽车电子驻车系统的主要功能有手动驻车、自动驻车、手动释放驻车自动释放驻车，以及应急制动。

（1）手动驻车和手动释放驻车是指通过按钮实现传统手刹的静态驻车和静态释放功能。

（2）自动驻车是指关闭启动开关或挡位在 P 挡时，自动启用驻车制动。

（3）自动释放驻车是指当驾驶员开车时，踩油门，挂挡后自动解除驻车制动。

（4）应急制动是指汽车在行驶过程中，在制动失效的情况下，可以使用电子驻车系统强制制动。

电子驻车系统与传统手刹系统相比，车厢内没有驻车制动手柄，为整车内饰造型的设计提供了更大的发挥空间；停车制动操作由按下一个按键替代了用力拉驻车制动手柄，简单省力，降低了驾驶员，尤其是女性驾驶员的操作强度。

3. 比亚迪 E5 汽车电子驻车系统的工作原理

比亚迪 E5 汽车电子驻车系统电路如图 2-2-16 所示，EPB 控制器直接接收电子驻车开关的操作信号，通过 CAN 总线接收加速踏板信号、启动开关信号、挡位信号，控制直流电动机的正、反转，从而实现驻车 / 解除驻车功能。

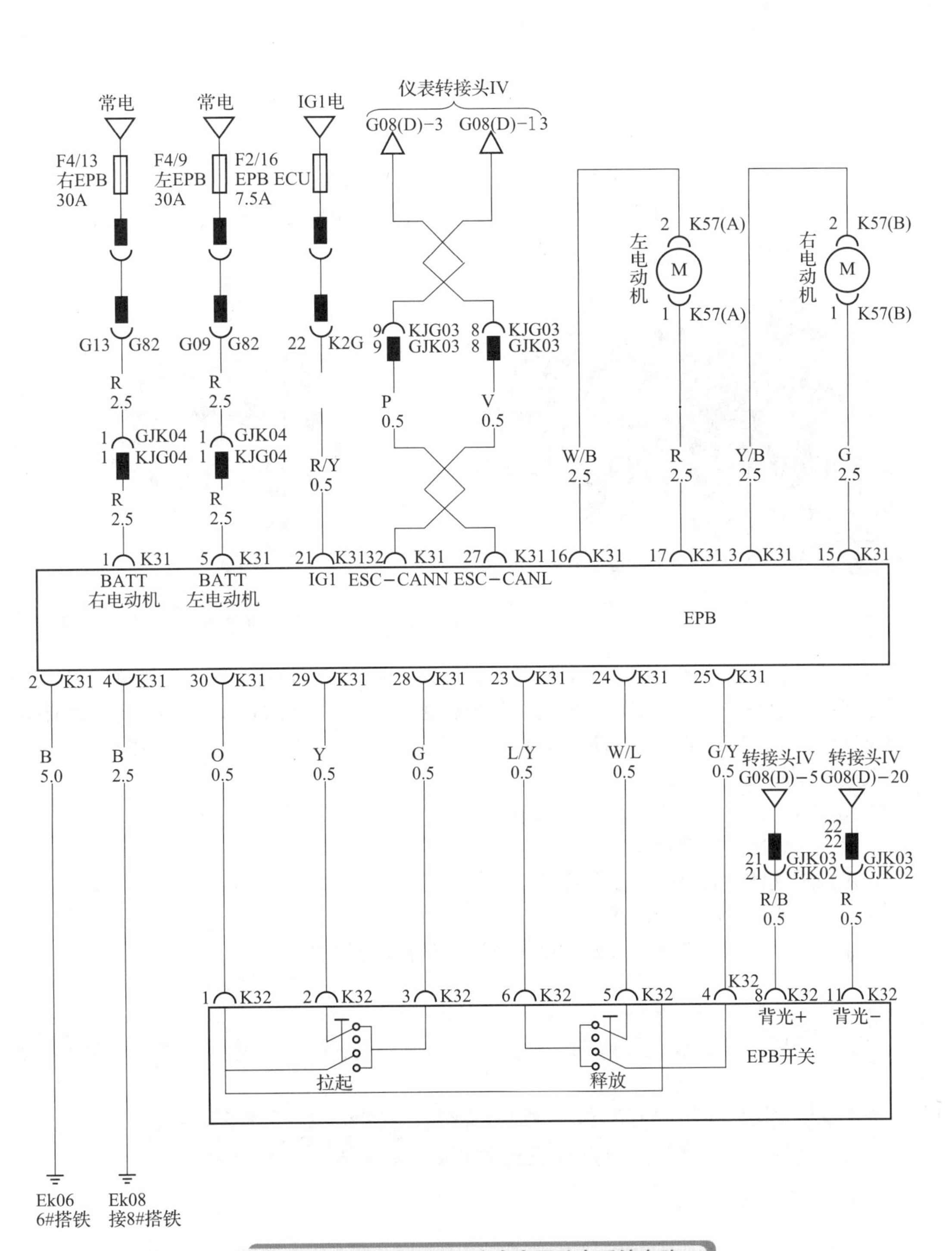

图 2-2-16　比亚迪 E5 汽车电子驻车系统电路

拓展阅读

四、罗茨真空泵

罗茨真空泵的工作原理与罗茨鼓风机类似，其内部结构如图 2-2-17 所示。

由于转子的不断旋转，被抽气体从进气口吸入转子与泵体之间的空间内，再经排气口排出，如图 2-2-18 所示。

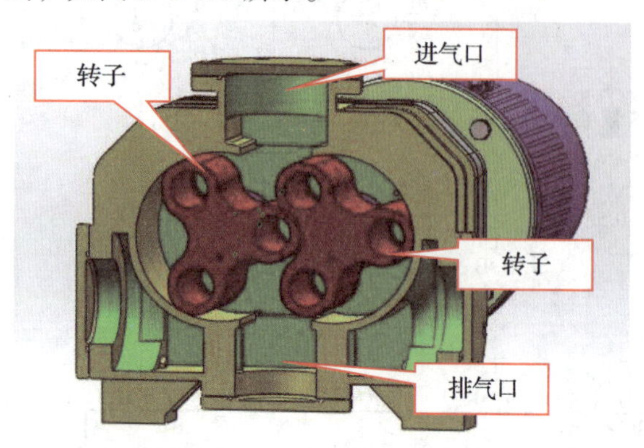

图 2-2-17　罗茨真空泵的内部结构

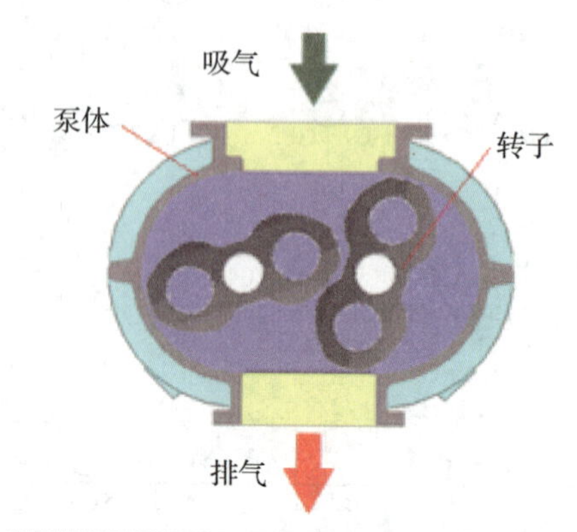

图 2-2-18　罗茨真空泵的工作原理示意

由于吸气后转子围成的空间是全封闭状态，所以在泵腔内气体没有压缩和膨胀。但当转子顶部转过排气口边缘，转子围成的空间与排气侧相通时，由于排气侧气体压强较高，则有一部分气体返冲到转子围成的空间中，使气体压强突然增高。当转子继续转动时，气体被排除泵外。

罗茨真空泵的特点如下：

（1）在较宽的压强范围内有较大的抽速。

（2）启动快，能立即产生真空。

（3）对被抽气体中含有的灰尘和水蒸气不敏感。

（4）转子不必润滑，泵腔内无油。

（5）振动小，转子动平衡条件好，结构紧凑，机械摩擦损失小。

实践技能

五、比亚迪 E5 汽车电动真空泵的更换

1. 拆卸电动真空泵

1）断开蓄电池负极

确保电源开关处于 OFF 位置，松开蓄电池负极螺母，然后断开蓄电池负极。

2）断开电动真空泵管路、线路连接

其操作步骤如下：

（1）举升车辆。

（2）断开电动真空泵线束插接件，其位置如图 2-2-19 所示。

（3）松开真空管卡箍，然后拔下电动真空泵的真空管。

3）拆下驱动电动机右侧护板

拆下驱动电动机右侧护板的 3 个固定卡扣，取下护板。护板及固定卡扣的位置如图 2-2-20 所示。

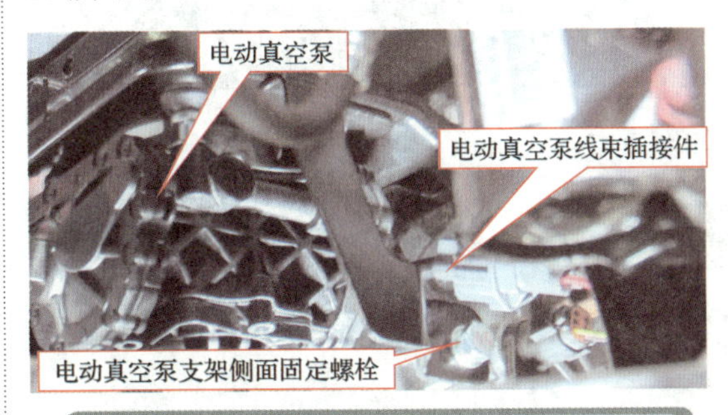

图 2-2-19　电动真空泵线束插接件

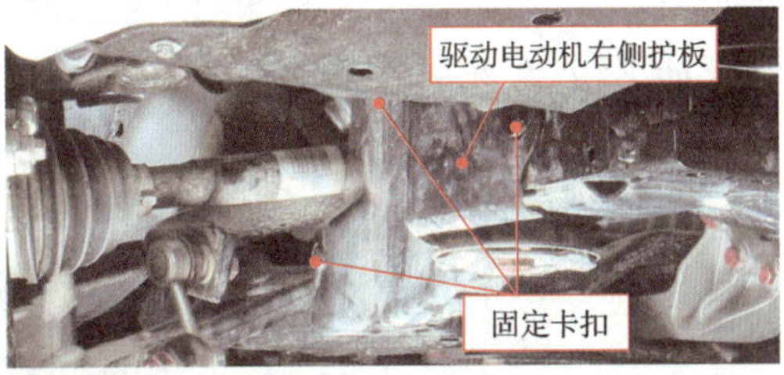

图 2-2-20　驱动电动机右侧护板及固定卡扣的位置

4）拆下电动真空泵及其支架

其操作步骤如下：

（1）拆下电动真空泵支架下部固定螺栓，其位置如图 2-2-21 所示。

（2）拆下电动真空泵支架侧面固定螺栓，其位置如图 2-2-22 所示。

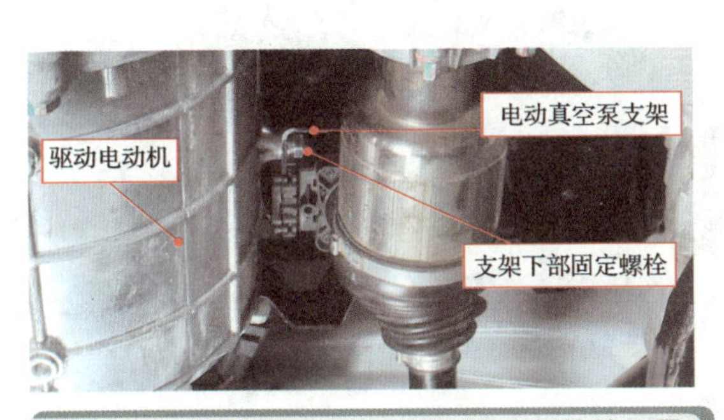

图 2-2-21　电动真空泵支架下部固定螺栓的位置

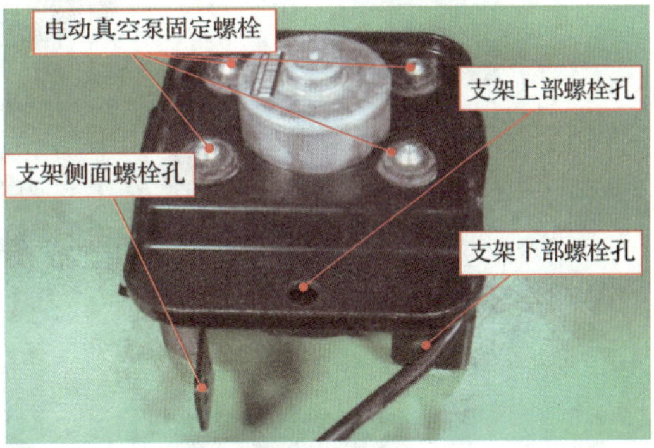

图 2-2-22　电动真空泵支架侧面固定螺栓的位置

（3）拆下电动真空泵支架上部固定螺栓。

（4）将电动真空泵支架及电动真空泵一同取出，如图 2-2-22 所示。

5）分离电动真空泵与支架

拆下电动真空泵固定螺栓（如图 2-2-22 所示），分离电动真空泵与支架。

2. 安装电动真空泵

安装过程与拆卸过程相反，在此不再赘述。

3. 上电检查

更换完电动真空泵以后要进行相应的检查，常用的方法是上电检查。

（1）检查仪表盘是否有相应的故障指示灯。

（2）深踩制动踏板若干次，检查电动真空泵是否正常工作。

六、比亚迪 E5 汽车无法解除驻车故障的检修

比亚迪 E5 汽车无法解除驻车故障的检修流程如图 2-2-23 所示。

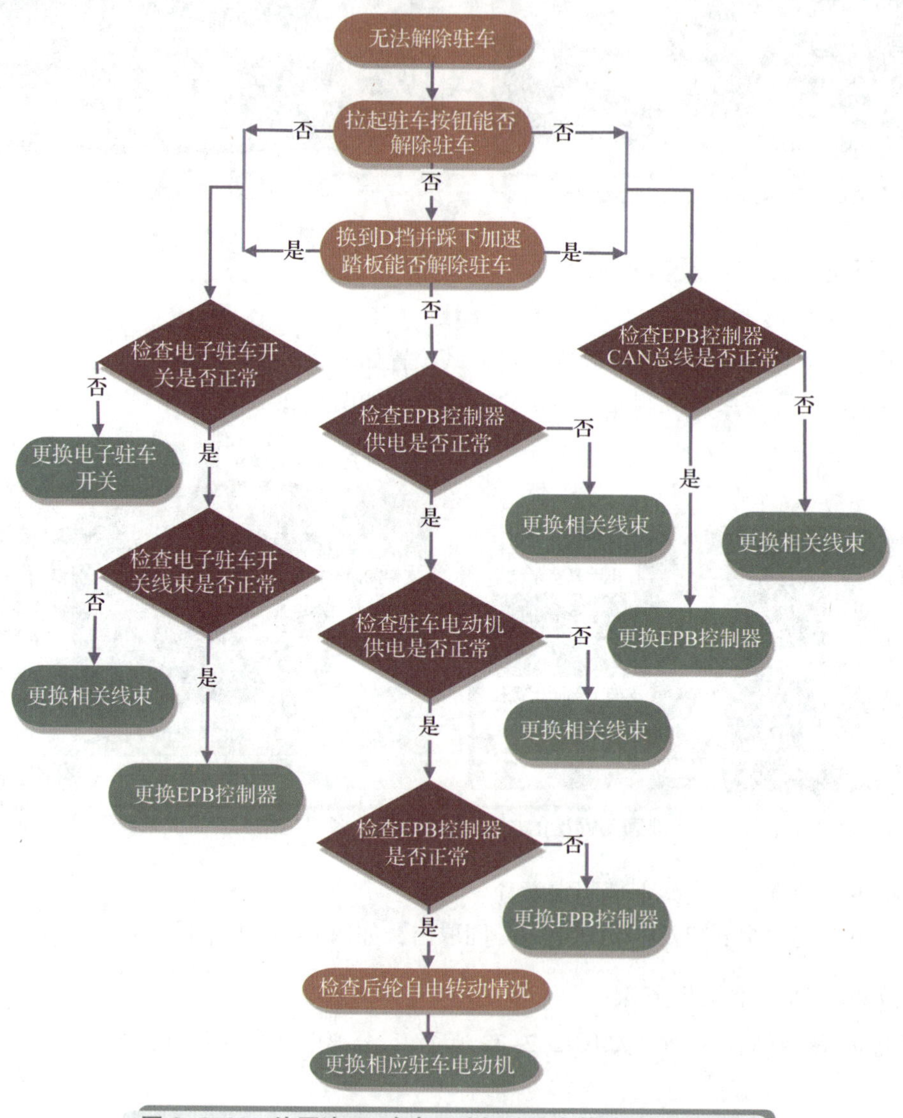

图 2-2-23　比亚迪 E5 汽车无法解除驻车故障的检修流程

1. 故障现象确认

打开电源开关，整车上电。检查手动释放驻车功能：操作电子驻车开关，检查是否能通过电子驻车开关解除驻车。检查自动释放驻车功能：操作制动踏板和将换挡杆换到 D 挡，踩下加速踏板检查是否能解除驻车。

通过上述检查可以将无法解除驻车故障分为 3 种类型：手动释放驻车功能失效、自动释放驻车功能失效、手动和自动释放驻车功能均失效。

2. 故障分析

1）手动释放驻车功能失效

若手动释放驻车功能失效而自动释放驻车功能正常，则认为故障出现在电子驻车开关与 EPB 控制器之间。

（1）检查电子驻车开关是否正常。检查方法是：断开电子驻车开关插接器，检查电子驻车开关侧各引脚的阻值，检查条件及正常值如表 2-2-2 所示。

表 2-2-2　电子驻车开关检查条件及正常值

端子	测试条件	正常情况
K32-1-K32-3	开关无动作	小于 1Ω
K32-2-K32-3		小于 1Ω
K32-1-K32-4		小于 1Ω
K32-1-K32-4	开关拉起	小于 1Ω
K32-2-K32-3		大于 10kΩ
K32-5-K32-6		小于 1Ω
K32-3-K32-4		小于 1Ω
K32-1-K32-4	开关按下	小于 1Ω
K32-2-K32-3		小于 1Ω
K32-5-K32-6		大于 10kΩ
K32-6-K32-4		小于 1Ω

（2）检查电子驻车开关与 EPB 控制器连接线束是否正常。检查方法是：拆下后排座椅及靠背，断开 EPB 控制器插接器，测量各连接线阻值，在正常情况下，各连接线阻值应小于 1Ω。

2）自动释放驻车功能失效

若手动释放驻车功能正常而自动释放驻车功能失效，则认为故障出现在 EPB 控制器的通信上（在无其他故障的前提下）。

检查方法是：拆下后排座椅及靠背，断开 EPB 控制器插接器，用万用表测量 CAN 总线（27

与 32 号端子）电压，测量条件及正常值如表 2-2-3 所示。

表 2-2-3 EPB 控制器 CAN 通信检查条件及正常值

端子	线色	测试条件	正常情况
K31-27—车身地	V	常电	约 2.5V
K31-32—车身地	P	常电	约 2.5V

3）手动和自动释放驻车功能均失效

若手动和自动释放驻车功能均失效，则认为故障出现在 EPB 控制器与后轮制动器之间。

（1）检查 EPB 控制器供电。检查方法是：拆下后排座椅及靠背，断开 EPB 控制器插接器；用万用表测量 21 号端子与车身之间的电压，正常应为蓄电池电压 11~14V；用万用表测量 4 号端子与车身之间的电阻，正常应小于 1Ω。

（2）检查驻车电动机供电。检查方法是：拆下后排座椅及靠背，断开 EPB 控制器插接器；用万用表分别测量 1、5 号端子与车身之间的电压，正常应为蓄电池电压 11~14V；用万用表测量 2 号端子与车身之间的电阻，正常应小于 1Ω。

（3）检查 EPB 控制器是否正常。通常可以用替换法进行检查。

（4）检查制动器是否卡滞。如有卡滞，则需进行相应维修或更换驻车电动机。

七、比亚迪 E5 汽车 EPB 控制器的更换

1. 拆卸 EPB 控制器

1）断开蓄电池负极

确保电源开关处于 OFF 位置，松开蓄电池负极螺母，然后断开蓄电池负极。

2）拆卸后排座椅

（1）取下后排座椅坐垫。

（2）拆下后排座椅靠背固定螺栓，其位置如图 2-2-24 所示（左、右两侧各一个）。

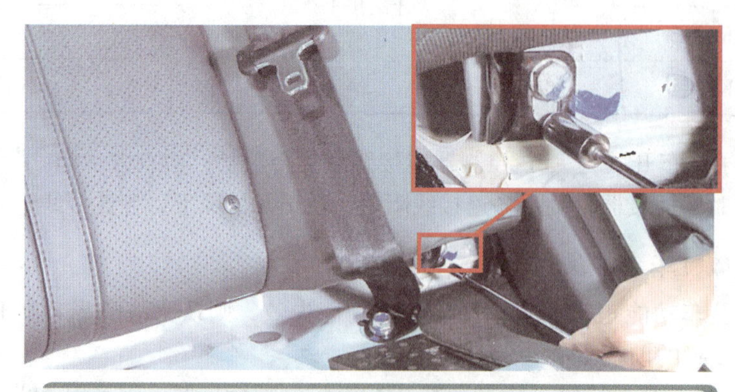

图 2-2-24 比亚迪 E5 汽车后排座椅靠背固定螺栓的位置

（3）取下后排座椅靠背。

3）拆下 EPB 控制器

拆下 EPB 控制器的 3 个固定螺栓，取下 EPB 控制器。

2. 安装 EPB 控制器

安装过程与拆卸过程相反，在此不再赘述。

3. 上电检查

在更换完 EPB 控制器后，须进行相应检查，常用方法是上电检查。

（1）检查仪表盘是否有相应的故障指示灯。

（2）按下电子驻车开关，检查是否能听见驻车电动机工作的声音，检查驻车是否解除；

（3）拉起电子驻车开关，检查是否能听见驻车电动机工作的声音，检查驻车是否启动。

任务小结

（1）制动系统是汽车安全系统。制动系统是汽车上依靠外界（主要是路面）在汽车某些部分（主要是车轮）施加一定的力，从而对其进行一定程度的强制制动的一系列专门装置。

（2）制动系统主要由供能装置、控制装置、传动装置和制动器组成。

（3）膜片式电动真空泵利用特殊设计加工的柔性膜片取代活塞，在驱动电动机作用下实现往复运动，在泵头的吸入端和排出端各设一个单向阀，于冲程的前半周将气体吸入并于后半周将气体排出泵头，完成吸入－排出过程，并且通过改变冲程的往复运动频率或每次往复运动的冲程长度，可以达到调节抽真空速度的目的。

参考文献

[1] 包丕利．纯电动汽车辅助系统检测与修复［M］．北京：机械工业出版社，2018.

[2] 龚文资，陈振斌．汽车空调［M］．北京：化学工业出版社，2016.

[3] 杨柳青．汽车空调构造与维修［M］．北京：人民交通出版社，2017.

[4] 王健．汽车空调与暖风系统［M］．北京：机械工业出版社，2017.

[5] 解文博．汽车空调原理与维修［M］．北京：电子工业出版社，2016.

[6] 凌永成．汽车空调技术［M］．北京：机械工业出版社，2014.

[7] 张荣荣．电子膨胀阀在电动汽车空调和电池冷却系统中的应用［J］．制冷与空调，2018（5）.

[8] 张蕾．R32与R410A空调系统节流特性对比研究［C］// 2017年中国家用电器技术大会论文集．［出版者不详］，2018.

[9] 崔胜民．新能源汽车概论［M］．北京：北京大学出版社，2015.

[10] 徐斌．新能源汽车［M］．北京：人民交通出版社，2015.

[11] 顾群林．R410A板式换热器性能测试台的设计与开发［D］．兰州：兰州大学，2017.

[12] 王冰霜．R410A直流变频列间空调系统变流量调节性能分析及试验研究［J］．制冷与空调，2017（4）.

[13] 李海龙．电动真空泵在真空助力制动系统中的应用［J］．轻型汽车技术，2015（9）.

目　录

学习情境 1　新能源汽车空调系统的检测与维修

任务工单 1.1　新能源汽车空调系统的认知

任务名称	新能源汽车空调系统的认知	学　时	4	班　级	
学生姓名		学生学号		任务成绩	
实训设备、工具及仪器	比亚迪 E5 汽车 4 辆、个人防护用具 4 套	实训场地	理实一体化教室	日　期	
客户任务描述	客户来比亚迪汽车 4S 店看车，问比亚迪 E5 汽车空调系统与传统汽车空调系统有什么不同。				
任务目的	能够与人沟通并建立良好关系，能够正确、规范地对新能源汽车进行下电操作。				

一、资讯

1. 新能源汽车空调系统的主要功能是调节车内空气的__________、湿度、__________、洁净度等，从而为驾驶员和乘员创造清新舒适的车内环境。

2. 循环离合器膨胀阀系统主要由__________、冷凝器、__________、__________、__________、空调压力开关、制冷管路、鼓风机、冷凝器散热风扇等部件组成，__________和冷冻油在封闭的系统中循环流动。

3. 制冷剂在封闭的系统内经过__________、__________、节流和蒸发 4 个过程；__________过程发生在压缩机，__________过程发生在冷凝器，节流过程发生在__________，蒸发过程发生在__________，制冷剂向外界空气放热的过程是__________。

4. __________和__________是高压侧和低压侧的分界点；压缩机输出侧、高压管路、__________和储液干燥器构成高压侧；__________、低压管路、压缩机输入侧、低压管路和蒸发器构成低压侧。

5. 对应下图说明制冷剂的循环过程。

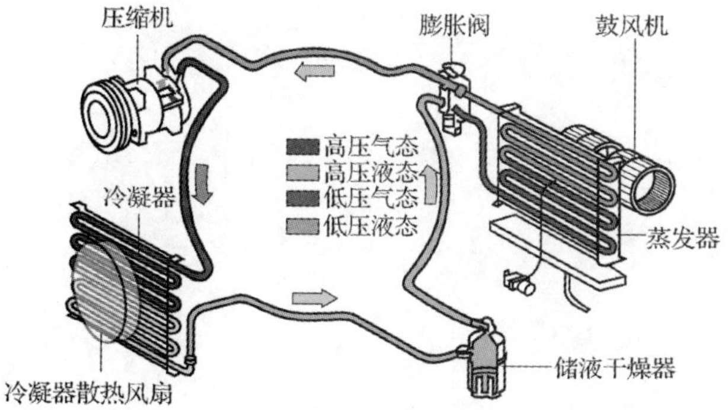

压缩机
膨胀阀
鼓风机
高压气态
高压液态
低压气态
低压液态
冷凝器
蒸发器
储液干燥器
冷凝器散热风扇

6. 新能源汽车空调制暖系统常见的有________、________及余热水暖 +PTC 加热式。PTC 加热式目前主要有两种方案：一种是 PTC 加热________式，另一种是 PTC 水加热式，比亚迪 E5 汽车采用的是________。

7. 比亚迪 E5 汽车空调制冷系统有 3 种工作状态，对应下图进行说明。

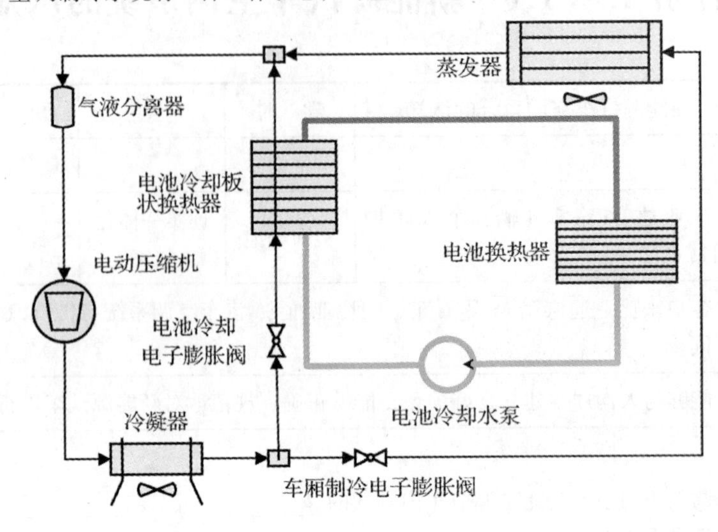

二、计划与决策

请根据任务要求，确定所需要的检测仪器、工具，并对小组成员进行合理分工，制订详细的工作计划。

1. 需要的检测仪器、工具

2. 小组成员分工

3. 工作计划

三、实施

1. 比亚迪 E5 汽车空调制冷系统的认知

比亚迪 E5 汽车空调系统铭牌在机舱前部。

（1）拉动机舱拉手，打开机舱，并进行下电操作。

（2）观察空调系统铭牌，并填写：

空调系统使用________制冷剂，充注量为________，冷冻油为________型。

（3）举升车辆。

（4）比亚迪汽车 E5 空调制冷系统采用________压缩机，由________驱动，安装在________上。

（5）电动压缩机上有__________制冷剂管路，它们连接__________；有__________线束插头，黄色的为__________，黑色的为__________。

（6）降下车辆，并根据要求完成下列内容：

填写下图中空白部分名称。

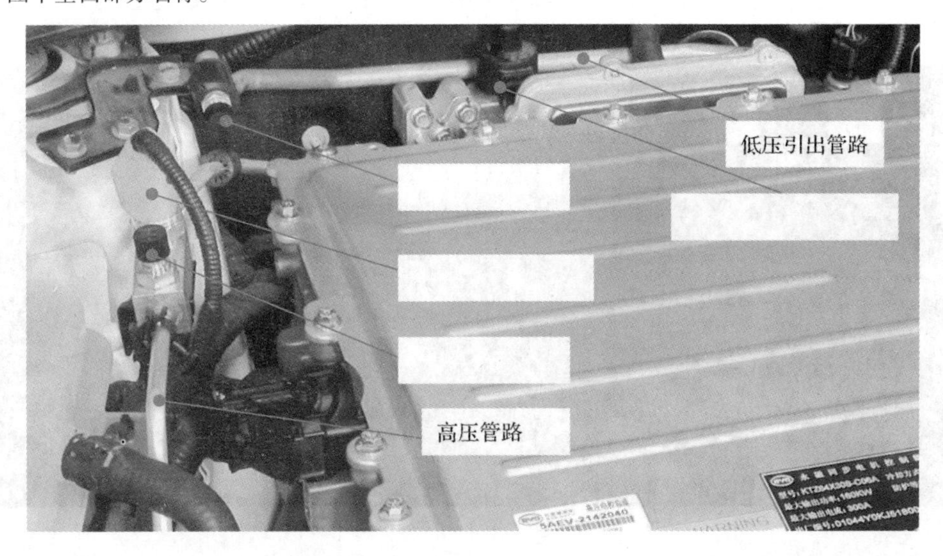

比亚迪 E5 汽车空调制冷系统采用__________膨胀阀。

7）填写下图标号所示的零部件 / 管路的名称

2. 比亚迪 E5 汽车空调制暖系统的认知

（1）比亚迪 E5 汽车空调制暖系统采用__________式，PTC 水加热器总成由__________给加热器芯供电加热__________。暖风水泵位于__________与 PTC 水加热器总成之间，暖风水泵从__________吸入冷却液加压后排入__________，加热后的冷却液进入散热器加热车厢内空气后回到__________。

2）填写下图标号所示的零部件 / 管路的名称

3. 比亚迪 E5 汽车空调系统的使用

（1）填写下图标号所示的按键名称。

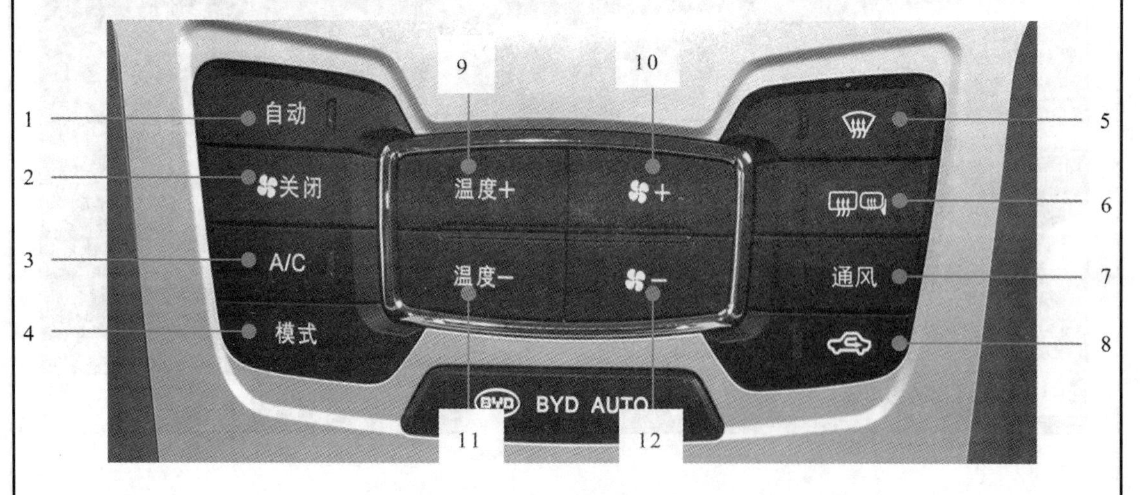

（2）进行开 / 关空调、调节温度 / 风量等操作。

四、检查

1. 检查机舱是否关闭____。
2. 检查空调是否关闭____。

五、评估

1. 请根据任务完成的情况，对工作进行自我评估，并提出改进意见。

（1）____

____

（2）____

____

（3）____

____

2. 工单成绩（总分为自我评价、组长评价和教师评价得分值的平均值）

自我评价	组长评价	教师评价	总分

任务工单 1.2　新能源汽车空调制冷系统的拆装

任务名称	新能源汽车空调制冷系统的拆装	学　时	4	班　级	
学生姓名		学生学号		任务成绩	
实训设备、工具及仪器	比亚迪 E5 汽车 4 辆、电动压缩机总成 4 个、绝缘工具 4 套、个人防护用具 4 套	实训场地	理实一体化教室	日　期	
客户任务描述	一辆比亚迪 E5 汽车空调系统不工作，经检查是电动压缩机损坏，需要更换电动压缩机。				
任务目的	能够正确、规范地对新能源汽车进行下电操作，能够迅速完成电动压缩机的更换，能够完成比亚迪 E5 汽车电动压缩机的拆装。				

一、资讯

1. 压缩机的作用是压缩和输送__________，把来自__________的低压低温制冷剂蒸气吸入气缸，压缩形成__________蒸气并排入__________。

2. 摇板式压缩机的主轴每转动一周，每个气缸完成压缩、排气、膨胀、吸气的__________循环。一般一个摇板配有 5 个活塞，主轴转动一周时，就有__________次排气过程。

3. 斜盘式压缩机的斜盘每转动一周，前、后__________活塞各自完成吸气、压缩、排气、膨胀过程，相当于__________工作循环。如果缸体截面均布 5 个气缸和 5 个双向活塞，当主轴旋转一周时，有__________次排气过程。

4. 亚迪 E5 汽车空调压缩机采用的是__________压缩机，电动压缩机主要由高、低压线束，驱动控制模块，__________和__________组成。

5. 对应下图说明涡旋式压缩机的工作过程。

吸气　　吸气终止　　压缩　　再压缩

再压缩　　压缩终了　　排气　　排气

6. 填写下图空白部分名称。

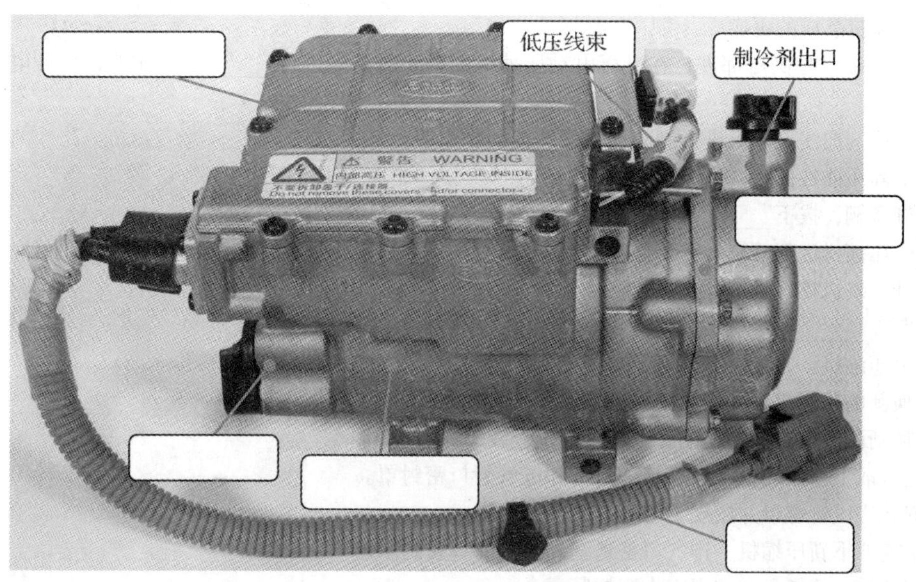

7. 冷凝器的作用是把压缩机排出的__________制冷剂的热量散发到__________中，变成高温高压的__________制冷剂。

8. 蒸发器的作用是让__________在其管道中__________蒸发，使蒸发器和周围空气的温度降低。蒸发器通常装在__________。

9. 膨胀阀的作用有__________、__________、防止__________液击和防止系统过热。

10. H 形膨胀阀内部通路形同 H，有__________个接口，其中两个接口和普通膨胀阀一样，一个接__________，另一个接__________进口；另外两个接口，一个接__________出口，另一个接__________。

11. 电子膨胀阀有电磁式和__________两类；比亚迪 E5 汽车空调系统有两个电子膨胀阀，分别是__________电子膨胀阀和__________电子膨胀阀。

二、计划与决策

请根据任务要求，确定所需要的检测仪器、工具，并对小组成员进行合理分工，制订详细的工作计划。

1. 需要的检测仪器、工具

2. 小组成员分工

3. 工作计划

三、实施

1. 电动压缩机总成的更换

由于电动压缩机是高压部件，在进行电动压缩机的拆装时要先进行__________作业，保证电动压缩机__________。

（1）用制冷剂加注一体机进行制冷剂和冷冻油回收作业。

（2）拔下高压插件插头，高压插件插头位于__________，取下固定卡扣。

（3）举升车辆，拔下__________。

（4）松开压缩机进气管螺母并迅速将进气管口__________，以防止空气进入进气管。

（5）松开压缩机排气管螺母并迅速将排气管口__________，以防止空气进入排气管。

（6）松开__________个压缩机固定螺栓。

（7）取下压缩机。

（8）更换新的压缩机，并按规定力矩拧紧压缩机固定螺栓。

（9）更换新的进 / 排气管密封圈。

（10）迅速取下新压缩机上进气口密封塞和进气管口密封罩。

（11）安装进气管螺母并按规定力矩拧紧。

（12）迅速取下新压缩机上排气口密封塞和排气管口密封罩。

（13）安装排气管螺母并按规定力矩拧紧。

（14）插上低压插件插头。

（15）降下车辆，插上高压插件插头并安装固定卡扣。

（16）上电检查。

2. 电动压缩机总成的拆装

1）拆下压缩机端盖

（1）取下压缩机上进气口密封塞，并倒出其中的冷冻油。取下排气口密封塞。

（2）拆下压缩机端盖的__________个固定螺栓。

（3）取下压缩机端盖和垫片

2）分解固定涡管

（1）取下密封圈，取下固定涡管。注意：在取下固定涡管后要做相应标记，以记录此时的相对位置。

（2）拆下排气阀限位块固定螺栓。

（3）取下排气阀限位块及排气阀片。

3）分解旋转涡管

（1）取下旋转涡管。

（2）取下__________个滑动轴承。

（3）取下旋转涡管垫片。

4）取下偏心轴

（1）取下偏心轴轴承。

（2）取下偏心轴及离心块。

完成分解后，根据下图填写零部件名称

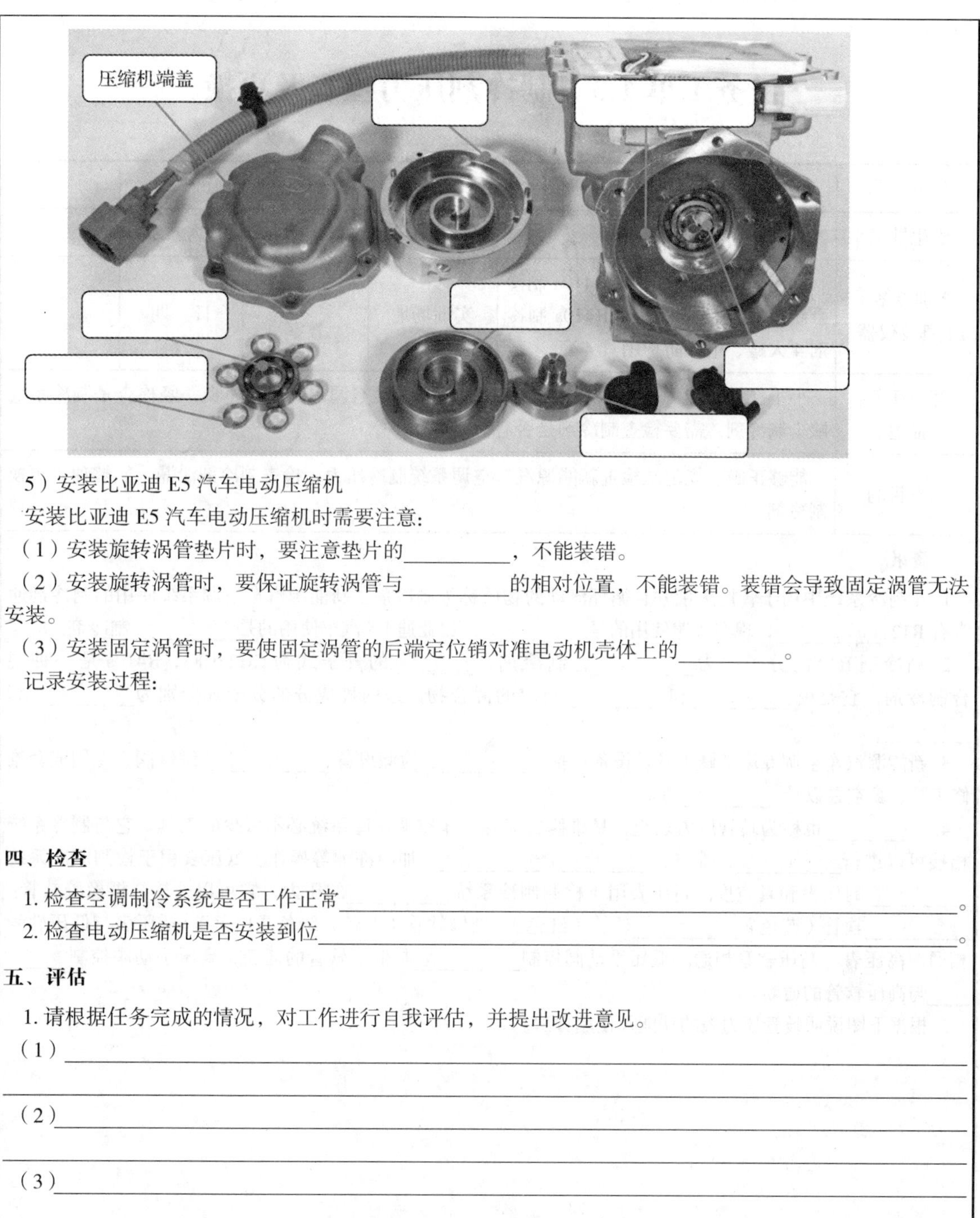

5）安装比亚迪 E5 汽车电动压缩机

安装比亚迪 E5 汽车电动压缩机时需要注意：

（1）安装旋转涡管垫片时，要注意垫片的__________，不能装错。

（2）安装旋转涡管时，要保证旋转涡管与__________的相对位置，不能装错。装错会导致固定涡管无法安装。

（3）安装固定涡管时，要使固定涡管的后端定位销对准电动机壳体上的__________。

记录安装过程：

四、检查

1. 检查空调制冷系统是否工作正常____。
2. 检查电动压缩机是否安装到位____。

五、评估

1. 请根据任务完成的情况，对工作进行自我评估，并提出改进意见。

（1）____

（2）____

（3）____

2. 工单成绩（总分为自我评价、组长评价和教师评价得分值的平均值）

自我评价	组长评价	教师评价	总分

任务工单 1.3　制冷剂压力检查及更换

任务名称	制冷剂压力检查及更换	学　时	4	班　级	
学生姓名		学生学号		任务成绩	
实训设备、工具及仪器	比亚迪 E5 汽车 4 辆、R410a 制冷系统专用歧管压力表、R410a 制冷剂 4 大罐、个人防护用具 4 套	实训场地	理实一体化教室	日　期	
客户任务描述	小王在某新能源汽车 4S 店做汽车维修工，某辆空调系统制冷不良，经检查是制冷系统缺少制冷剂，需要检查制冷剂是否有泄漏。				
任务目的	能够正确、规范地检查新能源汽车空调系统制冷压力、检查制冷剂泄漏，能够独立更换制冷剂。				

一、资讯

1. 在制冷系统中用于转换热量并且循环流动的物质称为制冷剂。新能源汽车空调系统使用的制冷剂通常有 R12、__________，现在普遍使用的是__________，比亚迪 E5 汽车使用的是__________制冷剂。

2. 制冷剂 R12 的分子式为__________，制冷剂__________的分子式为 CH2FCF3，R410a 是一种混合制冷剂，它是由__________和__________组成的混合物，这两种成分的分子式分别为__________和__________。

3. 新能源汽车空调专用维修工具及设备包括__________、检漏设备、__________、维修阀、专用成套维修工具、真空泵以及__________等。

4. __________也称为歧管压力表组，是维修新能源汽车空调制冷系统必不可少的工具。它与制冷系统相接可以进行__________、排空、__________、__________、加冷冻油等操作。低压表用于检测制冷系统__________的压力和真空度；高压表用于检测制冷系统__________的压力。它可以外接 3 根橡胶软管：__________软管（蓝色）、__________软管（红色）、维修软管（黄色、绿色或白色）。低压表与低压软管相通，高压表与高压软管相通。低压手动阀控制__________与低压软管的通断，高压手动阀控制__________与高压软管的通断。

5. 根据下图说明歧管压力表的功能及使用方法。

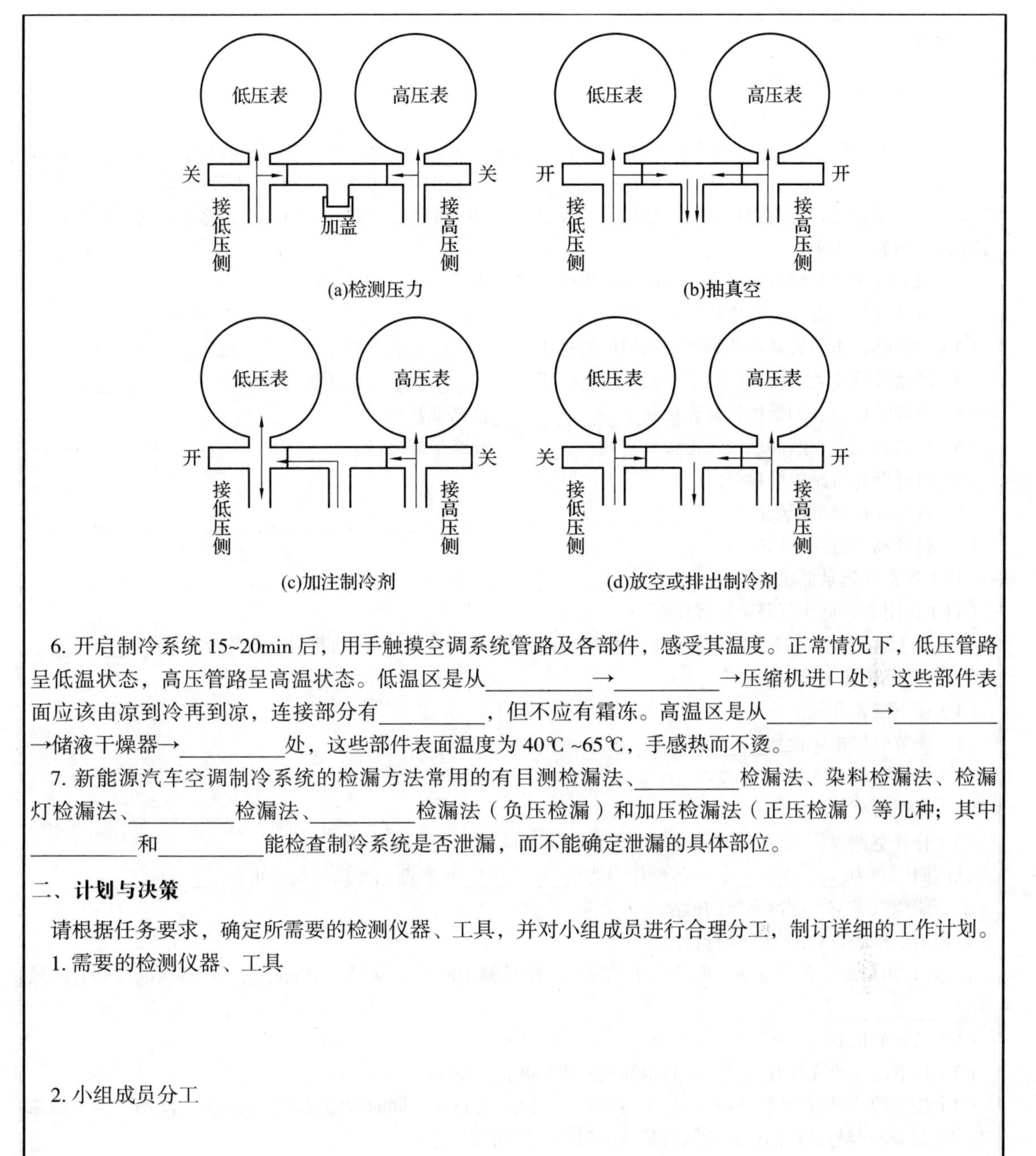

(a)检测压力　(b)抽真空

(c)加注制冷剂　(d)放空或排出制冷剂

6. 开启制冷系统 15~20min 后，用手触摸空调系统管路及各部件，感受其温度。正常情况下，低压管路呈低温状态，高压管路呈高温状态。低温区是从__________→__________→压缩机进口处，这些部件表面应该由凉到冷再到凉，连接部分有__________，但不应有霜冻。高温区是从__________→__________→储液干燥器→__________处，这些部件表面温度为 40℃ ~65℃，手感热而不烫。

7. 新能源汽车空调制冷系统的检漏方法常用的有目测检漏法、__________检漏法、染料检漏法、检漏灯检漏法、__________检漏法、__________检漏法（负压检漏）和加压检漏法（正压检漏）等几种；其中__________和__________能检查制冷系统是否泄漏，而不能确定泄漏的具体部位。

二、计划与决策

请根据任务要求，确定所需要的检测仪器、工具，并对小组成员进行合理分工，制订详细的工作计划。

1. 需要的检测仪器、工具

2. 小组成员分工

3. 工作计划

三、实施

1. 新能源汽车空调制冷系统压力的检查

1）连接歧管压力表测静态压力。

由于比亚迪 E5 汽车空调制冷系统的制冷剂为 R410a，因此要选用适用于 R410a 的歧管压力表：高压表压力范围为__________，低压表压力范围为__________；同时需要注意的是比亚迪 E5 汽车空调制冷系统的高、低压维修接口是螺纹口且比 R134a（或 R22）系统的维修接口要__________，这也是为了防止使用不正确的歧管压力表。

（1）取下汽车空调制冷系统高、低压管路维修接口防尘罩。

（2）将歧管压力表挂到前机舱盖锁扣上。

（3）转动歧管压力表高压软管手动阀门使其处于__________状态，高压软管的颜色为__________。

（4）转动歧管压力表低压软管手动阀门使其处于__________状态，低压软管的颜色为__________。

（5）将歧管压力表的低压软管连接到空调__________管路维修接口。

（6）将歧管压力表的高压软管连接到空调__________管路维修接口。

（7）打开低压管路维修接口。

（8）观察并记录低压表读数：__________。

（9）打开高压管路维修接口。

（10）观察并记录低压表读数：__________。

（11）关闭高、低压管路维修接口。

比亚迪 E5 汽车空调制冷系统高、低压侧的平衡压力为__________，判断制冷剂是否充足：__________。

2）打开空调测工作压力。

（1）按下空调开关；

（2）调节鼓风机风速到__________风量；

（3）调节空调温度到__________；

（4）打开所有车门。

（5）打开空调等待 10~15min 后读取压力表读数：

低压侧压力为：__________，高压侧压力为：__________；判断制冷系统是否正常：________。

2. 新能源汽车空调制冷系统的检漏

以用电子检漏仪检漏为例进行检漏。

注意：R410a 制冷剂不含氯，所选电子检漏仪应能检测 HFC（氢氟烃）类制冷剂，观察检漏仪是否满足条件：__________。

（1）打开前机舱盖。

（2）按下电子检漏仪开关键，此时检漏仪发出高频的“滴滴”声。

（3）按下调节灵敏度键（Sensitivity），使第一个 LED 灯点亮，同时检漏仪发出低频的“滴滴”声。将探头放于制冷剂容易泄露的位置检测其是否泄漏。使用时要注意：

①探头不要碰到机械设备，缓慢移动探头，移动速度不要高于__________。

②当“滴滴”声频率增高，同时 LED 灯点亮数量增加时，说明__________。

③应将泄露部位做标记，以便维修。

④R410a 的比重比空气大，泄漏后可能会在相关部件的__________聚集。

（4）检查空调系统高压管路是否泄漏，检查重点包括：

（5）检查两个电子膨胀阀处是否泄漏。

（6）检查空调系统低压管路是否泄漏，检查重点包括：

（7）举升车辆。

（8）检查冷凝器及与其相连的管路及接口是否泄漏。

（9）放置探头到电动压缩机处，检查是否泄漏，检查重点包括：

（10）检查积累器及其相连的低压管路是否泄漏。

（11）检测完毕按下电子检漏仪开关键，关闭电子检漏仪并降下车辆。

如果制冷剂不足，而未在上述位置发现泄漏说明是__________处发生泄漏，此时可以打开鼓风机，并在__________处进行检漏。

四、检查

1. 检查制冷系统静态压力____。

2. 检查制冷系统工作压力____。

3. 检查电子检漏仪是否关闭____。

五、评估

1. 请根据任务完成的情况，对工作进行自我评估，并提出改进意见。

（1）____

____

（2）____

____

（3）____

____

2. 工单成绩（总分为自我评价、组长评价和教师评价得分值的平均值）

自我评价	组长评价	教师评价	总分

任务工单 1.4　制冷系统故障的检测与维修

任务名称	制冷系统故障的检测与维修	学　时	4	班　级	
学生姓名		学生学号		任务成绩	
实训设备、工具及仪器	比亚迪 E5 汽车 4 辆、R410a 制冷系统专用歧管压力表、解码器 4 个、万用表 4 个、个人防护用具 4 套	实训场地	理实一体化教室	日　期	
客户任务描述	一辆比亚迪 E5 汽车，其空调系统不制冷。				
任务目的	能够正确、规范地检查新能源汽车空调系统制冷压力、检查制冷剂是否泄漏；能够制订新能源汽车空调系统不制冷、断续制冷等故障的检查流程。				

一、资讯

1. 内燃机汽车空调电气控制系统的执行器是__________，即通过控制__________的接合与断开来控制压缩机的工作，而压缩机的__________是没有办法随意改变的。为了在一定转速下控制制冷剂流量，压缩机就必须要设计成__________的。

2. 以内燃机汽车常用的空调电气控制系统为例，其组成包括信号输入元件、执行元件和__________。信号输入元件包括__________、车外温度传感器、太阳能传感器、__________、__________、加热器温度传感器、烟雾通风传感器、__________、发动机转速传感器、各风门电动机的位置传感器或开关以及空调控制键等。执行元件包括混合门电动机、模式门电动机、进气门电动机、__________、__________、压缩机电磁阀、__________和各种空调状态指示灯等。

3. 比亚迪 E5 汽车空调电气控制系统主要包括信号输入元件、执行元件和空调 ECU。信号输入元件包括车内温度传感器、车外温度传感器、蒸发器温度传感器、太阳能传感器、__________、__________、各风门电动机的位置传感器或开关以及空调控制键等。执行元件包括__________、模式门电动机、新鲜空气风门电动机、内循环风门电动机、__________、冷凝器散热风扇、外后视镜除霜、后风窗加热和各种空调状态指示灯等。

4. 比亚迪 E5 汽车空调系统采用的压缩机为__________，故压缩机的转速是通过__________的转速控制的，压缩机驱动电动机的转速通过__________控制。

5. 内燃机汽车空调系统一般具有__________、送风速度控制、送风方向控制、__________、__________和自诊断功能等。

6. 查阅比亚迪 E5 汽车空调系统故障征状表，并完成下表：

<table>
<tr><th>征状</th><th colspan="3">可疑部位</th></tr>
<tr><td rowspan="3">空调系统所有功能失效</td><td></td><td></td><td></td></tr>
<tr><td>鼓风机熔断器</td><td>鼓风机继电器</td><td>鼓风机</td></tr>
<tr><td></td><td>线束和连接器</td><td></td></tr>
<tr><td rowspan="2">仅制冷系统失效
（鼓风机工作正常）</td><td></td><td>压力温度传感器</td><td>线束和连接器</td></tr>
<tr><td></td><td></td><td>冷媒量</td></tr>
<tr><td rowspan="2">制冷系统工作不正常
（实际温度与设定温度有偏差）</td><td></td><td></td><td>空调控制器</td></tr>
<tr><td>线束和连接器</td><td>冷媒量</td><td></td></tr>
<tr><td rowspan="2">鼓风机转速不可调
（鼓风机工作正常）</td><td></td><td>空调 ECU</td><td>线束和连接器</td></tr>
<tr><td></td><td></td><td></td></tr>
<tr><td>出风模式调节不正常</td><td></td><td>空调 ECU</td><td>线束和连接器</td></tr>
<tr><td>温度调节不正常</td><td></td><td></td><td>线束和连接器</td></tr>
<tr><td>内外循环调节失效</td><td>循环控制电动机</td><td></td><td>线束和连接器</td></tr>
<tr><td rowspan="2">后除霜失效</td><td>后除霜电加热丝熔断器</td><td>后除霜电加热继电器</td><td>后除霜电加热丝</td></tr>
<tr><td>继电器控制模块</td><td>线束和连接器</td><td></td></tr>
<tr><td rowspan="2">冷凝、散热风扇故障</td><td></td><td></td><td>风扇</td></tr>
<tr><td>线束</td><td></td><td></td></tr>
</table>

二、计划与决策

请根据任务要求，确定所需要的检测仪器、工具，并对小组成员进行合理分工，制订详细的工作计划。

1. 需要的检测仪器、工具

2. 小组成员分工

3. 工作计划

三、实施

1. 车上检查

1）检查制冷剂有无泄漏

仔细观察管路有无破损、冷凝器的表面有无裂纹或__________。如果冷凝器、蒸发器或其管路某处有油渍，可用皂泡法重点检查，重点检查部位有（检查并记录）：

2）检查压缩机

打开空调，仔细听压缩机有无__________、压缩机是否__________，以判断空调系统不制冷或制冷不良是否出自压缩机或是压缩机控制电路的问题。比亚迪 E5 汽车空调系统当电动压缩机工作时，能听到电动压缩机运转的声音。

3）检查制冷系统管路温度

打开空调开关，使压缩机工作 10~20min 后，用手触摸压缩机进、出口两端，两端应有明显的__________。如果不明显，则可能是__________或制冷剂严重不足。

用手触摸空调系统高、低压端管路及部件。高压端管路温度的变化是：从压缩机出口→冷凝器→膨胀阀进口处，手感温度应是__________。如果中间的某处特别热，则说明其__________；如果这些部件发凉，则说明制冷系统可能有__________、无制冷剂、压缩机不工作或工作不良等故障。低压端管路温度的变化是：从膨胀阀出口→蒸发器→压缩机进口处，手感温度应是__________。如果不凉或某处出现了霜冻，均说明制冷系统有异常。

4）检查线路

用手检查导线插接器连接是否良好，空调系统线路各插接件应无松动和发热。如果插接件有松动或手感插接件表面的温度较高（发热），则说明插接件内部__________导致空调系统不工作或工作不正常。

2. 比亚迪 E5 汽车空调系统不制冷故障的检测与维修

1）故障现象确认

车辆上电后，打开空调开关，将温度调节到最低；出风口有风吹出但不凉，可以调节鼓风机转速。将温度调节到最高，PTC 水加热器及暖风水泵开始工作，出风口吹出热风。

2）故障点分析（分析故障点并记录）

3）检测及维修

（1）制冷剂压力检测。

用解码器读取制冷剂压力（或用 R410a 专用歧管压力表读取制冷系统高、低压侧压力），高、低压侧压力分别为，高压侧：__________、低压侧：__________，制冷系统压力__________。

（2）运行并检测空调。

车辆上电后打开空调开关，将温度调至最低，出风口正常出风，显示屏显示设定温度和设定风量；同时听是否有压缩机运转的声音。

用解码器读取故障码，记录故障码：

（3）检测空调压缩机低压通信线束，完成下表：

检测位置	测量值	判断
1 号端子与车身地之间的电压		
2 号端子与车身地之间的电压		
2 号端子与车身地之间的电阻		
4 号端子与车身地之间的电压		
5 号端子与车身地之间的电压		

3. 比亚迪 E5 汽车空调系统间断制冷故障的检测与维修

1）故障现象确认

车辆上电后，打开空调开关，将温度调节到最低；出风口有凉风吹出，可以调节鼓风机转速；驾驶室内温度迅速降低，感到凉爽。等待一段时间以后，出风口吹出的风接近自然风，感到不凉爽。

2）故障点分析（分析故障点并记录）

3）记录检测过程及关键值

四、检查

1. 检查制冷系统静态压力____________________。
2. 检查制冷系统工作压力____________________。
3. 检查制冷系统制冷效果____________________。

五、评估

1. 请根据任务完成的情况，对工作进行自我评估，并提出改进意见。

（1）____________________

（2）____________________

（3）____________________

2. 工单成绩（总分为自我评价、组长评价和教师评价得分值的平均值）

自我评价	组长评价	教师评价	总分

任务工单 1.5　制暖系统故障的检测与维修

任务名称	制暖系统故障的检测与维修	学　时	4	班　级	
学生姓名		学生学号		任务成绩	
实训设备、工具及仪器	比亚迪 E5 汽车 4 辆、解码器 4 个、万用表 4 个、个人防护用具 4 套	实训场地	理实一体化教室	日　期	
客户任务描述	一辆比亚迪 E5 汽车，其行驶里程为 200 000km，客户反映空调暖风不热。				
任务目的	能够制订制暖系统故障检修流程，并规范地对制暖系统故障进行检测；能正确、规范地完成下电操作并更换 PTC 水加热器总成。				

一、资讯

1. 根据热源不同，内燃机汽车暖风装置可分为：__________、气暖式暖风装置、__________和综合预热式暖风装置；根据空气循环方式，汽车空调制暖系统可分为：__________、__________和内外气并用式。

2. 下图为新能源汽车热泵式空调系统结构示意图，写出其制冷过程和制热过程。

制冷过程：

制热过程：

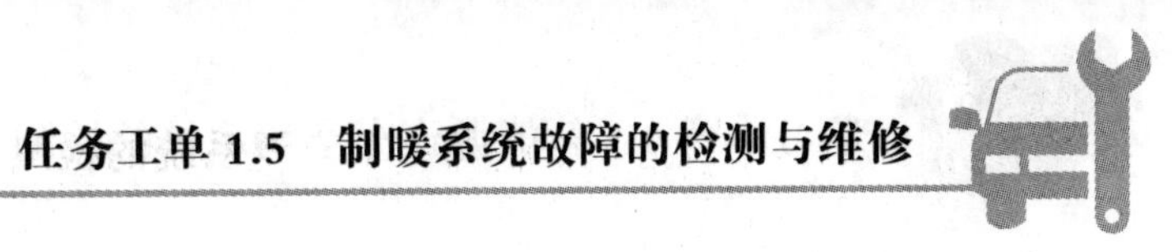

3. PTC 热敏电阻通常是用半导体材料制成的，它的电阻值随温度变化而急剧变化，当外界温度降低时，电阻值__________，发热量__________。常见的 PTC 加热式制暖系统有__________和 PTC 水加热式两种。

4. PTC 加热空气式的主要传热方式是__________，PTC 加热器芯的热量通过热传导的方式传递到 PTC 加热器表面的金属翅片上，__________产生的流动空气通过金属翅片并被其加热，加热后的空气被送入车厢从而产生制暖效果。PTC 水加热式的主要传热方式是__________，PTC 加热器芯的热量通过热传导的方式传递到 PTC 加热器表面的金属片上，通过金属片加热__________；加热后的冷却液进入散热器，鼓风机产生的__________通过散热器并被其加热，加热后的空气被送入车厢从而产生制暖效果。

5. 比亚迪 E5 汽车空调制暖系统是__________，主要由__________、暖风水泵、补偿水壶和__________及暖风水管组成; PTC 水加热器总成是一个__________压部件，位于机舱前部; 由于 PTC 水加热器高压插接件位于较容易插拔的位置，为了防止高压系统暴露在外，PTC 水加热器高压插接件设有__________。

6. 比亚迪 E5 汽车 PTC 水加热器的 PTC 加热器芯共有__________个，通过__________个 IGBT 控制 PCT 加热器芯与动力电池负极的通断; 另一端通过__________、__________连接到动力电池正极。这样可以根据实际制热需要进行分级调节加热__________，在满足舒适性的同时降低能耗。

二、计划与决策

请根据任务要求，确定所需要的检测仪器、工具，并对小组成员进行合理分工，制订详细的工作计划。

1. 需要的检测仪器、工具

2. 小组成员分工

3. 工作计划

三、实施

1. 制定比亚迪 E5 汽车制暖系统故障检修流程

2. 更换比亚迪 E5 汽车 PTC 水加热器总成

比亚迪 E5 汽车的 PTC 水加热总成为高压部件，更换前要先进行__________操作，确保高压系统断电后才能进行相应作业。

1）准备工作

（1）按照规范进行下电操作。

（2）拆卸蓄电池。

（3）拆下高压电控总成。

2）放出冷却液

如果有专用工具，可以用专用工具将制暖系统中的冷却液抽出。如果没有专用工具，则需要将 PTC 水加热器总成中的冷却液放出。根据实际情况完成此作业并记录：

3）拆下 PTC 水加热器总成

（1）拆下 PTC 水加热器总成搭铁线束固定螺母，取下搭铁线连接头；

（2）拔下线束插头：先拔__________线束插头，再拔__________线束插头，最后拔__________线束插头。

（3）拆下 PTC 水加热器总成的__________个固定螺栓，取下 PTC 水加热器总成，固定螺栓分别安装在__________上。

4）更换新的 PTC 水加热器总成

（1）更换新的 PTC 水加热器总成，并按照和拆卸相反的顺序安装。

（2）连接各线束插头：先连接__________，再连接__________，最后连接__________。

（3）连接进、出水管，并将其固定。

5）安装高压电控总成和低压蓄电池

（1）按照规范流程安装高压电控总成。

（2）安装低压蓄电池。

6）加入冷却液并排气，记录过程：

7）检查制暖效果

（1）打开空调开关。

（2）将温度调到__________。

（3）按下“通风”按键。

（4）调节出风模式检查制暖效果并记录：

四、检查

1. 检查空调系统制暖效果________________________________。
2. 检查驱动冷却系统液位________________________________。
3. 检查暖风水壶液位________________________________。

五、评估

1. 请根据任务完成的情况，对工作进行自我评估，并提出改进意见。

（1）________________________________

____

（2）________________________________

____

（3）________________________________

____

2. 工单成绩（总分为自我评价、组长评价和教师评价得分值的平均值）

自我评价	组长评价	教师评价	总分

学习情境 2　新能源汽车其他辅助系统的检测与维修

任务工单 2.1　电动助力转向系统的检测与维修

任务名称	电动助力转向系统的检测与维修	学　时	4	班　级	
学生姓名		学生学号		任务成绩	
实训设备、工具及仪器	比亚迪 E5 汽车 4 辆、解码器 4 个、个人防护用具 4 套	实训场地	理实一体化教室	日　期	
客户任务描述	一辆比亚迪 E5 汽车在行驶中没有转向助力，仪表盘上部显示“EPS 系统故障”。				
任务目的	能够正确、规范地更换比亚迪 E5 汽车电动助力转向总成、进行转角信号与扭矩信号的标定。				

一、资讯

1. EPS 是________的简称，是指利用助力转向电动机提供转向动力，辅助驾驶员进行转向操作的系统。电动助力转向系统按照助力转向电动机的布置方式可分为 4 种：________式（Column-assist type EPS）、________式（Pinion-assist type EPS）、________式（Rack-assist type EPS）和________式（Direct-drive type EPS）。

2. 转向柱助力式转向系统中________、________、离合器和助力转向机构组成一体，安装在上；助力转矩经过了转向器________，因此要求助力转向电动机的减速机构传动比________；助力转向电动机布置在驾驶室内，工作环境较好，对助力转向电动机的密封要求低。

3. 小齿轮助力式转向系统的________、________、离合器和助力转向机构仍为一体，只是整体安装在________处，直接给________助力，能够获得较大的转向力。该系统的助力转矩经过了放大，因此要求助力转向电动机的减速机构传动比相对________。

4. 齿条助力式转向系统的扭矩传感器单独地安装在________，助力转向电动机与助力转向机构一起安装在小齿轮另一端的________，用以给________助力。该系统的助力转矩作用在齿条上，助力转矩经转向器放大，因此要求助力转向电动机的减速机构具有较大的传动比，减速机构相对________。

5. 电动助力转向系统的扭矩传感器主要有接触式和________两种。常用的接触式（主要是电位计式）扭矩传感器有________、双排行星齿轮式和扭杆式 3 种类型，而________传感器主要有光电式和磁电式两种。

6. 电动助力转向系统的基本工作原理是：当转向轴转动时，________和车速传感器分别测出驾驶者施加在转向盘上的操纵力矩和车辆当前的行驶速度（回正时还要用到转角传感器），扭矩传感器将检测到的________转化为电信号送至 ECU，ECU 接收________、车速信号等，根据内置的控制策略和算法，计算出此时需要的理想助力力矩，再换算为相应的________，助力转向电动机按该________运行。助力转向电动机产生的助力力矩再经过蜗轮蜗杆减速机构________后传送到机械式转向系统上，和驾驶者的操纵力矩叠加在一起去克服________，实现车辆的最终转向。

7. 比亚迪 E5 汽车电动助力转向系统是________系统，由________、转向管柱总成与________组成。

8. 下图是比亚迪 E5 汽车采用的霍尔式非接触式扭矩及转角传感器，请叙述其工作原理。

二、计划与决策

请根据任务要求，确定所需要的检测仪器、工具，并对小组成员进行合理分工，制订详细的工作计划。

1. 需要的检测仪器、工具

2. 小组成员分工

3. 工作计划

三、实施

1. 比亚迪 E5 汽车电动助力转向总成更换的注意事项

1）拆卸或重新安装电动助力转向总成时

（1）避免撞击电动助力转向总成，特别是传感器、ECU、助力转向电动机和减速机构。如果电动助力转向总成跌落或遭受严重冲击，需要__________。

（2）移动电动助力转向总成时，请勿拉拽线束。

（3）在从转向器上断开转向管柱或者中间轴之前，车轮应该保持在__________方向，且车辆处于__________状态，否则会导致转向管柱上的时钟弹簧偏离__________位置，从而损坏时钟弹簧。

（4）断开转向管柱或者中间轴之前，车辆处于__________状态。断开上述部件后，不要移动__________。不遵循这些程序会使某些部件在安装过程中定位不准。

（5）转向盘打到极限位置的持续时间不要超过__________，否则可能损坏助力转向电动机。

2）更换电动助力转向总成后

比亚迪 E5 汽车的电动助力转向系统具有主动回正控制功能及遥控驾驶功能，电动助力转向系统经过拆换后，需重新进行__________，并标定__________信号，同时标定电动助力转向系统转角信号。标定__________、转角信号以后，车辆重新上 ON 挡电源清除残留故障码。

2. 比亚迪 E5 汽车电动助力转向总成的更换

1）断开万向节

（1）拆转向盘。断开万向节前，必须拆除转向盘，否则可能损坏__________。

（2）拆卸万向节防尘罩总成Ⅰ。

（3）分离中间轴总成（中间轴及万向节）。

（4）分离万向节防尘罩总成Ⅱ骨架卡子 A 和 B 与车身的连接

2）分离左、右侧转向外拉杆

（1）拆卸左前轮。

（2）拆掉摆臂与摆臂球头销总成的安装螺栓和螺母。

（3）取下左侧转向外拉杆总成及其与转向节连接处的开口销，并拆下六角开槽螺母。

（4）从转向节上分离左侧转向外拉杆。

（5）用同样的方法分离右侧转向外拉杆。

3）拆卸副车架及电动助力转向总成

（1）用举升设备顶住副车架主体总成。

（2）拔下电源插接件及 CAN 信号插接件。

（3）拆掉副车架主体以及前副车架前、后安装支架与车身的__________个连接螺栓。

（4）降落举升设备，副车架及电动助力转向总成随之落下。

4）分离电动助力转向总成

（1）拆下横向稳定杆。

（2）从转向器带横拉杆总成上拆下万向节防尘罩总成。

（3）在左、右两侧转向外拉杆总成与转向内拉杆上做好__________标记。

（4）拆卸左、右两侧转向外拉杆。

（5）从前副车架总成上拆下电动助力转向总成固定螺栓，共__________个螺栓、__________个螺母。

（6）拆卸转向器带横拉杆总成。

5）安装电动助力转向总成

安装过程与拆卸过程相反。其注意事项如下：

（1）将转向外拉杆总成连接到转向器上时，将拉杆锁紧螺母和左侧转向外拉杆总成连接到转向器上，直至__________对齐。

（2）用 4 个螺栓和 4 个螺母将电动助力转向总成安装至前副车架总成上时，拧紧力矩为__________N · m。

（3）安装万向节防尘罩总时，万向节防尘罩圆孔与转向器壳体上的__________对齐。

（4）左、右两侧转向外拉杆六角开槽螺母的拧紧力矩为__________N · m；如果开口销孔未对齐，将螺母进一步拧到对齐，并__________。

（5）左、右两侧车轮的拧紧力矩为__________N · m。

6）调整四轮定位

在四轮定位完成后，拧紧左、右侧转向外拉杆锁紧螺母，拧紧力矩为__________N · m。

7）进行转角信号与扭矩信号的标定，记录标定过程：

8）清除故障码

车辆重新上电，然后用诊断仪清除电动助力转向系统故障码。

四、检查

1. 检查两侧车轮的拧紧力矩是否正常________________________________。

2. 检查转向器带横拉杆总成的拧紧力矩是否正常________________________。

3. 检查电动助力转向系统是否有故障码______________________________。

五、评估

1. 请根据任务完成的情况，对工作进行自我评估，并提出改进意见。

（1）____

____

（2）____

____

（3）____

____

2. 工单成绩（总分为自我评价、组长评价和教师评价得分值的平均值）

自我评价	组长评价	教师评价	总分

任务工单 2.2　制动及电子驻车系统的检测与维修

任务名称	制动及电子驻车系统的检测与维修	学　时	4	班　级	
学生姓名		学生学号		任务成绩	
实训设备、工具及仪器	比亚迪 E5 汽车 4 辆、解码器 4 个、个人防护用具 4 套	实训场地	理实一体化教室	日　期	
客户任务描述	一辆比亚迪 E5 汽车，无法解除驻车。				
任务目的	能够正确、规范地更换比亚迪 E5 汽车的电动真空泵总成，能够正确、规范地更换比亚迪 E5 汽车的 EPB 控制器；能独立制订无法解除驻车故障的诊断流程。				

一、资讯

1. 制动系统的作用是：使行驶中的汽车按照驾驶员的要求进行________；使已停驶的汽车________。制动系统主要由：________、控制装置、传动装置和________组成。

2. 新能源汽车制动系统主要为________助力式伺服制动系统。汽油发动机________能产生真空，真空助力器可以应用于汽油发动机的车，而新能源汽车没有发动机，无法产生真空，所以需要加装一个________。电动真空泵按常用结构形式可分为：________、________和膜片式；按使用功能可分为：辅助电动真空泵和独立电动真空泵。

3. 对比 3 种电动真空泵，完成下表：

项目	叶片式	摇摆活塞式	膜片式
摩擦及温升			
持续工作时间	—	小于 15min	大于 200h
寿命	小于 400h 或 1 200h	大于 400h	大于 1 200h
噪声			
质量	—	小于 1.6kg	小于 2.5kg
应用领域	质量小、噪声小，技术成熟，应用范围广，可作独立泵或辅助泵	质量较好，噪声小，可作辅助泵	质量大、噪声小、工作时间长、价格高，主要作为独立泵使用
应用车型	奔驰 S500PHEV	北汽 EV160	比亚迪 E5

4. ABS 系统通常由________、储能器、________、________和一些控制开关等组成。实质上，ABS 系统就是通过电磁控制阀控制分泵上的油压迅速________，从而实现________功能。

5. ________是产生阻碍车辆运动或运动趋势的部件。新能源汽车所用的________一般为________，________效率较高，散热和防水衰退性好，但价格较高。

6. 比亚迪 E5 汽车制动系统的电动真空泵采用__________。其主要由泵体、__________、阀板、__________、阀盖及消音器组成。

7. 比亚迪 E5 汽车电子驻车系统主要由__________、EPB 控制器和__________组成。其内部结构由__________、减速齿轮机构（齿轮及皮带）、__________、心轴及心轴螺母组成。当 EPB 控制器工作时，直流电动机旋转，通过减速齿轮机构减速增扭后传递到心轴，心轴通过心轴螺母推动__________轴向运动，实现对__________轮的制动。

8. 比亚迪 E5 汽车电子驻车系统的主要功能有：__________、自动驻车、__________、自动释放驻车以及应急制动。

二、计划与决策

请根据任务要求，确定所需要的检测仪器、工具，并对小组成员进行合理分工，制订详细的工作计划。

1. 需要的检测仪器、工具

2. 小组成员分工

3. 工作计划

三、实施

1. 比亚迪 E5 汽车电动真空泵的更换

1）断开蓄电池负极

确保电源开关处于__________位置，松开蓄电池负极螺母，然后断开蓄电池负极。

2）断开电动真空泵管路、线路连接

（1）举升车辆。

（2）断开电动真空泵线束插接件。

（3）松开真空管卡箍，然后拔下电动真空泵的__________。

3）拆下驱动电动机右侧护板

拆下驱动电动机右侧护板的 3 个固定卡扣，取下护板。

4）拆下电动真空泵及其支架

（1）拆下电动真空泵支架下部固定螺栓：__________个。

（2）拆下电动真空泵支架侧面固定螺栓：__________个。

（3）拆下电动真空泵支架上部固定螺栓：__________个。

（4）将电动真空泵支架及电动真空泵一同取出。

5）分离电动真空泵与支架

拆下电动真空泵固定螺栓，分离电动真空泵与支架。

6）安装电动真空泵，记录安装过程：

7）上电检查

更换完电动真空泵以后要进行相应检查，常见方法是上电检查。

（1）检查仪表盘是否有相应的故障指示灯：__________。

（2）深踩制动踏板若干次，检查电动真空泵是否正常启动：__________，记录持续运行时间为：__________。

2. 比亚迪 E5 汽车无法解除驻车故障的检修

1）分析故障点：

2）制订检修流程：

3. 比亚迪 E5 汽车 EPB 控制器的更换

1）断开蓄电池负极

确保电源开关处于__________位置，松开蓄电池负极螺母，然后断开蓄电池负极。

2）拆卸后排座椅

（1）取下后排座椅坐垫。

（2）拆下后排座椅靠背固定螺栓。

（3）取下后排座椅靠背。

3）拆下 EPB 控制器

拆下 EPB 控制器的__________个固定螺栓，并取下 EPB 控制器。

2. 安装 EPB 控制器，记录安装过程：

3. 上电检查

更换完 EPB 控制器以后要进行相应检查，常见方法是上电检查。

（1）检查仪表盘是否有相应的故障指示灯：__________；

（2）按下电子驻车开关，检查是否能听见驻车电动机工作的声音：__________，检查仪表盘电子驻车显示是否解除：__________；

（3）拉起电子驻车开关，检查是否能听见驻车电动机工作的声音：__________，检查仪表盘电子驻车显示是否启动：__________。

四、检查

1. 检查电动真空泵能否正常启动________________。

2. 检查电子驻车能否正常启动与解除________________。

3. 检查电子驻车系统是否有故障码________________。

五、评估

1. 请根据任务完成的情况，对工作进行自我评估，并提出改进意见。

（1）________________

____

（2）________________

____

（3）________________

____

2. 工单成绩（总分为自我评价、组长评价和教师评价得分值的平均值）

自我评价	组长评价	教师评价	总分